アート教育
を学ぶ人のために

竹内 博/長町充家/春日明夫/村田利裕［編］

世界思想社

1

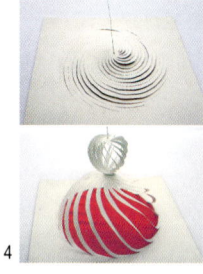

2

3

4

5

6

7

8

9

1　環境とアート（大きな空間へのりだす）
2　「もしも…」の造形（CGによる発想法の可能性）
3　舞台のイメージ（舞台のミニチュアから，拡大投影してバーチャル体験）
4　紙による立体感覚のトレーニング
5　バランス・トイ（感覚の身体性から遊びとユーモアへ）
6　　　　　　　　分解，機構を生かして
7　色彩と記憶（CGと色彩教育の可能性）
8　パノラマ風景画　水彩画　生徒作品1（視空間の凝縮，風景の切り取り）
9　　　　　　　　　　生徒作品2（色彩世界をキャッチして）

10

11

12

13

14

10　鑑賞教育
11　人間研究　一麦寮の作品事例1　「マスク」（顔への興味と重層的制作）
12　人間研究　一麦寮の作品事例2　鳥と人の関係（空間を鳥で埋めてみる楽しさ）
13　人間研究　一麦寮の作品事例3　馬と人と鳥のユーモラスな関係
14　人間研究　一麦寮の作品事例4　表現への没頭と表現過程でのよろこび

はじめに

　社会でも，家庭でも，当然であるが学校でも，「人」こそ大きな手がかりである。「人」こそ，社会や世界を動かす原動力であり，「人」の中にこそ，われわれの未来の可能性が隠されている。

　複雑で多極化する現在では，あらゆる「人」の中に可能性の高まりや広がりが期待されている。とりわけ「将来の現実」をつくる「子どもの教育」こそ，われわれが最もしっかりと取り組むべき課題である。子どもの中にこそ，われわれ大人が責任を持って「人」としての可能性の拡大を試み，本当の意味で意義ある豊かな教育を施していく必要がある。「子どもの教育」という課題は，われわれの将来を決める重大な問題性なのである。

　しかし現代という急激な変化と大きな転換期を迎えた時代では，教育内容や方法，教育に関わる地域や家庭といった社会も変動しており，これまでのような単純な一律主義の当てはめに限界が生じている。時によると指導内容そのものが従来の絶対規準の位置におれずに，塗り替えられる事態が続出している。いかに対応していけばよいのか，指導すべき大人たちが，自信を喪失し混乱して後退ばかりを余儀なくされ，時代の変化の洪水に呑みこまれてしまっている。

　このような状況なので教育現場では，以前にも増して，目の前の子どもに，ねばり強く「向き合う」教育実践が求められている。社会は，子どもにしっかりと向き合う現場の指導者に期待を寄せているのである。教育実践の指導者になろうとしたり，子どものための学習指導を心がける人は，あらゆる人が，いい実践を行いたいと願っているはずである。ところが，子どもをしっかりと受けめとれられる指導者は依然少なく，子どもの可能性を引き出すことのできる指導者も必ずしも多くない。これは，保護者においても同様ではないだろうか。

　では，しっかりと「向き合う」にはどうしたらよいのだろうか。大人の側のパワーアップ，学校においては教師自身や学校関係者の人間力の

パワーアップが不可欠と言うべきだろう。しかし，このことは言うには容易であるが，実現することが難しい課題である。制度としては，免許法の改正，学校単位の実践研究体制の改革，大学院での研究の機会の増加，専門職大学院のスタートなどの各種改革が進められているが，基礎課程の学生から，実践研究の入門までの教育実践を適切にガイドするテキストの編纂が急務であった。

　本書は，従来の「定説」への単純な依拠や単なる教養主義ではなく，指導者たる教師が，目の前の子どもをしっかり見つめ，その学年，そのクラスに「向き合う」ための指導内容と方法の理論と事例研究を配置することにつとめた。また，理論を紹介する際も教材や指導事例と結びつけて解説することに留意した。さらに全体を視野に入れるための必要な基礎的知識を盛り込むばかりでなく，目の前のその子に責任をおう教師としての基本的態度を深める観点を提示することにつとめた。読者も「もし，自分が教えるとしたら」という仮説を持ちながらお読みいただけると幸いである。

　内容面をとりあげると，新時代（転換期，21世紀など）の「感性の教育」を展望して，思春期および青年期の感性教育の新しい地平を「アート」教育と総称し，その理念と方法を探究することが本書の目的である。

　現代は，イメージ力を使ったり，発想力を求められるとき，シンボルを操作する力や造形力を発揮する基礎的力量が必要である。またさらに自他をみつめ，自己の内面世界を他者に表したり，世界全体を変革する意味づけやイメージを交流する必要もある。さらに他者と生きて喜びを分かち合うなど「人」の実存的な視座も必要になる。その際に「感性」の働きは，極めて重要な役割を果たしている。この「感性」の力は，美術や音楽などの専門家に必要なだけでなく，一般的な公教育として，極めて必要となってきた重要な力量である。

　本書では，本来一番飛躍的に成長するはずの中等期の「感性」の成長に，うまく対応できていない教育の現状を批判的に見つめ，その回復と克服をめざして，新しい枠組みを盛り込みながら新時代の基礎的体系を提示するものである。

　章構成は，全体で9章構成としている。流れとしては，青年期・思春

期の「アート」の魅力と可能性を明らかにし，美術・工芸の現場教師が，新たな教育にチャレンジする際に必要となる，基本となる取り組み方から，教材分析，授業分析，新しい授業の設計・評価まで，積極的に取り上げている。また，教育を実地で改善する研究と分析理論に光を当て，指導する教師が，どのような資質と能力を備えている必要があるのか，教師の責任はどこにあるのか，と言う点にこたえようとしている。

全体を通しての，キー・コンセプトは，次の7点である。

【キー・コンセプト】
(1) 子どもの感性の成長を重視する。
(2) 幅広い発達を扱い，人間研究を深める。
(3) 教育現場の「個」の問題に目をそらさず，「集団・社会」の感性の問題にチャレンジし，自他の多様性をみいだす視点を確立する。
(4) 新しい教材への取り組みに積極的になる。
(5) 「場所」「環境」「地域」「自然」「材料」「情報」「鑑賞」など現代的な観点を十分取り扱う。
(6) 教師が自分で地域にあった教育内容を積極的に計画し，教育の実態を分析・評価し，次の実践へポジティヴにつなげていけるようにする。
(7) 他の教師と協力するなど，コラボレートする視野の広さを持てるようにする。

人間（子ども）の研究，アート（教材）の研究，指導（教師）の研究の3つの観点から内容を見ると次の点が特色である。

まず，人間研究（子ども）である。大きくは2つのアプローチを準備しており，一方は，発達研究（心の基本的な成長と働き）であり，他方は，障害を持った人のアートの研究である。前者は，空間認識や感覚，アートを受け取る感受性のあり方などを基本的な感性要素からその深部に繋がる構造へと視点を広げようとする。また，後者は，これまでの美術教育研究では，自己表現において「人間重視」と言っても，人間的な広がりが具体的に提示されていなかった。例えば，健常者は健常者，障害者は障害者と常に壁を立てながら分析を進めるために，本当の意味で

「人」とは何か，真の「人」の存在や魅力や可能性はどう見たらよいのかを考える手がかりとならなかった。本書では，指導事例研究を踏まえて読者に問いかけようとしている。

また，アート（教材）の研究では，時代の必要性と教育内容が幅広くなるように絵画教育および現代美術と教育，デザイン・工芸教育（アート教育とものづくり），鑑賞教育，映像メディア表現と幅広く取り扱っている。アート世界は，刻々表現の可能性を拡大するまさに表現の実験場である。どのような内容をいかに学習すれば，未来のアートが子どもの中に見えてくるのであろうか？ 教材事例を踏まえながら検討している。

また，教育（教師）の研究としては，教育実践に「向き合う」姿を研究するために「アート教育の実践的挑戦」と題して，特色のある教育者の事例研究を提示している。そして，指導理念を基本的に位置づけるために「アートの授業基礎理論」，授業に「向き合う」ために必須となる指導と評価について，「期待されるアート教育の創造設計」と「アート教育の授業研究と評価」という章の研究を準備している。特色を生かしながらご利用いただけると幸いである。

最後になりましたが，執筆者ならびに資料提供を快く許可いただいた関係の各位，ならびに，本書の企画にご理解をいただいた世界思想社，ならびに編集に当たって並々ならぬご尽力をいただいた水越賢二さんに，心より感謝の意を捧げたい。

編者　竹内　博
長町充家
春日明夫
村田利裕

目次

――はじめに

1 転換期の中等美術・工芸教育の新しい道
―創造性と個性の新たな問い―

- 子どもに「向き合う」ことの重要性 —— 02
- アート教育と感性 —— 20
- アート教育とものづくり —— 30
- アート教育の実践的挑戦 —— 39

2 青年期アートの発達

- 人間発達とアート —— 80
- 青年期におけるイメージと造形思考の発達 —— 87
- 造形作品・活動の個性的発達 —— 101

3 アートの授業基礎理論

- 美術科の教科特性と思想 —— 110
- アート教育思想の源泉 —— 120

期待される
アート教育の創造設計　4

- 142　期待される教育計画の立案
- 152　学習指導案の作成

アート教育の
授業研究と評価　5

- 168　評価像と制度としての評価
- 172　アート活動の評価
- 177　授業研究と評価の実践

デザイン・工芸教育の
新しい探究
－創造力評価の観点－　6

- 184　デザイン・工芸教育への提言
- 190　構成の基礎・基本
- 200　自然の土と結び, 心をたどる

新設された映像
メディア表現, IT技術　7

- 218　芸術表現としてのビデオ制作
- 219　ビデオ制作における制作環境
- 223　ビデオ制作の実際

8 青年期の鑑賞教育

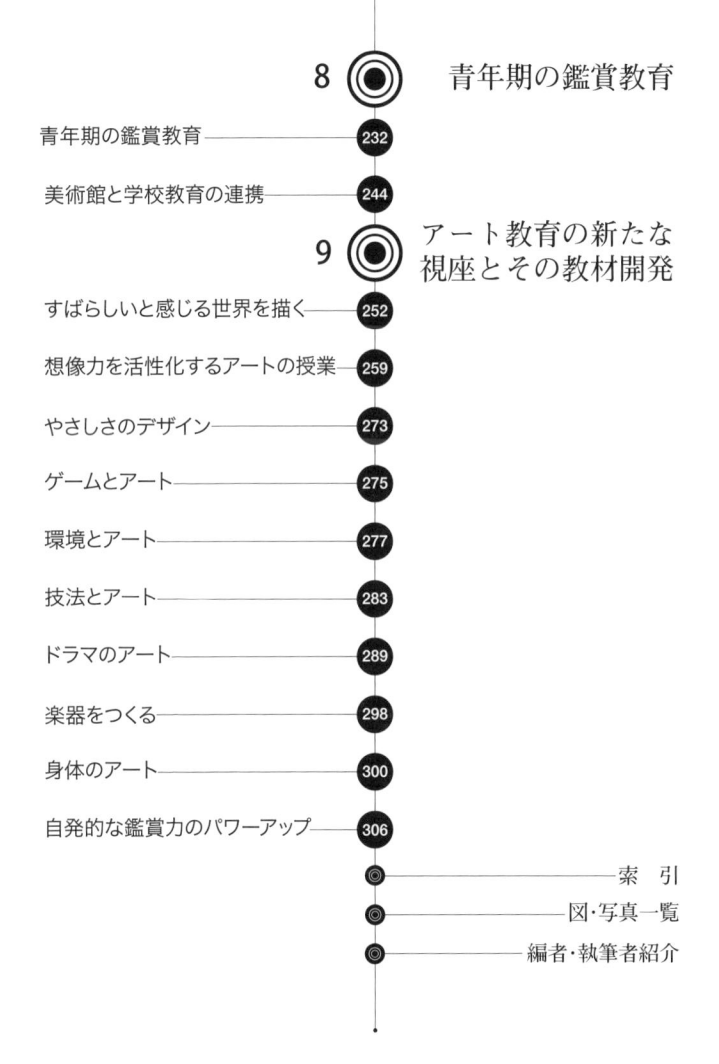

- 青年期の鑑賞教育 — 232
- 美術館と学校教育の連携 — 244

9 アート教育の新たな視座とその教材開発

- すばらしいと感じる世界を描く — 252
- 想像力を活性化するアートの授業 — 259
- やさしさのデザイン — 273
- ゲームとアート — 275
- 環境とアート — 277
- 技法とアート — 283
- ドラマのアート — 289
- 楽器をつくる — 298
- 身体のアート — 300
- 自発的な鑑賞力のパワーアップ — 306

- 索 引
- 図・写真一覧
- 編者・執筆者紹介

転換期の中等美術・工芸教育の新しい道
―創造性と個性の新たな問い―

1

第1節　子どもに「向き合う」ことの重要性

1．アート教育の場と指導者

　人は，自らの内部に「アート」を持って生きている。

　青年の「アート」の場に臨む仕事，それが青年期のアート教育である。はたして，アート教育の魅力と可能性は，どのようなところにあるのだろうか？　「アート」の場は，思春期の子どもが「アート」と向き合い，感性と創造が誕生する場所である。子どもには，知性や感受性の力，行動力や忍耐力など諸能力が発達してきているので，新鮮な発見，ナイーブで繊細な受け止め，美的な感動，個性的な表現が生じてくる。動かなかった心も動き出し，失いかけていた自分も取り戻し始めるのである。

　子どもは，「アート」を通して自己や他者の世界，また自然や環境などのさまざまな世界と向き合い，本質的なあり方を見つめ，その真価に目覚めていく。この場で，培われる「アート」の態度と力量は，青年期およびその後のライフサイクルの各段階で，その人の人間らしい生き生きとした活動の母胎となるだろう。「アート」と子どもが「向き合う場」をつくるのが指導者の仕事であり，創造の場への影響力が大きい。それぞれの場における「教育実践の充実」が指導者の最大の関心事であり，またそのことは，強く求められている。

　「アート」に向き合える場所としては，だれでもが学べる場所として，普通教育の中学校や高等学校や中等教育学校の芸術教科（美術や工芸など）の授業や学習の場がある。また，学校には，学校祭などの場も設定されている。社会的な整備が進むと公共の美術館や博物館，地域の公民館やギャラリー，アトリエや学習塾などがある。街で行われる美術展覧会も，開催者の提案する「アート」の世界に

第1章　転換期の中等美術・工芸教育の新しい道

「向き合う」機会となり，鑑賞者は表現者との結びつきを経験する。

2004年に滋賀県の「一麦寮」（知的障害者更生施設）と「第二びわこ学園」（重症心身障害児（者）施設）との2つの施設の合同展覧会が，「いのちの創造―アートの前にバリアはない！―」展（於サンポートホール高松　日本芸術教授学研究会主催）として開催された。2つの施設は，わが国の「知的障害者福祉の父」糸賀一雄の近江学園の流れをくむ施設であり，図1-1-1は，その展覧会場の全景である。

1-1-1　「いのちの創造―アートの前にバリアはない！」展全景　壁面中央　A氏作品

1-1-2　A氏の作品　接近撮影（部分）

ここでは出品作品のうち，田中敬三のもとで土の造形活動に取り組んだ第二びわこ学園A氏の作品を取り上げてみたい。

A氏は，お金をテーマに小品をつくり続けるという形で，毎日粘土と関わり，田中はそれを一斗缶に貯めておいた。それがかなりたまってきたので，A氏自身でボードに貼り込んでいったのがこの作品である。作品は，4枚1組で，全体はやわらかな素焼き色をしている。近づいてみると，作品（図1-1-2）は，存在感のある土の小片で稠密になっており，大宇宙の中に小宇宙が纏綿とする姿が彷彿とされる。これまでの「構図論」は，全体の中にいかに部分が配置されているかという画面構成を基にしており，アートと「向き合う」とき，少し離れて全体を眺望して味わうものだった。しか

3

しA氏の作品は，接近すればするほどその内密性が迫ってくる。イコノロジーの創立者として著名なドイツの美術史家アビ・ヴァールブルク（1866-1929）が好んで使った格言で，近代建築の巨匠で最後のバウハウスの校長ミース・ファン・デル・ローエ（1886-1969）の建築をいい表す言葉，「神は細部(ディテール)に宿る」（田中純，2000年，『ミース・ファン・デル・ローエの戦場』，彰国社，p. 254）という言葉が思い出される。A氏の作品と関わるとき，鑑賞者は，見る距離の違いで何度も新しい空間に出会い，作品の深部へと取り込まれていく。作品に「向き合い」，展覧会に刺激を受けるとき，われわれは，「アート」の学び手になっている。

　地域の場に目を向けると，それぞれの地域では，祭など町の人が率先してリーダーになり，子どもに「アート」のリアリティを届けている場がある。青森のねぶた，徳島の阿波踊り，長崎のおくんちなど地域の数だけその例があるといってもよい。祭の場には，火の経験，提灯や灯籠から透過する光，色鮮やかな装いなど，色世界が濃厚に広がり，身体的な興奮と音響などが1つの場の中で振動している。この経験が，子どもの頃の原体験となり，なぜか，毎年関わらなくてはすまされない人もいるだろう。祭の場は，世代を超えて強い魅力を持ち，人を引きつけて放さない。

　家庭に注目すると，規模は最小限であるが，家庭は人の価値観を育てる母体であり，「アート」の資質が，家庭から育つといっても過言ではない。小さな頃，包装紙や広告のチラシの裏や新聞紙に落書きをしたり，祖父母から教えてもらって，折り紙の折り方や紐の編み方などの手仕事を楽しむことがある。毎日の食事の配色や衣服のデザインなどは，どこの家にもある日常的な学習の場である。場の設定が異なると立場の違いが多様になるので，あらゆる人が「アート」の学び手であるし，あらゆる人が，「アート」の指導者である。

　普通教育の中学校や高等学校や中等教育学校の美術・工芸の指導

者の仕事は，青年期の子どもたちの「アート」の能力と態度の成長・発達を基礎に，心の教育ならびに情操教育を目指して子どもと直接的に向き合い，責任を持って教育する専門職である。指導者の使命(ミッション)は，すべての人の一生に「アート」を接近させ，人の創造的な資質の火を消さないようにすることである。

2．アート教育の場の特性と魅力

　指導者は，魅力的な「アート」の教材を準備し，子どもの「アート」の現場に立ち向かう。向かった「アート」の現場は，子どもの個性がきらめき，可能性が試される創造の場である。画家であり青年期の美術教育の提唱者でもある北川民次（1894-1989）は，メキシコの子どもたちを教えながらそのすばらしさに打たれて「一体何のために自分も絵を描かなければならないのかという考えにしばしば苦しめられ，いっそ，絵筆は捨ててしまおうかとも考えた。」(1952年，『絵を描く子どもたち』，岩波新書，p. 106) と述べるほどであった。

　また，「アート」教育の現場は，さまざまな「出来事」や「感動体験」が生じる交流・交換の場でもある。創造教科の特性として特筆すべきことは，子どもの学習所産が，指導者にとっても一層新鮮に見えたり，世界が広がる感じを受けたりすることである。アートの遊び心が活性化する場では，空間・材料・技法・用具などに新しい側面が見えてくる。例えば，マーブリング（墨流し）のように一見単純に見える手法でも生徒は，「先生，今，水面に私の心が表れた」と，驚きを持って見つめ直すことがある。空間も見方によって，はるかに伸びやかで，ひと時として同じ状態のない動きを伴ったものである。空間に何かを立ててみるとその場所のもつ高さと時間のすばらしさ，相互関係の姿に驚く（図1-1-3）。また，並べたり集めたりすると，色味や明るさなどの感動が沸き立つように迫ってく

1-1-3 教材　長い絵を空間に流す

1-1-4 教材　自然と遊ぶ

る（図1-1-4）。この場では，子どもは指導者にとってアートの可能性が開かれて見える「窓」であり，集団という「多」が存在する場では，この窓が子どもの数だけ存在している。

　教育現象の評価では，期待した学習所産だけでなく，意図しない結果も含んで，全体的にとらえる見方を羅生門的接近とよんでいる。これは，同じ現象について立場の違いで違って見える認識の相対的性質をさしている。場の中に表れる現象をいかにつかむことができるのか，指導者の力量が重要な鍵である。

　表現のジャンルによっては，青年期は計画性が高まるので，部分的に進めたことが最終段階で組み上げられて，指導者の目の前にこつ然と現れることがある。このような場合，指導者によほどの想像力がないと制作過程で作品の最終像を予測することが難しい。青年期ではある時は子どもから「できるまで秘密にしておく」と宣言される場合もある。完成段階で表現が示される授業場面は，映画や舞台で緞帳が上がっていくような開幕の醍醐味に似ている。

3．さまざまなアートとその向き合い方

　ここでさまざま「アート」との向き合い方を見てみたい。「アー

第1章　転換期の中等美術・工芸教育の新しい道

ト」を文化の面から見ると，わが国および諸外国の美術，文化財の鑑賞では，習慣・風俗，考え方の全く違った，自国・異国の美術および文化と「向き合う」ことになる。過去の作品を鑑賞する場合，過去の時間と「向き合う」ことになるだろう。さらに子どもは，神社や仏閣の伽藍だけでなく，さまざまな造形物（図1-1-5）や身近な町並みや構造物など，地域環境からも刺激を受けている。自宅の軒につるしてある風鈴，ビー玉など子どもの遊び道具，玄関の金魚鉢，観葉植物など，これらに「向き合う」と，思いは一層深まり結びつきが強くなる。

1-1-5　正一位立山稲荷大明神狛犬（長崎県小曽根町）　笑っているように見えるユニークな狛犬

　現代において人に親しまれたり，新たに登場したジャンルはどうであろうか。前者の代表的な分野としては，絵本や紙芝居，人形劇，演劇などの世界がある。

　拍子木が鳴り響き「アート」は開幕する。図（1-1-6）は，「かっぱのめだま」を演じる最後の紙芝居屋阪本一房（1919-2001）さんである。「わい，河童やねん……　わい，なんで河童やねんやろう……」と，人間になりたい河童が登場する。この紙芝居は，河童と悪巧みの男の話なのである。河童の前に悪巧みの男が通りかかる。「男：人間になりたい？　なれるがな～」「河童：わい人間になれるか！」と，喜んで河童が男の話を聞こうとする。このとき，絵には男が描かれ，一房さんは河童を演じている。さしずめ，絵と演者との掛け合いである。街頭紙芝居の場合，どこにも台詞は書かれておらず，演者は筋書きや絵を解説するのではない。演者は出演者として舞台に立ち，観客の場の中に「絵」と「語り」とを投入するのである。引きずり込まれるように観客も次第にその世界に入っていく。

7

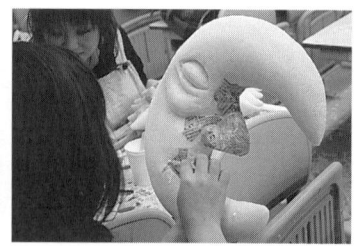

1-1-6 人形劇出口座主宰　故阪本一房氏が演じる「かっぱのめだま」　　1-1-7 子ども文化論での人形づくり

　悪巧みの男は，河童を騙して干上がる方法を教えて，甲羅を盗んでしまおうとする。河童は教えられたとおり夏の暑い日を選んで，焼けた岩場でじっとしている。最後に干上がって目と甲羅だけになった河童が弱々しく尋ねる。「おっちゃーん，わい人間になれているか……」一房さんの声だけが会場にこだまする。人間になるとは何なのか，紙芝居という1つの「アート」の形が，小さな子どもの胸に響いてくる。一房さんは次のように語る。

　　イタリーのプルチネロのように，イギリスのパンチネロのように，フランスのギニョール，ドイツのカスパル，そしてソヴェートのペトルーシカのように，日本の子どもたちが世界に誇れる児童文化財としての紙芝居をつくりたいと思っています。
(阪本一房，1990年，『紙芝居屋の日記―大阪＝昭和二十年代―』，関西児童文化史研究会，関西児童文化史叢書4，p. 102)

　図1−1−7は，大学生が，創作人形劇に登場する月を制作している。演劇を創作するとき，彫刻のように造形する能力，ストーリーにモチーフを位置づける能力，舞台で演出する能力など，人の力はフル稼働である。本物をつくってみたい。世界的アニメーター宮崎駿もそう考え，この月の制作者もそう考える。子どもも見るだけではなく，あすの表現者になりたいと願っている。

　次に，新しく登場した映像メディア世界に目を向けてみよう。写

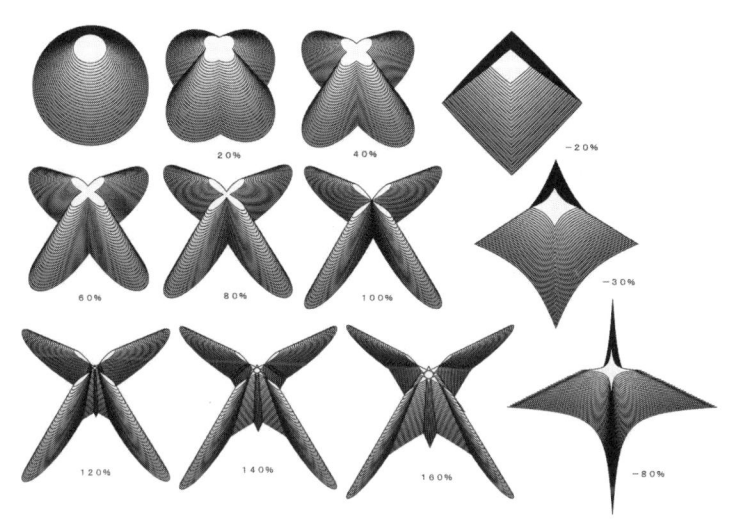

1-1-8 同じ形態の変化のシリーズ

真・ビデオ・映画などの世界が存在しており，コンピュータ・グラフィックスもその仲間である。コンピュータは，インターネットを中心にユビキタス（「遍在」「いつでもどこへでもつながる」などの意）世界を形成しようとしている。スマートフォンやノートブックパソコンなどで，あらゆる場所から世界のネットワークに接続できる情報環境が目指されている。また，視覚情報処理でも，静止画から動画や3次元表現まで，広範なデジタルイメージを統一的に扱える世界が見えてきている。映画やTVコマーシャルなどで，アーティストの作品により視覚世界が広がる一方で，種々のデジタルディバイスで簡単に映像が記録できるようになり，万人が自己の視覚の記憶や，カメラ映像の鑑賞と表現に興味・関心をよせる時代になっている。巨大規模の「イメージ生活の時代」「視覚の時代」の到来といっても過言ではない。この時代にいったい誰がしっかりと「向き合う」のか，どのように「向き合う」のか，必ずしもよい答えは出

ていないが,「アート」の指導者が関われば, テクノロジーは, テクノロジーで終わらずに心と感性の世界へと変貌するだろう。

巻頭の図 (口絵2) は, 筆者の「未来の自動販売機」である。一番右が現在ある自動販売機で, 仮に, 立体のプリミティブ (基本形態) に貼りつけて, 種類を増やしてみた。四角錐, 縦に伸びた球, 円柱と浮き輪のようなドーナッツ型である。コンピュータは, 筆者の「もしも, このようだったら」の「もしも」に応えている。口絵6は, 女の子が髪飾りに赤い玉の好きだった頃の記憶を想定して, 色を選択している。CGは, 色彩教育の可能性が高いことを示していると思われる。図1-1-8は, 左上の図をAdobe社のIllustratorの「パンク・膨張」フィルタ (関数) で変換したものである。作用が加わっただけで, 本質は同じものである。構造主義哲学者レヴィ=ストロースの世界を垣間見るようだ。

デジタルメディアを「アート」の表現に使うだけでなく, もっと形や色の発見など発想法に「向き合う」ときに導入してみてもよいのではないだろうか。コンピュータは, 既存の絵筆代わり, 便利な道具以上の, イメージを広げる方法になるのではないだろうか。

4.「向き合う」行為の現代性

天文学の世界に目を向けてみると, 1990年にハッブル宇宙望遠鏡が宇宙空間に打ち上げられ, これまでにないほど鮮明な画像を分析できるようになった。そして, 一般の人にも公開され, 宇宙の姿について関心を持つ人が増えている (沼澤茂美・脇屋奈々代, 1997年,『HSTハッブル宇宙望遠鏡がとらえた宇宙』, 誠文堂新光社)。天文学者は, 天空からくるかすかな情報も見落とさないようにと常に向き合い, 宇宙のディープ・フィールドの星の誕生や死などの分析を進めている。現象の観察をとおして, 天文学者は, 宇宙のメカニズムの研究

を深めていく。現場の研究者は，研究の進展だけでなく，種々の現象の発見や現象の近くにいることに緊張感のある喜びを感じ，一生をかける値打ちを感じている。向き合う行為とは，予断を許さず真摯に諸現象と対峙するまなざしの行為であり，探求者としての「向き合う」姿がそこにある。科学者は，物理現象の深部を見つめ，「アート」教育の実践家は，人の心や表現の深層を見つめている。

次は，医学の世界の「クリニカル・クラークシップ」（Clinical Clerkship）に注目してみたい。クラークシップというのは，19世紀末に，ジョンズ・ホプキンス大学の内科教授ウイリアム・オスラーが提唱した医学教育の実践的理念である。これまでの医学教育は，偏差値重視の医学生に知識一辺倒の教育を授ける傾向にあった。それに対して，クラークシップとは痛みや喜び，苦悩を語る患者のベッドサイドで直接的に「向き合う」ことの重要性を説く。「義務」と「使命」が感じられる場で医療行為の実践を学ぶのである。今日の米国医学教育の原点になった考えで，日本でも医学の実習教育に刺激を与えている（連載「クリニカル・クラークシップ―新しい医学教育への挑戦―」，1999年，医学書院，『週刊医学界新聞』第2322号）。

医療現場では医者は，患者との信頼関係を深め，医療スタッフとチームワークを組みながら患者の回復を目指している。しかしそれらを不得手とする学生が少なからずいたのである。ウイリアム・オスラーは，この実態を改善するためには，病院と大学とが強力に連携し，学生が実践力を必要とする真の医療の場に向かわせることが必要だと主張する。そのような場ではじめて学生は，医師としての成長が期待できると考えるのである。この事例は，寄り添う人間としての「向き合う」尊さを教えてくれる。

前の2つの事例からスポットを当ててみたかったのは，課題があるその現場に臨み，専門的な力量を発揮しながら，総力でその課題解決に「向き合う」ことを重視している点である。そして実際の場

に向き合うことが，教育界ばかりでなくさまざまな分野でも注目されようとしている点である。これらの「向き合う」取り組みは，現場を見ずともその特性が分かり，すべてが予測できるとする考え方と対極にある。「向き合う」行為には，「実践」「臨床」「実験」「フィールド」などのキーワードに関わる，強い当事者意識と，適切な理解，確実なアクションが内包されている。

哲学分野の井関利明は，現代思想の動向をまとめようとする（「ディジタル・メディア時代における「知の原理」を探る」，井上輝夫・梅垣理郎編，1998年，『メディアが変わる知が変わる』，有斐閣）。井関の注目する中で，2人の哲学者の思想に着目してみたい。

まず，ジャン＝フランソワ・リオタール（1924-98）の《ポストモダン》の思想である。リオタールは，『ポストモダンの条件』（1986年，小林康夫訳，水声社，pp. 8-9）で，近代の思想，つまり，富の発展（資本主義），理性的主体の支配（啓蒙主義），労働者の解放（共産主義），意味の十全な解釈（歴史主義），精神の弁証法（観念論）などをメタ物語とよび，それらについて，「《ポストモダン》とは，まずなによりも，こうしたメタ物語に対する不信感だと言えるだろう。」(1979) と述べ，ある種の理念を絶対的と信じる不毛性をつく。

井関によれば，リオタールの提唱するポストモダンの時代とは，「大きな物語（メタ物語）」(méta-récits) の終わるときである。西欧近代社会は，理性主義的な科学と技術を根拠に，人間の進歩と幸福を約束し実現できると考えてきた。しかし，これが一種の神話でしかなかったとみる。そして現代思想は，多元性と多様性とをクローズアップし，異質性や差異性に注目するという。リオタールを紹介する小林 (1986) も，現代は，《現実》を支配すべき《理念》が，《現実》によって追い抜かれ，凌駕・逆転されていると見る。包括論理である《理念》が，《現実》を説明できるのでなく，《現実》の判断基準が《理念》的活動に適用される事態を見つめようとする。

第1章　転換期の中等美術・工芸教育の新しい道

　もし，現代がリオタール的なポストモダンな状況だとすると，人はこれまでよりも一層多くの創造力を必要とする。教育学では，机上で抽象化された教育モデルを上から下へと単純に具体化するのが教育実践ではなく，優れた教育実践が，あすの教育学をつくると考えられる。つまり教育現場の指導者が，一層しっかりと現場を見つめることが重要なのである。教育現場に密着した「教科」の教育実践学の今日的意義はここにある。

　国際社会や国や地方，会社や各種の職業など帰属する大規模システムも不変であるとはいえ，自己のライフも決められた流れとは限らない。予想外の立場に立たされ，新たなチャレンジが必要になってくる。そのとき，人は不断にリフレッシュをして新事態に向き合うことになるだろう。このリフレッシュは，単なる気分転換でなく，自らの内面を新たにし，再構築する自己変革の方法である。新しい状況を自らの目で見つめ，次へのアクションやエネルギーを生みだす力を蓄える。ある時は，挫折や絶望，閉塞や萎縮，不安や恐怖から立ち直る姿となり，またある時は，出口の見えない困難な課題にねばり強く取り組む姿となっていく。

　次は，哲学者中村雄二郎の提唱する臨床の知である（1992年，『臨床の知とは何か』，岩波新書）。中村は，西欧近代科学には，3つの原理（「普遍性」，「論理性」，「客観性」）があると見る。それに対して『感性の覚醒』（1975年，岩波書店）で検討した共通感覚論を手がかりに，先の3概念に対応する考えを提唱する。3概念とは，「コスモロジー」「シンボリズム」「パフォーマンス」である。「コスモロジー」とは，場所や空間を無性格なものと見ずに，意味を持った領界と見なす考え方で，個々の場合や場所(トポス)が重要とする。「シンボリズム」とは，物事には多くの意味や側面があり，それを自覚的に表現する立場である。「パフォーマンス」とは，身体性を備えた行為性のことである。外界に働きかけるだけでなく自己のうちにパトス的

（受動的，受苦的）なありようを含んで行われる行為性のことである。井関は，中村の「臨床の知」を近代的な「科学の知」ではとらえきれない，対象の多義性を考慮に入れた，新たな知の関わりを提唱するものと見て，「近代科学の方法に対する別のオルターナティヴ」と位置づける。

　はたして現代人はいかに生きていけばよいのだろうか。「向き合う」とは，この生きていく基本姿勢の１つである。つまり課題の複雑性，多義性，予測不可能性を抱きかかえながら行動を起こしていく。また近未来を予想してアクションプランを立てて立ち向かう。さらには，起きてしまったことの修復・再建に最善を尽くす。「向き合う」とは，このような現代人の典型的な姿を指している。

　現代の教育実践を見てみると，深刻で多様な課題を抱えていると筆者は考える。①学校安全神話の崩壊，②「学び」の分裂，「学びの共同化」の崩壊，③「つなぎ」の力の減退（つないでいるもの，つないでいること双方の変質），④共通性の感覚の消滅，⑤身体感覚の危機（拘束的脅迫，漂流意識），⑥「許し―許され」関係の崩壊（感性の波長をあわせる場合，ここでもデジタル的凸凹化現象が進み，なだらかで少しずつといった性質が喪失し，同調範囲が狭い。しかし一度あえば極端で無批判に深く入り込む状態になる。），⑦手仕事や手に関わる能力の消滅，⑧「状態・状況」の洞察力・把握力の低下，⑨あらゆる分野での商品化の拡大など，子どもの周囲に急激な変化が起こっている。

　そのような場合，子どもが引き起こすさまざまな問題に対して，大人たちは，なすすべがないと諦めたり，もしくは，見ないでおこうとする対応が発生する。家庭や地域の教育力が低下している場合，最後まで子どもを守り，信じて子どもと「向き合う」のは現場の教師である。教職は，向き合う力量をつけている専門的な職業人であり，一般人が向き合えない場合こそ，教師が，しっかりと向き合っていくことが求められる。子どもも，指導者が向き合うその姿から，

子ども自身のパワーのだし方，自らのスタイルのつくり方，創造の意義を学んでいく。

5．個性発見とクラスの現場

「アート」の世界に向き合った女性の話をしよう。オランダ人実業家婦人ヘレーネ・クレラー＝ミュラー（1869-1939）は，時代を切り開くアーティストの作品に心を打たれた人物である。自らの感性でコレクションし，その価値を世に問うた。彼女は，オランダ生まれの画家ビンセント・ファン・ゴッホ（1853-90）の「4本のひまわり」（1887）と出会いその才能に魅せられる。ひまわりは，一般には濃厚なレディッシュイエローに咲き誇るのであるが，そのひまわりは枯れて堅くなった，切りとられたひまわりである。しかも，種子は甲殻類の外皮のように堅く，ごつごつとしている。ところが切り取った枝をこちらに向けているからか，沈黙のままというよりは，不思議にしっかりとした存在感がわれわれに伝わってくる。彼女は，このゴッホの絵に魂を感じる。そして「アート」が，人間の魂を形にしたものであることに気づいたという。

彼女は，自らコレクションをして研究を重ね，いまだ名声を博さない時代のアーティストの才能を見いだすという個性発見の仕事に取りかかり，次の時代のアートシーンを見ようとする。これはたいへん興味のわくことであったに違いない。

次に中等教育のアートの教室に目を移してみたい。そこは青年期の表現の可能性が発生する場で，独自の事象がひしめき合っている。筆者の経験した実際の高等学校の教育現場に例をとって考えてみよう。

S_1は，入学した直後の5月に美術教室でデッサンをしていた。この生徒は，落ち着いた「時間」を連れてくる。絵を描くということ

は空間に関わることであるが,「アート」の表現世界は,この生徒のように時間を友だちにしている。彼女は,何でもないというようにビーナスの頭像をデッサンする。そして2年生でザクロの見事な油絵を描く。彼女は,さまざまな技法に出会うことを好み,自分の感覚を使う場に臨む。成果主義の観点からいうと,普通「参加する」よりも「何が成果だったか」ということばかりに目がいってしまいがちであるが,彼女が,自分の中に手応えを感じて,それぞれの表現技法に生きてみることにこそ注目すべきだと考えるのである。彼女は,ちょっとした陶器をつくる場合でも,最後の一瞬まで作品をとらえて放さない。時間は,彼女のそばで静止し,黙って彼女を見守っているかのようである。実時間は経過し,しばしばすでに外は真っ暗になっていた。青年期にもなると制作全般にも意識が及ぶ。指導者が,放課後8～9時間かかって生徒の作品を焼成し,早朝いまだに準備室にいると「ど〜う」といって気遣ってくれる。

　筆者は,彼女らしい時間を連れてくるという,アートの場に「臨む姿」に注目したい。学習が極まり集中力が高まるとき,学習者のいる空間には静寂が訪れる。そのすばらしさは格別で,そのそばにいられるというだけで指導者でいてよかったと思うことがある。集団にも同じことが起こり,クラス全員が「アート」の場に深く入るとき,水を打ったような静寂が教室を満たす。文学世界では,人生は諸行無常でうつろいの中で漂泊するだけで,決して永遠の時というものを経験できないとの考え方があるが,没入している「アート」の制作過程の現場では,重要な瞬間が過ごされているのではないだろうか。

　万博公園の「太陽の塔」をつくった岡本太郎は,『今日の芸術』(1999年,光文社)の中で,現代人における芸術の意味について次のように述べている。

　　　それは一言でいってしまえば,失われた人間の全体性を奪回

しようという情熱の噴出といっていいでしょう。現代の人間の不幸，空虚，疎外，すべてのマイナスが，このポイントにおいて逆にエネルギーとなってふきだすのです。力，才能の問題ではない。たとえ非力でも，その瞬間に非力のままで，全体性をあらわす感動，その表現。それによって，見る者に生きがいを触発させるのです。

　失われた自分を回復するためのもっとも純粋で，猛烈な営み。自分は全人間である，ということを，象徴的に自分の姿の上にあらわす。そこに今日の芸術の役割があるのです。

次に，S_2の事例を見てみたい。彼は，タオルの端で汗を拭きながら美術準備室に入ってくる。作品を見ると，それは力作で徹夜を予想させた。すると「いいや，そんなものではない」，想像力が足らないとでもいいたげである。「先生，ものすごく時間がかかったけど，実は徹夜どころではないのや。」という。彼は，印象の異なる色彩表現をできるだけ盛り込みたかった。ところが，制作中に1時間でも寝ないと頭の中の色彩イメージが切り替わらない。いわく「チェンジせえへんのや」という。そこで，イメージを変化させたい部分に作品を切り分けて，部分ごとに塗っていったという。この見直しから，彼は学校生活から帰ると作品づくりに打ち込み，朝方1時間だけ寝るという日々を1週間続けて，完成にこぎ着けたのである。

　青年期にもなると，生徒は創造過程への分析力を持つ。この場合のS_2は，思いを完成させる自分らしい制作ストラテジー（方策，戦略）を編みだしている。制作者は，制作全体のコンダクターでどこまで表現が探れたかを評価して，その過程をコントロールしようとしている。指導者は，制作のプランや評価が苦手な子どももいるので，全体の指導に組み入れるなどして，その態度が身につくよう工夫することが必要である。プランニングする力に一層積極的に光を

1-1-9　生徒作品（部分）

当て，子ども自らが計画をたてて実行する教育は，プロジェクト・メソッドとよばれている。この方法は，他に先駆けて手工分野のリチャーズ（コロンビア大学手工教育部部長）によって創始され，キルパトリックの「プロジェクト法」(1918) で広く知られるようになっている（佐伯正一，1965年，『教育方法』，国土社，p. 148）。

　S_3 の場合を見ていきたい。彼も準備室に提出してきた。S_3 は，人に媚びたところが少しもなく，やや反抗的で教師を疑いの目で見る。この生徒と「向き合う」とき，指導者の心理は，ある時は攻めるに難しい山城を見るような，またある時は未知の森を前進する兵士の気持ちのような特別な心理状態になる。1年間に10件に迫る対教師暴力が発生していたが，生徒指導に「向き合う」緊張感とは別の心理状態である。この生徒のような場合，美術の指導者は，生徒からある種の挑戦を受けており，表現指導だけでなく人生観などをふくんだあらゆる能力をかけて応えていくことになるだろう。ここが，多少難解でも決められた答えをだす他の教科と異なる点である。

　課題は，色彩研究のために，デュフィ(1877-1953)の調理前の食材がテーブルの上に準備されている作品の構図を指導者が文章にして，それを生徒なりに絵にしようというものであった。S_3 の絵を見ると条件どおり絵の左下に，豪華な食材の鴨がリアルに描かれていた。

　しかし，よく見てほしい。鴨の頭はテーブルにくちばしを下にして載っているが，胴体はおなかを上に向けて描かれている。首がひねられたことが分からないように巧みな描写力で隠されたトロンプイユ（だまし絵）だったのである。S_3 の作品にはこの種の謎かけが，

第1章 転換期の中等美術・工芸教育の新しい道

作品いっぱいに配置されていて,「さあどうだ」といっている。リンゴがプチトマトに,彫り物のしてある木の手すりが滑らかな鉄柱に,窓から見える大きく波打つ海が,凪いだ滑らかにつながる海面に姿を変えている。このような生徒に「向き合う」とき,あなたであればどのように対応するだろうか？

『西遊記』のエピソードでは,孫悟空は,金斗雲に乗って無限に飛んだつもりでもお釈迦様の手のひらをでることができなかった。ある指導者は,子どもと「向き合う」とき,無意識に子どもをどこまでもお釈迦様の手のひらに乗っている孫悟空のように扱う。指導者の世界が必ず子どもよりも大きいのである。しかし,本当の「アート」の教育現場は,子どもをお釈迦様の手のひらを出られない孫悟空にしておくのでなく,指導者の指を突き抜けて別の世界に出ていってしまうような,子どもの可能性も楽しみにしているのではないだろうか。

1470年代前半,レオナルド・ダ・ヴィンチ（1452-1519）は,彼の師匠ヴェロッキオ（1435-88, 画家・建築家）と「キリストの洗礼」（ウフィツィ美術館所蔵）を制作する。画面の左下の2人の天使の,左をダ・ヴィンチが,右をヴェロッキオが描くことになった。師匠が,伝統的なテンペラ技法で,レオナルドが,当時新しかった油絵技法で表現した。そのできあがりを見てヴェロッキオは,ダ・ヴィンチの絵心と完全さに驚愕したといわれている。教育とは,未来とつき合う大事業である。年長者の方が知識も経験も多いのは当然で,一般の教育では,最大でも指導者の等身大の能力や態度を育てるだけである。ところが,ヴェロッキオのような優れた実践者は,才ある人をつぶしてしまわず,教育者として自らを越える人材を輩出する。

このようにアート教育のクラスは,規模こそ小さいが,他の個性発見の現場にまけない,いやそれ以上の人の個性が生きている場なのである。 〔村田利裕〕

第2節　アート教育と感性

　表現および鑑賞のアートの行為は，感性をベースにして活性化するから，本節では，身体やものとのふれ合いを含め，感性のありようを探求することにする。

1．ものとのふれ合いとアートの行為

　ものにふれ合うことや材料の選択は自他の関係性のはじまりである。表現の主体者は材料を見たり手にしたりして，材料のメッセージを受け取る。あるいは，自己の制作目的に合わせて材料を活用しようと考えたり，自己の表現イメージに即して材料を吟味したりしようとする。ものや材料からのメッセージが先行するか，表現・制作者の意図やイメージが先行するかは別にしても，そこではもの・材料と主体者の間でなんらかの対話が行われる。

　しかし，わが国の中学校および高等学校の美術・工芸の授業を見ると，その対話は十分とはいえない。材料のよさや特性が表現者に受けとめられ，表現や制作に反映されているとは必ずしもいえないからである。制作の主体者には，やむにやまれぬ表現衝動や思いやイメージが強く，材料は使われるもの，あるいは奉仕するものとして，その特性はおうおうにして無視され「単なる物体」，「単なる材料」として従属的に扱われる。

　例えば，彫刻や工芸の授業で板材や角材が材料として選ばれた場合を思い浮かべてみよう。指導者がこの材料をなぜ選んだかということはあまりない。材料から語りかけてくるものに虚心に耳を傾けるように生徒によびかけることも少ない。その結果，制作の段階に入ってから，予想もしない事態に遭遇する。逆目が立って削りにく

かったり，釘を打つと割れたりする。この段階になると，材料の特性はもう無視できなくなる。手遅れなのである。にもかかわらず，やすりがんなで無理矢理に削ったり，強引に接着したりしようとする。制作者の意図や構想という自我を押し通すのである。かくして，ものや材料とのふれ合いは断たれたままに終わる。

　この例では，木の本質的な特性である繊維の方向性が気づかれていない。生徒には大地に根を張り，天に向かって伸びる原木の実感，そのイメージがない。木の成長や生命の営みが木目として立ち現れることへの関心も乏しい。したがって，板材や角材のもと・すえには全く無関心で逆目を立ててしまったり，板材や角材を逆さに立ててみたり，木表と木裏の扱いを不適切にしてしまったりする。その結果，木が本来的にもっている美しさまでも失わせることになる。

　ここで「ものにふれ合う」とはどういうことか考えてみる。それに先立ち「もの」についてその基本的な語義を明らかにしておく。金田一京助監修の『明解古語辞典』(1953年，三省堂) によると，「形があって，手に触れることのできる物体，出来事一般。人間が対象として感知・認識しうるものすべて」とある。前半の意味は明らかに物体を指しているが，後半のそれは物体の範囲を超えて「もの」に関わる主体の精神作用や対象化を暗示する。つまり主体が特定の「もの」に意識を向けると，それが対象となるのである。

　本来対象とは指導者や他者から「対象をよく見なさい」というように与えられるものではない。それは主体があるものに意識を向ける働きそのものにほかならない。「もの」には認識や感情など主体のさまざまな精神状態が含まれる。「もの」にはそれに関わる「ひと」の心のありようが映しだされているのである。「ものにふれ合う」とは，主体と対象とが相互に心を通わせ合い，存在の深いところで自他の認識を共有する，ということなのである。したがって「ものにふれ合う」ことの具体的な状況とその意味は，主体の「もの」へ

の積極的な問いかけと「もの」から発せられる応答,およびその相互作用にあるといえる。青年期には,主体は「もの」や対象と深く関わり合い,問いかけと応答の相互作用がとみに高まるのである。

2．アート教育と身体性

舞踊家中嶋夏（ダンサー）の「心と身体の学級」には,造形活動を主とするアート教育の実践にも共通する理念とそれを具現する実践があって感心させられる。中嶋は,ダンス表現という固有の分野に限定するのでなく,「表現以前」の「身体」そのものを大切にする。「響きのよい楽器」にするように身体そのものに手を入れ,生命体に直接訴えかけるのである（中嶋夏,「子どもの身体とダンス」,佐藤学・今井康雄編,1903年,『子どもたちの想像力を育む―アート教育の思想と実践―』,東京大学出版会）。

中嶋は,人間形成の基礎工事は「身体という楽器づくり」にあるとして,表現以前のリラクゼーション運動を勧める。身体の緊張をほぐして柔軟にし,身体を有機的に結びつけるのである。この「緊張の解放」は,はじめ知的障害者のために開発されたが,後には,健常児にも大人にも活用されている。ほとんどの人は通常,身体のしなやかさを欠き,息がとても短く,正しい姿勢がとれないからだと中嶋はいう。

中嶋の実践の真骨頂は,「ダンスへの誘導」とよばれる自由即興ダンスの課題の出し方にある。その1つに「物体オブジェ」というものがある。「紙一枚を頭に乗せて,落とさないように,静かに音楽とともに歩いてみる」のである。すると「子どもの身体に驚くほど繊細な神経の糸が張りつめられ,紙を落とすまいとして,注意力を集中,神妙な歩き方をする」という。「姿勢の悪い子どもの紙は,何度も頭から滑り落ちてしまう」が,そのうち「ふだんは,注意力

があっちこっちに飛び散ったりしている子どもの身体が，はじめて〈静かである〉ことを察知する」という。

　この課題実践例には，感性の基盤が身体性にあることの端的な啓示がある。それはダンスに限らず，造形活動のアートにも通底している。

　例えば，風景を眺めて絵に描くときのことを考えてみる。それが山々を背景にした田園風景であるならば，描く主体の視線は手前の稲穂の黄から川辺の木々の緑へ，さらには山々の青へと移っていくであろう。この風景の色相変化のグラデーションは，描く主体と対象との相互作用として見ると，色彩の変化が視線の移動とともに現れてくるということである。つまり，視線の移動を通して身体が風景を味わい，色彩の微妙な移りゆきを楽しむのである。また，その風景は同時に，手前の稲穂が大きな「肌理(きめ)」を見せるが，遠くにいくにしたがって「肌理」は細かくなり，山麓では平滑になる。これは身体が風景のテクスチャー的な視覚の変化を感じとっているからである。絵の造形表現においてタッチが重要なのは，この「肌理」の勾配を身体が感じ取っているからにほかならない。描く主体の感性・身体性がもろもろの事物に呼応し，その手触り感と響き合うのである。タッチは，根源的に，「肌理」の勾配と両義的に結びつく身体的な運動表現なのである。

　相互作用的にいえば，前者が主体の問いに発する，対象の色彩についての，また後者が肌理の勾配についての，風景の応答である。

　描く主体は，色のグラデーションや「肌理」の漸次的変化とともに，稲穂を渡る風をも肌で感じるし，その音のざわめきも聞き，大気の微妙な動きも合わせて感じ取っている。これらのエッセンスは諸感覚を通して複合的に身体に取り込まれ味わわれて，次のアクションへと発展していく。身体がこれらの感覚を支え，統合し，アクションとして延長するのである。

造形行為における身体性の具体例を見たところで，改めて身体性の哲理について考えてみる。

　「身体」は，いみじくも「心とからだ」というように，一般的には，精神に対立する物質的なものと見る二元論的な見方がいまだに根強い。感覚や感情，情操，あるいは思考や認知・認識の作用が精神に属し，身体は，その物的なものの属性として，位置や形状，大きさや重さなど空間上の様態を持つものと考えられてきた。筋力などの力や運動機能が身体に備わっているのは自明であるとしても，身体そのものに心があるとは感じられていない。しかし，触覚や自己受容性の感覚（自己感覚）のような感覚は身体と一体化しており，分けて感じとることが極めてまれである。自己受容性の感覚は身体そのものの内部感覚であるからとくにそうである。感覚や感性が心の働きであるとすれば，身体にも心があると考えるほうがむしろ自然である。

　市川浩は，「身体はふつう思っているよりもはるかに，われわれが精神と呼んでいるものに近い」といい，「精神としての身体」における自己の身体と他者の身体との相互主観性を考察している（市川浩，1975年，『精神としての身体』，勁草書房）。身体にはフィジカルなもの，運動機能はもとよりのこと，感性に関わる精神的なものが内在しているのである。

　ところでデカルト的な西洋の二元論に対して，日本や東洋の伝統思想によって重んじられてきた身体の理想は心身の合一にある。それは仏教の修行や芸道の訓練に典型的に見られる。心身を拘束し制御する修行の積み重ね，あるいは型の探求によって身心の合一は達成される。その極致は，瞑想に見られるように自他の没入にある。

　ここで二元論と一元論のどちらにも還元することのない身体の見方があることに注意を向けたい。それは身体を自他の関係性の文脈でとらえるメルロ＝ポンティ（1908-61）の両義的な見方である。メ

ルロ゠ポンティは,「意識でも物でもなければ,対自でも即自でもない実存の両義的なあり方」の分析として身体論を展開する（M.メルロ゠ポンティ,竹内芳郎・小木貞孝訳,1967年,『知覚の現象学』1,竹内・木田元・宮本忠雄訳,1974年,『知覚の現像学』2,みすず書房／廣松渉ほか編,1998年,『岩波哲学・思想事典』,岩波書店（鷲田清一））。

　メルロ゠ポンティは,意識と事物との関係を考察し,身体の実存には,背中合わせに２つのカテゴリーがあることを指摘する。１つは見たり触れたり,「内」から感じたりする知覚や経験の対象としての身体であり,もう１つは同時に「知覚や経験そのものが身体を媒介にしてなされる」という点である。われわれはふだん意識し難いが,対象世界の知覚や経験が実は身体を媒介にしてなされるという点に気づく必要がある。身体には無意識の領野が大きいだけになおさらである。対象は与えられるものではなく,身体の媒介によってその内実が投影されているのである。例えば,造形行為としての「形を見る」ということも,対象に備わっている与件を見るのではなく,身体が対象に参与して見方・感じ方を生じさせていると見るのである。要するに,身体を客観的,対象的にとらえるだけでは不十分で,自他の相互作用として身体の実存を両義的に見ることが大切である。

　身体はもとよりのこと,感性にもこの媒介の作用が内在している。身体と感性とは密接に関わり合っているから,両者は結びつけて考察する必要がある。次の「アートにおける感性」は,身体の考察の具体的な展開である。自己受容性の感覚は身体そのものの感覚だからである。

3. アートにあらわれる感性

　もの・材料・対象のよさや特性などを主体がつかむときに活性化

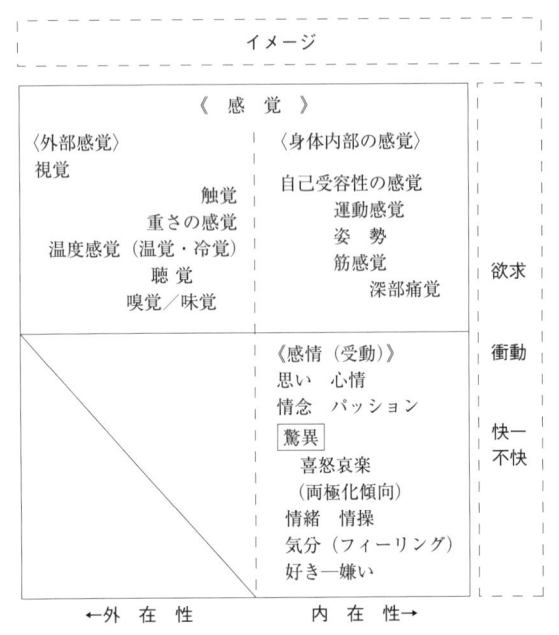

```
┌─────────────────────────────────────────────┐
│                 イメージ                      │
└─────────────────────────────────────────────┘
┌─────────────────────────────────────────┬───┐
│              《 感 覚 》                  │   │
│ 〈外部感覚〉        〈身体内部の感覚〉      │   │
│ 視覚                                     │   │
│         触覚        自己受容性の感覚       │   │
│         重さの感覚      運動感覚           │   │
│ 温度感覚（温覚・冷覚）   姿 勢            │ 欲 │
│         聴 覚          筋感覚             │ 求 │
│         嗅覚／味覚      深部痛覚          │   │
│                                         │───│
│                                         │ 衝 │
│                  《感情（受動）》          │ 動 │
│                  思い  心情               │   │
│                  情念  パッション          │───│
│                  ┃驚異┃                   │ 快 │
│                   喜怒哀楽                │ ― │
│                  （両極化傾向）            │ 不 │
│                  情緒  情操               │ 快 │
│                  気分（フィーリング）      │   │
│                  好き―嫌い                │   │
│                                         │   │
│    ←外 在 性      内 在 性→              │   │
└─────────────────────────────────────────┴───┘
```

1-2-1　感性の構造

する心の働きが「感性」である。感性の作用をひらたくいえば「感じる」「気づく」ということであるが，それはさまざまな感覚や感覚相互に通底する共通感覚を通してなされる。また，驚異や喜怒哀楽などの感情がそれらに随伴して心の働きを強化する。感情が持続すると，心情や情操となって心に定着する。心の働きには，感覚や感情とは別の範疇がある。それは「もの」や対象の本質を瞬時につかむより高次な統合的な働きである。この心の働きはとくに「直観」とよばれる。直観は存在次元の核心への端的なふれ合いである。

　感性では感覚の作用と感情とが複合的・統合的に働くが，どちらかというと感覚の作用は分析的・ロゴス的である。感情は１つの大きなかたまりのような状態であってパトス的である。感情は一般に

持続性が強く変化しにくいが，気分のようにその場その場に生起し変わりやすいものもある。感性はイメージと深い関わり合いがあるが，行為のありようは質的に異なる。また，感情は生命維持の基本的欲求や生命的な衝動と密接に結びついている。前頁に感性作用のありようとその全体像の構造を図1-2-1に示しておく。

　青年期には感覚がとみに鋭敏になるから，感覚作用についてより詳しく見ておく。感覚は外部世界に開かれた感覚と内部の心身状態を受け止める感覚とに分けられる。感性の構造図ではそのことを外在性および内在性として示した。外在性とは対象があたかも外部にあるように感じられる感覚で，その主役は視覚と聴覚であるが，聴覚のほうが「からだに響く」という点でより体感的であって内部感覚に親近性がある。

　視覚　視覚は広範囲の外界を瞬時にとらえる（見渡す，見通す）とともに，特定の対象に意識を集中することができる。視覚は他のすべての感覚よりも分析的であって対象のありようを精密に見分けることができる。しかし，この長所は逆に働いて細部にこだわり，対象を大きくとらえることに失敗することもある。対象を再現的に描写しようとする傾向が顕著になる小学校高学年以降では視覚に頼る傾向が強まる。視覚は体感的でないぶん，確かな手応えに乏しい。したがって，視覚を働かせるに当たっては，後に述べる自己受容性の感覚（自己感覚）や触覚を同時に活性化することが大切である。

　共通感覚　ものや材料は目で見ただけでは十分でない。確かな手応えがないからである。ものや材料の特性を把握するには手に取ってみるのがよい。触覚はもとよりのこと重さの感覚や冷覚などの温度感覚，体感的な筋感覚も加わって確かな手応えが増す。触覚をチャンネル（通路）にして感覚相互が結びつき，響き合ってくるのである。いくつかの感覚が参入して共通感覚を成立させるのである（中村雄二郎，1979年，『共通感覚論』，岩波書店）。

触覚　視覚に代表される外部感覚と筋感覚などの内部感覚とをつなぐ要(かなめ)にあるのが触覚である。触覚は，ものの風合いや材料の「肌理」などを感じ取るのが主な働きであるが，ものをつかむときに働く筋感覚とも密接に結びついている。触覚と筋感覚とは分けて意識されないのが普通である。ここで純粋に触覚そのものの働きを見ておく。次の高村光太郎の一文は，触覚の本質である相互作用を見事に描きだす（高村光太郎，1941年，『美について』，道統社）。

> 私の薬指の腹は，磨いた鏡面の凹凸を觸知する。此は此の頃偶然に気がついたことであるが，ガラスにも縦横がある。目をつぶって普通の玻璃面を撫でてみると，それは丁度木目の通った桐のサツマ下駄のようなものである。……わずか五寸にたりない長さの間にも二つほどの波があることを指の腹は知るのである。

問いと応答の相互性　ここには，ガラスに対する高村光太郎の問いかけとガラスからの応答が如実に語られている。なにげないアクションがあって，ガラスからのリアクションが引きだされている。高村光太郎は，このようにして平滑な鏡面に潜む微妙な凹凸を触知するのである。この事例は，感覚をとぎすまし，感性を高めていくのに，問いと応答の相互作用がいかに大切であるかを示している。問いと応答の相互作用は，触覚に限らず，感覚・感性や身体に通底する本質的な働きなのである。この点はとくに念を押しておく。アートの授業における指導者の支援の本質も問いと応答の対話にあることを忘れてはならない。

自己受容性の感覚（身体の自己感覚）　自己受容性の感覚は，自らの身体の状態を感じとる働きであり，次の三感覚がある（伊藤則博，「遊びと象徴機能」，1979年，『岩波講座子どもの教育と発達第4巻　幼年期発達段階と教育1』）。

(1)　運動感覚

(2) 姿勢
(3) 筋感覚

(1) 運動感覚　運動感覚は，身体の位置の変化や移動など運動や静止に関するもので，最も原初的な感覚である。新生児の段階ですでにこの感覚があることから，このことが分かる。幼児期にはこの感覚が伸び，はう，もぐる，ころがる，飛び降りる，はねるなどがさかんに行われる。幼児が自転車や車に乗ると上機嫌になったり，「高い高い」を喜ぶのもこの感覚による。ちなみに鳥の滑空にもこの感覚が見られる。遊戯期になると運動感覚にバランス感覚が加わって，滑り台やぶらんこ，シーソーなどに乗ること，さらに児童期には，うんていや鉄棒，回旋塔などにぶら下がることに発展する。児童期や青年期では，運動感覚に筋感覚が結びつき，精密さとパワーを加える。とくに青年期では，手先や手首，腕の回転の巧緻性が増し，ナイフやはさみなど道具を使うことや字を書くこと，楽器を弾くことなどアートの表現に関わる身体機能が著しく発達する。パワーや精密さは他方，スポーツや競技への発展をもたらす。これらの技能や巧緻性は練習による実際の運動と自己受容性の感覚との相互作用によってさらに高まる。運動と感覚の対話が繰り返されるからである。

(2) 姿　勢　人が道具や器物・器具などに関わるとき運動に対する構えを生じるが，これが姿勢である。姿勢は，自分自身の心身の状態を感じとるとともに，対象をふくめて環境の状況を把握する。そういう意味で，姿勢は自己感覚に内在すると同時に外在性も指向する。姿勢はものや対象など他者へ向かう自己関与の出発点であるといえよう。

　姿勢はまた，イメージがよりどころとなってその構えをつくることがある。つまりイメージが起動の内発的な動機となるのである。もともと姿勢とイメージとは切っても切れない関係にある。

始原的にはイメージは運動が内化した状態であって,その後,改めて外界に選択的に働きかけていくのである。
(3) 筋感覚　力を入れたり抜いたりする緊張と弛緩の感覚のことを筋感覚という。「力を入れる」という緊張状態はどちらかというとイメージが固定化し行動に柔軟性を欠くので,常に「力を抜く」という状態を想定しておかなければならない。例えば,のこぎりで木を切断する生徒の様子を見ると,無理に力を入れて切ろうとする傾向がある。こういうときは当の相手である材料を無視しているから,木が語りかけてくるものを受け止めることができない。道具を使う行為には,「力を入れる」ことと「抜く」ことがリズミカルに往復するのである。青年期には,この道理を体感的に納得させたい。

自己受容性の感覚および触覚の活性化　身体感覚としての自己受容性の感覚は,感性を働かせる重要な担い手として最近とみに注目されている。表現や鑑賞,ものづくりなどアートの活動は,自己活動を中心にした活動であるから,自己活動のよって立つ基盤である内部感覚としての身体感覚と,外界と内部感覚をつなぐ触覚とを活性化する必要がある。それには感性を培うポイントとして,次の2点がとくに大切である。

① 姿勢や動作・運動,感触などを確かめること。
② 「もの」や材料からのよび声を聞き,事物との対話に心がけ,コミュニケーションを促進すること。　　　　　　〔竹内　博〕

第3節　アート教育とものづくり

1. アート教育におけるものづくり学習の現状と課題

子どもたちの「ものづくり」の機会は,戦後の民主主義教育がス

タートしてから今日までを比べてみると，明らかに減ってきているといわざるをえない。その理由として考えられることはさまざまあるが，何よりも社会の変動と価値観の多様化，そしてテクノロジーの発達等が主な原因と考えられる。

　わが国の一般社会におけるものづくりは，かつての高度経済成長期の中で肥大化してきたものもあれば，翻弄されてきたものもある。それらは，アートとしての価値観が異常に高められたり，工業や商業デザインが経済競争の渦の中で，本来あるべき姿や目的を見失ったりもしてきた。また，そのような混沌とした社会的背景の中で，わが国のものづくりの世界を長い間支えてきた，職人たちの貴重な伝統技術によるものづくりの多くが，ついに廃業に追い込まれる状況にも至ったりした。

　このような状況は，何も産業デザインや工芸界のみに限ったことではない。ものづくり教育，すなわち造形・美術教育もある意味では同様な歴史をたどってきたものといえる。つまり，学校教育は国家の目指す政策とは無縁ではないからである。そのことは，これまでの美術教育の歴史をたどってみるとよく分かる。

　美術教育において，絵画や描画の活動が子どもたちの心象の表現に深く関わるものであることは，かなり早い頃から理解されていた。また，その分野や領域としての性格もしっかりと確立している。一方，同じ美術教育の分野であるデザイン・工作・工芸の学習は，その時代ごとの国家の情勢や国策に翻弄されながら，盛んになったり，急に衰えたり紆余曲折してきた歴史がある。それは，とくに工作・工芸の学習の重要なねらいである「機能の追求」や「機構の理解」，「道具の使用」や「技術の習得」に対して，実質的な陶冶を重んじる技術主義的な学習であると誤解されてきたからである。この原因として考えられることは，絵画や描画の活動に比べて，工作や工芸に対する概念や性格づけが長い間定まらなかったことが挙げられる。

したがって，このような理由から工作や工芸教育に対する誤解や無理解が生じ，どちらかといえばデザインや工作・工芸分野よりも絵画や彫刻分野などの，いわゆるファイン・アート（Fine Art）の分野の方が教育的価値が上位に位置するような風潮がつくられてきたのである。では，次にものづくり教育の歴史を少したどりながら，アート教育におけるものづくり学習の今後の課題について考えてみることにしよう。

　わが国の近代教育は，明治5年（1872）の学制発布から始まり，すでに133年間余りの歴史がある。現在の図画工作科の絵画領域の内容である図画は，明治14年に中等科において図画科として開始された。また，同年7月には中学初等科においても毎週2時間図画の学習が行われた。いずれにしても，美術教育は近代普通教育の中の授業科目としては，かなり早い時期から実施されてきた教育である。そして，その後の美術教育は，絵画や彫刻などの美術分野の題材が中心となって発展してきたのである。また，その教育的価値も工作・工芸教育の前身である「手工」教育よりも常に上位に位置してきた経緯がある。その大きな要因の1つとして，明治の近代化と相俟って西洋美術が日本に移入してきたことが考えられる。つまり，芸術としての崇高なる美術という美学・哲学的な，イメージが普通教育にも注入されたからだと考えられる。そして，結果としては第2次世界大戦後の民主主義教育が始まるまでの70年間近く，美術分野に関する学習題材を中心としたプログラムによって展開されてきたのである。もちろん，その間に全く工作や工芸に関する教育が行われなかったわけではない。

　明治9年にわが国で最初に開園された東京女子師範学校（現お茶の水女子大学）附属幼稚園において，工作の学習の前身的内容である「恩物」や「手技」が行われた。さらに，大正期や昭和初期にも「手工」や「工作」のものづくり教育は行われている。しかし，第

1次世界大戦直後は労作教育の思潮，その後は軍国主義などの国家主義的な思想に翻弄され続け，工作・工芸教育の本来の教育意図が発揮できずに終わっている。さらに，戦後の高度経済成長期においては，科学教育や産業教育振興の機運によって工作・工芸教育の学習内容が歪められたり，圧迫されたりしてきた歴史がある。そして，やっと昭和33年（1958）の教育課程の改訂に伴い，小学校や中学校の「学習指導要領」の内容に「デザイン」が加わり，教科書にデザインに関するものづくりの題材が登場した。だが，当時の教科書などを見てみると，やはり美術分野の絵画表現などの題材に比べて，その題材掲載数は圧倒的に少ないことがよく分かる。

　いずれにしても，これまでの造形・美術教育において工作・工芸・デザインの分野の内容は，美術分野の内容に比べて教育的価値が低く見られてきた傾向が根強くあったといっても過言ではない。しかし，現在求められている新たな教育課題に対応すべき新たなアート教育を展開していくためには，これまでのように美術分野に偏りすぎた内容の教育では，その求められている課題に応えることはできないであろう。つまり，アート教育によって豊かな心や生きる力を育みながら，その過程を通じて人間性の回復をはかるためには，人間の普遍的能力である「感じる」・「つくる」という根幹的な行為をバランスよく学習させねばならないと考えられるからである。

2．input（入力）から output（出力）の学習へ

　いうまでもなく，現在はまさにハイテクノロジーを駆使したスーパー情報社会である。とくに，コンピュータ技術は日進月歩の勢いで発展し続けている。多くの若者や子どもたちは，それを気軽に使いこなしている。また，コンピュータはさまざまな分野で使われ，たいへん便利な道具として一般大衆化した。このことは，学校教育

や造形・美術教育においても同様である。コンピュータは，ソフトの使い方を習得し，入力の仕方さえ間違えなければものすごいスピードで正確な仕事をしてくれる。そのため私たちは，この便利な道具の魅力にどんどん引きずり込まれていき，今後はそれがさらに加速化していくことになろう。

　現在，世界的なインターネット時代という状況の中で，文部科学省や教育委員会は学校教育においてパソコンやインターネットを活用した学習活動を強く奨励している。そのことは，今後の時代を見通せば当然の結果であり，子どもたちにとっても重要な学習方法の1つである。しかし，このようなパソコンを使った学習も使い方を一歩間違えれば，子どもたちをコンピュータの知的依存症にしてしまうおそれさえある。造形・美術の表現を例にするなら，自分本来の表現欲求や創造性を大切にするのではなく，コンピュータの機能性に依存した表現を知らず知らずのうちに行ってしまうことである。すなわち，コンピュータに媚びたデザインや入力しやすいデザインに頼ってしまう傾向への懸念がある。そして，その怖さに関しては作者はもちろんのこと，周囲の人も意外に気づかないようである。別ないい方をすると，コンピュータを代表としたデジタル的手法の依存症である。もしこのようなことが原因となり，今後手書きの文章，手描きの描画や図形表現などが衰退したら，人間の普遍的な能力の1つである，つくる，描くという行為そのものに大きな悪影響をもたらすことになる。そしてその結果，これまで太古の頃より永い間伝承されてきた，人間自身による手づくりの文化が失われていくことにもなりかねない。

　では，将来このような状況に陥らないためにはどうしたらよいのだろうか。それは，バーチャルな世界観（仮想現実）と現実の世界観をしっかり見極め，その上で感じたり，考えたりする能力を養わなければならない。そして，そのような体験を通して子どもたちが

バーチャル・リアリティの落とし穴に落ちないようにするために，その配慮と具体的な手立てを講じなければならないであろう。

　以上のようなことを踏まえながら，現在行われているアート教育を再度見直してみると，手を通して脳にinput（入力）するような学習や活動は現在たいへん多く行われている。しかし，逆に手を通してoutput（出力）していくような学習活動が軽んじられているようにも思える。その結果，子どもたちは身体性が不足がちとなり，感覚や感性を大事にせず，物事を知識や仮想的なことのみの一元的な価値観で判断してしまう傾向がある。したがって，そのような傾向がこれ以上に強まらないための予防策としては，実材を使用する実体験に基づくものづくりの学習を再認識し，自分の手でものをつくる機会をこれまで以上に提供していく必要がある。つまり，ものをつくることは人間の根源的な行為や営みであるため，その行為と身体性をこれまで以上に重要視する必要がある。そして，それらを「頭と心と体」を使ってバランスよく認識させていくことが，今後の重要な学習課題の1つとなっていくものと考えられる。

3．人間性回復とものづくり教育

　前述したように，今後の世界を展望したとき，誰もがハイテクノロジーを駆使したコンピュータとインターネットによるIT（情報技術）社会の時代と断言することと思う。そして，これらのハイテク機器の日進月歩の技術革新と一般家庭への普及によって，私たちの生活スタイルや生活意識がますます変化していくことが予想される。とくに，コンピュータによるバーチャル・リアリティの世界観やインターネットによる瞬時に受信できる情報などによって，ものをつくることの意味やものづくりにおける発想や構想段階などに大きな影響と変化をもたらすことが予想できる。

このようなハイテクノロジーは，人々の生活をより豊かに，そして便利で快適にする目的から必然的に発展し続けてきた。しかし，ものづくり教育を行う上で，ここでしっかりと考えなくてはいけないことがある。それは，人間を幸福にするためにあるべき科学やテクノロジーも，現在ではさまざまな矛盾や大きな問題を引き起こしていることである。したがって，ものづくり教育を行う際には，ただ単に工作や工芸でものをつくればよいというものではない。ものをつくるということは，「何が目的で，誰のために，どのようにつくるのか」という，ものづくりの根本原理をしっかり押さえた上での学習を展開しなければならない。さらに，そのとき使用する材料の「素材歴」もしっかりと確認すべきであろう。つまり，ものをつくるときに使用する材料が，いったいどこの国から，どのような経緯をたどってここにあるのかを，ある程度認識させる学習も必要なことだと思える。その素材歴を知ることの意味は，材料を無駄使いさせず，材料やものに対しての愛着や恩恵の念を育てることにも通じる。

　人間は遙か遠い人類の進化の時期に，直立歩行というすばらしい人間業を身につけた。さらに，そのことにより両手を自由に働かせられることに気づいたのである。そして，歩行の際に身体の重心を保つために後頭部が著しく発達し，考える能力がどんどん増したといわれている。それ以降，人間は頭で考え手を使っていろいろなものをつくりだした。当初は，自分たちが生存するために必要な道具や武器などを，さまざまな工夫を凝らしてつくったことであろう。つまり，人間が生きるために必然的に行ってきた「つくるという行為」こそ，人類の普遍的な営みであり，ものづくりの歴史の源流といえよう。

　ギリシャの哲学者アリストテレスがいった「手は道具の中の道具」，同じくカントのいった「手は外部の脳である」という言葉は

有名である。この2人の哲学者の言葉を別ないい方をすると，人間の手は「考える偉大な手」ということができる。人間は，今日までこの考える偉大な手によってさまざまなものをつくり，すばらしい文化を築いてきた。しかし，残念なことにこの地球上のどこかの国や地域では思想，宗教，文化などの価値観の違いから民族紛争やテロ行為などの争いが絶えず行われている。そして，人間の命とともに人類の大切な文化遺産が跡形もなく破壊され続けている。それらの文化遺産は，どの時代においても人間の英知と創意工夫を凝らしてつくられた，人類にとってかけがえのない宝物なのである。私たちは，このような世界の事実をしっかりと受け止めて，「人間は何故ものをつくるのか」という本質を考えながらものづくりの学習を展開していく必要がある。

4．消費文化とものづくり教育の課題

　現在，私たちはあり余るものに囲まれた豊かな日常生活を過ごしている。また，私たちはそれらを消費し続ける生活に浸りすぎ，ものを大切にする気持ちや，ものに対する愛着心が希薄になっているように思える。したがって長年大切に使ってきたものと対話するような気持ちになることなど，今や考えられないことになってしまっている。このような状況となった理由の1つとして考えられることは，国民全体の生活環境が豊かになり，「壊れたらすぐに捨てて，また新しいものに買い替えればよい」という生活習慣が身についてしまったからであろう。したがって，家庭で何かが壊れてもそれを修理してまで再び使おうと思う人は少ない。また，以前のように壊れたものをすぐに使えるように修理してくれる職人も少なくなっている。よって今後の課題のための糸口としては，壊れたらあるいは古いからという理由によってすぐにそれを捨て，また新しいものに

買い換えるという，この一連の消費文化の傾向を少しでも是正しなければならないのではないだろうか。

しかし，わが国でもつい40年前頃まではこのような状況ではなかった。確かにその当時は，現在に比べると決して豊かで便利な生活を送っていたとはいえない。しかし，今よりもずっとものや人に対する思いやりは豊かだったように思える。科学や工業技術は，人間の生活をより便利に，そして快適にすることを目指して発展してきた。私たちはその恩恵に感謝せねばならない。そして，最も大切なことは戦後の復興期から高度経済成長期の発展途上の間，あるいはその後から現在に至るまでの間，私たちは人間としてとても大切な「何か」を置き忘れてきたのではないだろうか。

平成10年（1998）3月，中央教育審議会は「新しい時代を拓く心を育てるために」と題する中間報告を発表した。この中間報告の背景には，現在の社会や教育が抱えている「心の教育」の問題がある。

つまり，そこには「人間教育」をどう具体的に推進していくかという深刻な課題が含まれているのである。この「新しい時代を拓く心の教育」を推進していくためには，子どもたちが自己の目的に向かって誠実に生きていくためのさまざまな能力を養わなくてはならない。そのために，今後最も配慮しなくてはならない課題には，アート教育による「人間性の回復」がある。その1つに，人間は何故ものをつくり続けてきたのか，人類はそれを受けて今後どう生きるべきかを考え併せたものづくり教育の展開が望まれるのである。

〔春日明夫〕

第4節　アート教育の実践的挑戦

1．アメリカと北川民次

　アメリカではヘンリー，メキシコではサルバドール，学校では，プロフェソール（教授）やコンパニェロ（仲間）など，これらは北川民次（1894〈明治27〉―1989〈平成1〉）のそれぞれの国でのよび名である。北川は，1920年代にメキシコに渡り美術教育の実践を行い，関わった子どもの絵がピカソやマチスや藤田嗣治などに絶賛された。その実践過程を経る中で，北川は，教師の見方で才能を発見し，激励して絵を描かせていく教育に疑問と限界を感じる。そして，自らが本当に求める教育を見いだしていく。

　　……私にはもはや天才芸術家製造の仕事が中心ではなくなっている。私はこの学校で，コミュニティ・アートをつくりだすことと，自由な社会人を作り出すことを考えている。（北川民次，1952年，『絵を描く子供たち―メキシコの思い出―』，岩波新書，p. 124。以後文献 a とする。）

　地域や場所（トポス）という概念は，今日的な概念であるが，北川の実践はまさにその先導的な事例であったのである。

　彼は，1894年静岡県榛原郡金谷町生まれ，早稲田大学予科時代に油絵を始め1914年（大正3）に中退してアメリカに渡る。1917年，ニューヨークの美術学校アート・スチューデンツ・リーグの夜学に通い，働きながら画家になる勉強をしていた。同校では，下町の庶民を描いたジョン・スローン（1871-1951）に師事し，学友には国吉康雄（1889-1953）がいた。この美術学校は，荻原守衛（1879-1910），ノーマン・ロックウェル（1894-1978），ジャクソン・ポロック（1912-56），ロイ・リキテンシュタイン（1923-97）・絵本作家のモーリ

ス・センダック（1928-）などが学んだ学校である。

　第1次世界大戦（1914-18）後の戦勝国アメリカは「永遠の繁栄」とよばれる好景気で，苛烈なインフレであった。社会には電灯・電化製品が登場し，

1-4-1　北川民次の旅路

自動車の大衆化(モータリゼーション)の時代が幕を開けた。また，新聞・雑誌の隆盛，ラジオ放送・テレビ試験放映が開始されマス・コミュニケーションの時代が到来した。メトロポリタン博物館や図書館には人々が出入りする。音楽ではルイ・アームストロング（1901-71）らのジャズが街に流れ，新しい価値観に根ざした性の革命が起こった。時代を代表するニューヨークには，摩天楼のビルディング，禁酒法下のカポネなど闇の世界が出現し，「現代」につながるさまざまなものやことが行き来する街であった。好景気の影響で劇場が繁栄し，北川は，舞台の背景画を描いて生活をしていた。北川は，美術の研究を進めながら，フロイトなど時代の思想に刺激を受け，児童美術に初めて興味を持った。

　北川には，当時のアメリカは一見華やかで文化的に見えるがそのじつ，人と美術とが遊離しているように感じられ，人が美術の方にあまり心を向けていないように見えた。そして「人間が美の感情を失って生きる不幸」，「個人の精神が甚だしく歪められてしまっている」状態ではないかと考える。「この歪みを直すには，美術教育が一番いい。私は美術教育をやろう」（文献a　pp. 50-51）。これが，

第1章　転換期の中等美術・工芸教育の新しい道

ニューヨークで彼の心に宿る1つの結論であった。次第に事態が進行していくニューヨークに北川は，空気の希薄を感じる。

　われわれにはまねもできない彼ら上層部の生活だけがほんとうの人間らしさを保ち，あとは見すてられた形である。ニューヨークは，彼らのためにのみ建造され，われわれ貧しいものには無情な都

1-4-2　メキシコ・シティ周辺地図

1-4-3　タスコの学校創設に政府が支出した美術材（『美術教育とユートピア』，文献cより）

粉末顔料	単位 kg	木彫用器	単位 個	エッチング用具	
亜鉛白	60	丸ノミ	12	亜鉛板	3
クローム黄レモン	17	角ノミ	12	硝酸	2 [注2]
クローム黄 橙	5	のみ	12	アラビアゴム	0.5
黄土	20	木槌	4	ベトム	0.5
シアナ（焦）[注1]	10			蜂蝋	0.5
朱	4	木版用具		テレピン油	1
紅	4	木材	3m四方	ベンジン	1
硫化銅緑	20	小刀	12個	アルコール	1
クローム緑	20	丸ノミ（小）	12個	酸度計	1
コバルト青	20	丸ノミ（大）	12個	分量計	1
ウルトラマリン青	5	鋸	1個	角皿	1
アイボリーブラック	6	筋ツケ	1個	金属用鋸	1
		定規	1個	ラエドール	1
生木綿	5反	カンナ	1個	ブルニドール	1
ユーテ布	10m	板磨き	1個	ヤスリ	1
ラシャ紙	500枚	日本墨及墨汁		金属用紙ヤスリ	5
ハトロン紙	100m	印刷用紙	300枚	木製重圧器	1
画用木炭	2000本	印刷インキ	3缶	砥石（仕上）	1
ニカワ	5kg	ローラー	1個	砥石（粗砥）	1
アラビアゴム	1kg				
グリセリン	2kg			その他	
亜麻尼油	60kg			戸外用画架	10
木材				素描用板	1
				腰掛	10
				机	
				乳鉢及棒	1
				ブリキ製容器	20

注1．バーントシェンナ，こげ茶色のことだろう。ローシェンナ（天然土）
注2．エッチング材料については，単位をロキと示されている。

市である。(2002年,『北川民次―メキシコの青春―』,日本図書センター, p. 75。以後文献 b とする。)

そして彼は,ニューヨークを脱出した。図1-4-1のように,南部を目指して旅をし,黒人たちの生活に近づいていく。チャールストンやジャクソンビルでは,黒人の美しさやすばらしさに打たれ,絵を描き交流を持った。

北川は,文明の臭気を嫌って,人の神秘に向き合うことを好む。「彼らに興味がひかれ,心もうばわれていた。それというのも黒人たちのあいだには,生きた生活があったからだ」(文献 b　p. 105)。北川は,天性のフィールドワーカーで,1923年キューバを経て,メキシコに行く。

2．メキシコにおける青年期（11歳以上）の美術教育

1931年（昭和6）,北川はメキシコのタスコ野外美術学校の校長であった。表1-4-3は,タスコ美術学校創立にあたって,政府の支出した材料・用具表である。材料は無償であり,生徒は60〜70人余りであった。生徒は,絵具や紙を貰えば,すぐどこかへ絵を描きに出て夕方まで帰らない。あるとき,モデスト・ガルシアという子どもが北川の目の前に進みでてきた。

「私を生徒にしてください。私もなかまにいれてください。」
と小さな声でささやいた。
「君は何歳だ？」

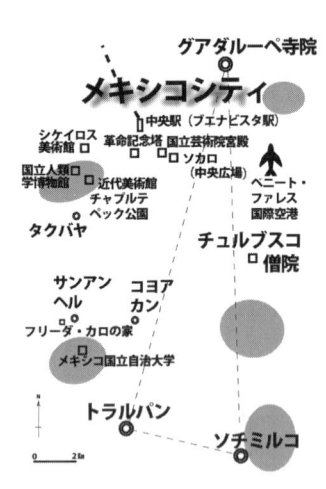

1-4-4　メキシコ・シティ

第1章　転換期の中等美術・工芸教育の新しい道

1-4-5　生徒の作品

　少年はたちまち，失望したように目ざしを落して歯を食いしばり，もう何も答えようとはしなくなった。
「君はいくつになるか。この学校は十歳未満の子どもは入学させないきまりなんだ。……」…
「私をなかまにいれてください。絵を描きたいのです。かかせてください。」と彼は泣かんばかりに請願した。（文献b　pp. 191-192)

　モデスト・ガルシアのようにメキシコの少年には絵を描きたいという熱望と請願があった。アートへの愛情とそれに向き合う喜びが根底にあったのである。北川は，熱意に負けてガルシアを特別のケースとして入学させる。「明日からパレットをもって，学校へくるがいい。」と北川が告げると，彼は早くも指穴を開けた手製のパレットを持参で戻ってくる。彼は，そこまで用意していたのである。現代の子どもの中にも表現したい欲求があるだろうが，それは，指導者からはどのように見えているのであろうか？

　北川の学校は，基本的に10歳未満の子どもの入学を許可しない。北川の関心の中心が，初等後期を含んで個性表現が顕在化する中等期の発達段階だからである。小さな頃には，誰もがユニークで生き

生きした絵を描くが、思春期になるとこの才能が消滅して表現できなくなる。これが思春期の表現の危機である。児童美術の最初の発見者オーストリアのチゼックの学校でさえ、思春期の創造性消失を理由に、15歳から18歳の青年たちを生徒としてとらなかったといわれる（W・ヴィオラ、久保貞次郎・深田尚彦訳、1999年、『チィゼックの美術教育』、黎明書房、p. 103）。世界の美術教育は、思春期の壁は厚く、越え難いものであると考えてきたが、北川はメキシコでその限界に挑戦したのである。

> こんなに天分に恵まれた児童が、思春期のためにひとり残らず天分を奪われてしまうものなら、何のために子どもに絵を描かせるのかわからない。……しかし思春期という決定的な時期の到来で、いったん獲得した能力が霧のごとく消え失せるとはなにごとだ。それを必然の運命としてかえりみないのは、教育家の怠慢ではないか。
>
> 不可能だといわれることを可能にして見せなければ、自分がこんなめんどうくさい、手のかかる、犠牲的な職業に身を投じた理由が成り立たない。(1969年、『美術教育とユートピア―北川民次美術教育論集―』創元社、pp. 124-125。文献cとする。)

現在の中等教育も、知育の嵐が猛烈に吹き荒れている現場である。教師の教育熱や研究心もその嵐に巻き込まれてしまった感がある。制度論から見ても中等教育は必修の時間数削減など実践体制の最も脆弱な部分である。しかし、北川がニューヨークで見たありさまは、現代のわが国そのままではないだろうか。中等教育の実践をいかに充実して深めていけばよいかという視点は当時の北川の課題意識であるが、現代人の心の教育を目指す今日のわれわれの課題にほかならないのである。

当時のメキシコは、1910年にメキシコ革命が勃発し、1917年現行憲法公布され、1922年からメキシコルネッサンスのメキシコ壁画運

動が起こり，建国の機運が高まっていた。1923年に北川は，メキシコ，オリサバにたどり着き，聖画行商を経た後，リベラ，オロスコ，シケイロスといった壁画の三大巨匠が学んだ国立サン・カルロス美術学校で3カ月絵画を学び，チュルブスコ僧院で続けて絵を描くことになる。1925年にはメキシコ・シティ周辺の3カ所（トランパン，ソチミルコ，グワダルーペ）に「野外美術学校」が創設され，1925年，その1つ「トランパン野外美術学校」に関わり，翌年正式採用されてトランパン野外美術学校の計7年間の美術教育実践の実験がスタートする。

3．北川のメキシコでの美術教育の特色

才能発見者の資質

チュルブスコ僧院内の野外美術学校の校長は，アルフレッド・ラモス・マルチネスであった。北川は語る。

> ラモス校長は実に理想的な教師だった。彼は，激励することしか知らない。
> 「君はセザンヌ以上だ。マチスだってこんな仕事はできないよ」
> ……。彼はいつも上機嫌で，また実際各自の美点だけを指摘し欠点は問題にしなかった。彼が絵を褒める時には，喉の奥の方からごーっという感嘆の音響を発し，顔を紅潮させ—……—そして曲がった手首を絵の方に振りかざして，自ら描いているような格好をして見せる。……先生の姿が僧院から三丁もさきの玉蜀黍畑の中に現れると，みんな大急ぎで自分の作品を持って玄関口まで飛び出す。
> 「マエストロが来た。マエストロ・ラモスが来た」（文献a　p.7）

ラモス校長は，このように賞賛や激励を得意とする精力旺盛な指導者であった。「彼にかかっては，かなりの鈍物でも才能を発揮せざるを得なくなる。彼は俗物の中にある非俗物を観破し，それを生かすことのできる魔術師」（文献a　p. 9）であり，「子どもに熱を吹き込み，天才の発見者」となって天才製造事業を行う指導者であった。また，ラモス校長は，人の才能の内的・潜在的な要素に関心を持ち，人の心の内に燃える才能の火種を見逃さない。常に成功するわけではなかったとしても，才能教育にあっけらかんとチャレンジする指導者であり，少なくとも始終，子どもの欠点を監視し，管理するタイプの指導者ではなかった。このことは北川も好意的にみて，天才の発見に通じる「才能への洞察力」を美術教育に携わるものは少なからず持つ必要があると考える。

才能発見の過大賞賛指導からコミュニティ・アートづくりへ
　ところが北川には疑問がわき起こる。本当にこれでよいのかと。北川は，ラモスにナイーブな天才として見いだされていたハコーバの事例を取り上げてラモス型過大賞賛指導の顛末(てんまつ)を素描する。

> 「彼女（ハコーバ）は大したタレントです。天才です」……。
> 「ハコーバ，その絵を見せなさい。おや，これはまた何という牛だ。緑と紫に光っている。まるでマチスだ。草むらのエメラルドとピンク色の土との調和はまさにマチス以上だ」……「ハコーバ，お前さんこそ私にとっては大発見なんだよ。お前さんは天才，メキシコの宝だ」（文献a　p. 22）

　このようにラモスの指導は，絶好調である。予言者ヨハネのように才能を予言し，空飛ぶ鷲のような眼で，するどくタレントを見つけては刺激的な賞賛をあびせかけ鼓舞激励をする。生徒に向き合うとき，指導者の心の中に密かに忍び込む宣言，「指導者は，子どもを縦横無尽に操れる」，「学習者の内面や学習成果を予見できる」，

「誉めればいい，励ませばいい」という見解が見え隠れするとき，ラモスと北川には大きなすれ違いが生じる。後年，ラモス校長が，ハコーバ作と決めつけていた詩が，実はお婆さんから聞かされた歌だと判明する。

> 私共は，その翌日からラモス先生が一層憂鬱になり，顔の皺が深くなったことを憶えている。（文献 a　pp. 34-35）

北川は，自ら求める教育像について次のようにまとめる。

> 私はかような天才教育をもはや信じていない。ラモス先生の手段は，はめを外した激励の魔術であった。激励は確かに有効であり，必要である。だが激励はどこまでも手段であり，目的ではないのだ。しかもそれは補助的手段に過ぎないことを忘れてはならない。生徒の精神が，もはや激励にたよらないで，独自の創造力を発揮するようになることこそ，教育が真に望むところである。（文献 a　pp. 127-128）

そして，北川の教育は，コミュニティ・アートつまり，芸術が生成される子どもの社会(コミュニティ)という場づくりに着手する。力量のある指導者が，子どもの中へ入り，お互いの「関係」を深めながら豊かな場を形成する。子どもも絵を描く活動を通して相互に影響し合う。このような場をつくり上げようとするのである。

教育実践は，教える内容を重視する教授中心主義と，生き生きとした生活経験を重視する学習者中心主義とに大別できる。しかしこの両側面は，別の立場から見ると教授絶対主義，学習者絶対主義である。北川の到達点は，それぞれの絶対主義を捨てて，場の相互発展過程を見つめる「コミュニティ・アート」の形成の立場に立つのである。そこでの中心は，ものを生きた姿でつかむ態度など子どもの創造的精神の発展と展開を見つめていくことである。

トランパンおよびタスコでの実験
　　―生徒と多く接触し，話し，観察する―

　北川のトランパンとタスコの実践では，表現としては写生を導入し，見つめるということを重視していた。自然の前に立たされると，「いままで何の気もなしに接触してきたものを，もう一度，じっくりと見直さなければならない」（文献 a　p. 73）ようになる。この状況になって，「初めて物を見る時のような新鮮な気持ち」が生じる。そして子どもは，向き合う過程で，自然の中に迫力を感じていく。メキシコでは知覚といっても，視覚に限定されない態度で子どもは見ようとしている写実は，そのまま描けばいいのであるが，それだと「見た」ようになっても，「思った」ようにはなっていない。ではどうするか，それが子どもの課題なのである。指導としては，「見たところをいかに表現すべきかを考えることを強調して，生徒らに見た物のどれほどの部分を描くかということまず決意させ，それをいかに画面に構成すべきかを工夫させた」（文献 c　p. 12）。つまり，自分で考える態度，自分で決定する態度を学ばせたわけである。

　表現技法の面では，最初から油絵を描かせた。自分でパレットをつくらせ，絵具も自分で練ってつくらせ，そのため北川は，材料を多方面で集めていた。一般的には，鉛筆で描く方法を身につけて，色鉛筆・クレヨンを使い，少し進歩すると水彩を経験し，油絵は一層高度なものだと考える（文献 a　p. 60）。つまり技法的な易から難へのカリキュラム編成である。しかし，北川は，感動にしたがって直接に表現しようとすると，色彩と厚みあるフォルムの表現に対応できる表現材料を導入すべきと考える。また，指導も事物の存在を深くとらえることを大切にし，例えば立体感をどこまでも強く感じて行われる行為であれば，心性の尊さととらえて，子どもがしたいように，また自分で修正していくことを重視した。

　さらに北川の分析と実験は前進する。

子どもの実態に向き合いながら次のように考える。油絵は極めて重要な技法であるが、材料というものは、生徒の感動や工夫との深い関係があり、常に同じ材料を与えていると表現意欲が下がってきてしまう。また、「生徒の欲しがる材料を要求されるままに与える方針を変えて、そのコントロールを教師の手中になくてはならぬと思うようになった」（文献a　p. 69）と述べる。自由な選択と管理とは、どちらが絶対よいという関係ではないことに気づくわけである。

一人ひとりの子どもに適切に指導することは指導者にとっては負担が増え容易なことではないが、次のように研究をしたのである。

　　生徒となるべく多く接触し、話し、観察することにつとめ、夜ねてからも、その一人一人を順々に頭に浮かべてあれこれと考えているうちにどうやら、そのこつがわかってきたように思われた。（文献a　p. 69）

実践現場は、極めて多くの要素で成り立っており、すべてに対応しようとすると指導者の仕事は、容易ではない。北川のトランパンの実践は、場に臨む分析とバイタリティとで前進させたのである。

実践の場を豊かにするもの

最後に目を向けたいのは、教育実践の場を豊かにする要因についてである。北川は、30歳を越す妻子持ちの農民ペドロに注目する。ペドロは、毎日学校の掃除をし、子どもたちと一緒に絵を描いていた人物で、ユニークな方法で学校に関わる。ガラガラ蛇事件は典型的であった。ペドロは、学校へ来る途中、1メートル以上もあるガラガラ蛇を岩場で拾ってきた。「ほーら、こいつはちょっと大きいでしょう」といって懐からだして見せる。ペドロは、毒蛇を傷1つつけずに生け捕り、しっかりと首根っこをつかまえてはなさない。

猛毒の動物に子どもたちは上へ下への大騒ぎである。彼は、庭のザクロの木の根元に紐でくくっておけば大丈夫といい、最後にはみ

んなでそれを写生し始める。ディアス・デ・レオン校長は，このようなことを許さない。しょうがないと，彼は，自転車の空気ポンプを蛇の口に押し込んで，どかんと破裂させてしまう。その晩は蛇料理であった。

　子どもに人気者のペドロの存在を北川は重視する。ペドロが，子どもを誰よりもいたわる心を持つだけでなく，彼が大胆不敵に蛇を操るところに子どもたちが惹かれ，場の空気を一新してくれるところに，である。

　現代の日本の教室は，立派な校舎や丁寧な個別指導など，十分ともいえる環境を準備することができた。しかし，いまだに，「冷ややかな視線」「息の詰まるような沈黙」「冷酷な黙殺」「心と心の分断」といった人と人の中で生じる貧しい関係が横たわっている。教室は人を育てる場所ではなく，人を排したり，裁く場所にもなっている。裁かれるのは，ある時は子どもであり，ある時は指導者である。もし，あのとき誰かが勇気を持っていいだしていたら，残念なことは起こらなかったのにということが，実践現場では繰り返し起こっている。

　指導者が教授行為にしがみつくとき，場に存在する有効な要素を見逃しやすい。教える内容を持っているのは教師で，教わるのは生徒という形式化された関係で集団に対処しようとすると，ペドロ的なユニークな人物が社会や教室にいても，その価値が見いだせない。北川は，人間味と称しながら，学校や教室といった場所で暗々裏に影響を与える重要な要因に注目する。そして，教育実践の豊かな場の成立を促す「人物」の重要性をわれわれに見せてくれる。北川にとっては，人こそ教育の要なのである。人こそ考えてみる値打ちのあることだといっているかのようである。北川の実践の魅力は，「人」と「芸術」とを忘れず，美術実践とは何かということをわれわれに問い続けてくれるところなのである。
〔村田利裕〕

4．田村一二と一麦寮

　田村一二(たむらいちじ)(1909-95)は，一麦寮(知的障害者更生施設)の初代寮長で，日本の障害児(者)教育の先駆者である。精神薄弱児(者)が社会からも，教育からも放置されていたときに，戦時中には石山学園(1944)を，戦後復興期には近江学園(1946)を創設して人間教育を問い続けた人物である。そして，1961年(昭和36)に年長児(青年期，中学生に相当する年齢以上)の知的障害児施設として一麦寮(当初滋賀県大津市南郷町，現在湖南市石部町)をスタートさせ，そこでの土の教育が，次の吉永太市との実践である。またさらに1982年には，地域に向き合い，すべての人や自然が生きて調和と共存をはたす「茗荷村(みょうがむら)」を夢想し創設する。

　田村は，ともに汗を流しながら作物をつくり山を開墾する。子どもとともに絵を描き，歌をうたう。また子どものために書をかき，演劇や文筆活動をし，五感の教育のために自ら粘土室やプールをもつくる。あらゆる人の尊さを信じ，ともに生活する教育の創設を試みる。それが田村一二の姿である。障害児教育や社会福祉分野では著名であるが，氏が生涯画家であり，人間教育の視点に立ったアート教育の思想的実践家であったことを知る人はなぜか少ない。

　田村は，京都府舞鶴市生まれである。家業倒産のため高等学校に進学できず京都市教員養成所を経て市立小学校の代用教員をする。京都の滋野小学校(1933)で正教員となり知的障害児クラスの担任をすることになった。そこで氏が見たものは子どもが，学校でも家でも孤立を深め，全体の中の１点になってしまっている現実であった。子どもにとって，学校が，時間・組織・指導内容から「断ち切り」の構造となっていると憂う。田村は，真正面から子どもに向き合おうとする。

田村がしっかりと実践に向き合えたのはなぜだろうか？　田村は，青年期に廃船や貧乏な長屋の裏などを絵にする。そして絵描きは，その眼で，否定的に扱われているものの中に美を見つめ，人に美しさを再発見させるのがつとめと考える。田村にとっては，鑑賞者の目を育てるのが画家の仕事なのである。そして，障害児（者）教育に向き合うことについて次のようにとらえる。

　　美しくないものとか，汚いものとか，貧しいもんとか，人からつまはじきされてるようなもんとかの中にほんまの美しさがあるということを，絵の世界で先に自分のもんにしてきた。……絵が人間に変わっただけです……。(「障害児教育と絵」，上野一郎編集，2002年，『田村一二と茗荷村―茗荷会例会から―』，大萩茗荷村茗荷村研究所発行，pp. 44-45)

参考文献
田村一二，1980年，『ぜんざいには塩がいる』，柏樹社
田村一二，1984年，『賢者モ来タリテ遊ブベシ―福祉の里，茗荷村への道―』，日本放送出版協会
田村一二，1971年初版，復刻版2002年，『茗荷村見聞記』，北大路書房〈1979年，山田典吾監督，東映から映画化〉
田村一二，1942年，『忘れられた子等』，教育図書〈1949年，稲垣浩監督，新東宝から映画化〉
田村一二，1944年，『手をつなぐ子等』，大雅堂〈1964年，稲垣浩監督，脚色伊丹万作／羽仁進，大映から映画化〉

〔村田利裕〕

5．一麦寮にみる土（粘土）と教育

はじめに

　現在ではもうほとんどそのような見解は消滅してしまったのであろうか。1961年，一麦寮が設立された頃は，知的障害児（者）は健常者と同等な人間としてではなく，健常者より一段低い存在だとす

る障害者観が強く残されていた。知的障害児（者）は，知的能力が低いというだけでなく，自発性に欠け，自力で行動を起こすこともなく，自ら問題解決する能力も持ち合わせていず，ほかからの指示と助力がなければ生活が成り立たないという見解が根強く残されていた。

したがって，知的障害児（者）の教育は自立を求めるよりも，いかにうまく健常者の世界に適応させるかが問題で，健常者を手本にして知的障害児（者）をどのくらい健常者に近づけるかが課題とされていた。そして，それには健常者の行動の程度を低め，繰り返し教える「反復練習」の形態がとられていた。

それは，健常者への追随を強い，主体を無視するものであった。そして，知的障害児（者）への信頼を著しく欠くものでもあった。このような障害者観に強く支配されていたが，実際に障害児（者）に接してみると，自発性を完全に無視し去ることはできなかった。むしろ，障害児（者）への理解を深め，環境調整によっては自発性の醸成の可能性もあると考えられた。健常者への追従，模倣に終わらせないためには障害児（者）の自力の活動が求められたし，自発性の発現が求められた。そして，自発性こそ教育の根幹をなすものと考え，筆者は，障害児（者）と土の関係に教育の根幹を求めた。

土と知的障害児（者）のつながり

1961年頃のわが国においては，知的障害児（者）に対してほとんど教育機関は整備されていなくて，各地の小・中学校の特別学級と，知的障害児施設が全国に131カ所，約8500人を入所させていたにすぎなかった。残り約20万人の学齢児は教育の機会もなく家庭と病院に放置されていた。

そのような状況下で，一麦寮（知的障害児施設，定員男子50名）の開設には全国各地から入所希望者が殺到した。一麦寮への入寮児は，

入寮まで家庭のわずかな人間関係しか持っていず,著しく社会性を欠いていた。入寮による急激な環境変化に戸惑い,混乱し,日々,問題行動を暴発させ無断外出,破壊,自傷等を起こすことがあいついだ。開設時はこのような寮生の緊張緩和に努めるしかなかった。

そんな中で,寮生Aはよくささいなことで興奮し,その都度,寮舎の近くの溝に半狂乱で飛び込んでいった。泥を全身にかぶり,塗りつけ,しばらく泥の中に身をひそめていた。そして,30分もすると不思議に穏やかで,明るい表情をして溝からはい出してくるのであった。また,寮生Bは,いったん興奮すると,手当たりしだい物を投げて暴れまわり,手のつけられない過敏な行動をとった。そんな寮生Bは,雨が降ったあと運動場にぬかるみができると,待っていたように自分の足よりかなり大きいゴム長靴を履いて,その中に入り,足で泥をこねまわす動作を繰り返した。それも何時間もあくことなく続けて止めなかった。本人はそのことに没頭し,ひとり喜びにひたり,陶酔と恍惚の面持ちで身をよじっていた。それには想像を絶するような快感が与えられているように見えた。

ほかのことにあまり関心を示さず,自ら進んで動こうとしない寮生が,いったん土に対すると平生とは一変して,強い意志を持ってエネルギッシュな動きを示すのに驚いた。そして,そのような行動にかりたてる土の力に注目せざるをえなかった。

そこで,土を何らかの形で寮生の生活の中へ取り入れ,土と知的障害児(者)がどのような関係を持つかを見極めたく,土を指導に導入し,教育の核心に据えることにした。

制約,介入をしない指導
1965年,一麦寮では粘土の活動を開始している。
そこでは,「教師が教えて生徒がつくる」という指導形態をとらず,強いて作品をつくることも求めず,ひたすら寮生が自力で,自

由に粘土と取り組むことを重視した。いっさいの枠づけを排して、指導者は強制、指示、禁止などで寮生の活動に介入しないことを確認し合った。

活動に当たって、最初の段階では、全体を能力別に3つのグループに分けている。その結果はさまざまな粘土との関わりが見られた。まず、知能程度の低いグループでは敏感な反応が起こっている。

溝に入っていた寮生Aは、拳の3倍ぐらいの粘土を手にしてゲンコツで一撃し、真ん中に凹みをつけて興じた。一撃ごとに気持ちを高ぶらせ、1度に50個ぐらいをつくらねば満足しなかった（図1-4-6）。また、泥をゴム長でこねまわしていた寮生Bは、粘土室では、粘土をなでまわし、快さそうに両手でもみながら粘土を棒状にし、机の上に押しつけることに没頭した。ことに興味を示し、目を輝かせたのは、平生は全く無表情で、自ら動こうとしない寮生Cであった。粘土を手にすると急に表情を変えて手の甲にこすりつけ、髪にぬりつけ、舐めたり、食べたりして積極的に、素早く、激しい動きを示した。別の寮生Dは、最初喜んで粘土を机の上に両手で塗りつけていたが、だんだんと快さに気持ちを高ぶらせ、さらに力を強めて押しつけ、こすりつけ、ついには耐えかねていたたまれず、大声をあげ、粘土室から飛びだして行くことがしばしばであった。

現れ方はさまざまであったが、このグループでは粘土の柔らかさ、冷たさ、肌ざわりに驚き、知り、さらに好奇心を持って頭に塗りつけたり、食べたり、身体の感触を通して粘土との関係を持っていっ

1-4-6 寮生A「ゲンコツ」（1965年）

た。

中程度のグループは前記のグループほどには素早い反応はなかったが、ためらいつつ時間をかけて接近している。

最初から粘土に興味を示した寮生E（図1-4-7）は、粘土をいろいろな大きさに丹念にまるめ、ダンゴ状のものを机の上に並べて得意になった。その並べ方に統一感のある構成が認められて、本人は、その構成に手応えを得たのであろう。

1-4-7 寮生E（14歳）

寮生Fは、鉛筆状の粘土をつくってそれを積み上げたり、くずしたりして、また単位になる棒の形状をいろいろに変化させて、そこに積み上げられてできる量感を飽くことなく楽しんで、長時間余念がなかった。また、寮生Gは細長い棒状のものの一端を机に固定し、他の一端をゆらせ、ちぎれるまで様子をじっと見守って楽しんだ。

このほかに、さまざまな活動があったが、ちぎってまるめたり、たたいて小さい円板をつくったりする寮生が多く、つくられたものは、一見どれも似ているように見えながら、よく見ると、どんな小片にも作者自身がきっちりと刻まれ、小片が作者の息遣いまでも感じさせ、それぞれが独自性を主張していた。

このグループの寮生の多くは、たたいたり、ちぎったり、時には叩きつけて、粘土が可塑的で、意のままに素直に応じてくれることを知り、興味を持って粘土のとる姿を追い求めていった。寮生の心が粘土とつながりを持った活動と考えられたのである。

最も知能程度の高いグループの寮生Hは、粘土を平らに伸ばして、そのときにできる凹みや、ひだ、裂け目などに興味を持った。とくに凹みには非常に興味を持って、さらに彫って深くしてみたり、

第1章　転換期の中等美術・工芸教育の新しい道

回りにひも状の粘土を廻らせたり，さらに平たい粘土を折り曲げて囲いをつくって深みをつけたり，大きな粘土の塊に穴を彫ることを考えて，深さを追求していった。また，寮生Ｉは粘土にさまざまな物を押しつけて，そこにできる凹面のとる不思議な形に興味をおぼえ，あらゆるものを手当たりしだい試みた。また，粘土をちぎったり，塊を糸で切りとってできたいろいろな形の小片を積み上げて，そこにできる大きさに興味を持ち，高く積み上げることに懸命になる者もあった。寮生Ｊは道に落ちている石ころを拾ってきて，それに酷似した石を粘土でつくることに熱中し，無数の石を生産して得意になっていた。

　このグループでは，最初は凹みに興味を持ったり，小さなかたまりを積み上げることに興味を持ち，そこに現れ出てくる立体の力に驚いた。そして，さまざまな立体を試み，立体への関心を深め，大型化し，さらに自動車や，怪物などの「もの」に関心を広げていった。ものへの関心はいずれも身近なものに向けられモチーフとしていたが，筆者には全く新しく経験する造形の世界を感じさせた。自発性の発露ともいうべきその世界は，あるものは楽しく，あるものは寂しく，あるものはグロテスクで底知れぬ不気味さを感じさせ，人間の深淵をも覗くような凄さをもって迫った。喜々として進められた活動から表された奇怪さは意外で，想像を絶することであった。そして，それらは寮生たちに内蔵されている無限の可能性を暗示するものでもあった。

創造活動の展開

① 粘土は人を選ばない

　初期の２年間を経過する中で，寮生のほとんどが粘土に関わり，興味を持って，それぞれ独自の活動を進めるようになっていった。とくに注意をひいたのは，いかに知的能力の低い寮生も強い関心を

示し,積極的に活動に参加できることは重要なことであった。これほど寮生たちに抵抗なく,無条件に受け入れられる素材はほかになく,粘土という素材の他に優れている点であった。ただ,最も重要なことは,寮生が粘土に対して能動的に働きかけるというより,常に粘土に従順に従い,粘土に導かれる姿勢をとって一体となったことであった。粘土は寮生に安堵を与え,関心を抱かせ,自発性のほとばしりを誘い,意欲をあおった。そこに,寮生と粘土との間の共鳴と,対話を認めないわけにはいかなかった。それと同時に,外面では微弱な動きしか示さない寮生にも,その内面には想像を絶する大きな精神の活動があることを認めずにおれなかった。

② 個性派の誕生

初期の2年を経過して,粘土の活動は急速に個性表現の傾向を強く持ち,加速されていた。その動きに火をつけたのは1人の新入寮生であった。粘土の活動はそれ以後,その寮生に大きな影響を受けて展開している。進展段階を詳述できないので,その経過の中で代表的な3人の寮生の記述にとどめたい。寮生Kは,1967年の入寮である。入寮直後から,粘土に特別の興味を持ち,粘土室に入りびたり,あらゆる寮生の模倣を始め,能力を蓄積していった。とくに寮生Lのつくる動物の模倣を徹底した。やがて,寮生K・Lはヒトの形や動物(うま)をモチーフにして,競って多様な表現を試みた。馬にヒトを乗せたり,羽根をつけたり,頭を複数にしたり,自在な発想で新しい形を創りだした。また,壺状のものをつくることにも興味を示したが,ほかの寮生Mが創出した装飾の手法を取り入れて,粘土の粒をちりばめて装飾をほどこし,それを細密化し,増殖させていった(図1-4-9)。寮生K・Lの豊かな造型と,旺盛な創造力による精力的な活動は,ほかへも影響し,拡大して粘土室は1つのコミュニティへと化していった。1977年,寮生Kが退寮するまでこの影響は大きく,他を先導する役割を果たし,他の寮生

第1章 転換期の中等美術・工芸教育の新しい道

の力を押し上げた。そして、創造の豊穣な時期をつくり上げたのである。

　寮生Nは、寮生Kと同時期に入寮し、両者はともに粘土に強い執着を示した。ただ、粘土に関わっていく過程は両者でかなりの違いがあった。寮生Nは、入寮後4年間ぐらいは、粘土という素材そのものに興味を持ち続け、粘土をのばしたり、切ったり、押しつけたりあらゆる手段を駆使して、ただひたすら、粘土がいかに形を変えるか問い続けた。この活動は、その後の活動を大きく決定づけ、表現を独特なものにしたと思われる。後に、寮生Mの影響で、立体に関心を向けていき、壺状のものや、動物（うま）等も手がけるようになった。ところが、1つのテーマにこだわると、8年間ぐらいは、周囲がどう変わっても一徹に変えようとせず、テーマに沈潜した。形態の変化よりも、粘土への関心がより強かったの

1-4-8　寮生L（1975年）

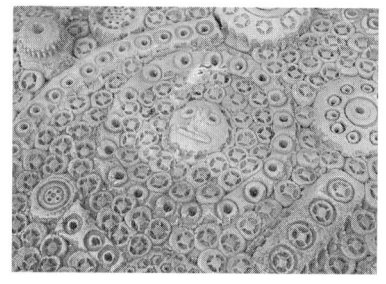

1-4-9　寮生M（1974年）

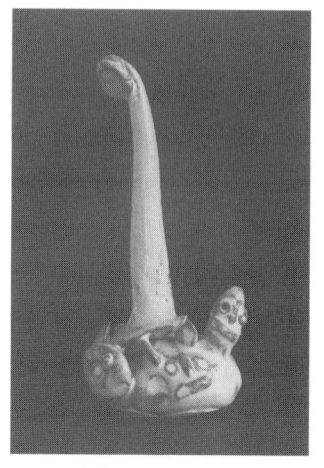

1-4-10　寮生K（1972年）

59

1-4-11 　寮生O「あし」（1990年）

であろう。したがって，つくられるものは，寮生Kとは対照的で，寮生Kの柔軟さに比して堅実であり，寮生Kの装飾的なのに比して構築的であった。精力的で多産でもあり，作品を大型化することに興味を持ったある時期，作品完成まで三日三晩不眠不休で続けることもしばしばで，その間，緊張を緩めることはなかった。現在に至るまで活動歴は非常に長い。

　寮生Oは，成人施設に移行時（1974年，知的障害児施設から知的障害者施設へ移行。定員男女50名）再入寮している。それ以後を代表する寮生である。寮生Oは，毎日定時に粘土室に現れ，数時間はそこで過ごすことを常としてきた。粘土室で，最初しばらくは粘土をまさぐりながら，とりとめない話をするのであるが，しばらくすると，活動に没頭し，静かに手だけを動かしている状態が続いた。彼の手の中で，粘土が自然に形を持って現れてくるという感じである。寮生Oは全く手元を見ていないのであるけれども，粘土は的確に形づくられていささかも破綻がないし，作品はよどみなく生まれた。静かに流れに身を任せている様子で力むところがない，つくったものにあまり関心があるようにも感じられない。自然というほかない。1つの典型である。

　成人施設移行後は，児童施設時代のようなコミュニティは形成されず，一人ひとりがそれぞれに強烈な個性を明確にしながら，活動を進め，長年にわたって，それぞれの表現の世界を切り開いてきたのである。

おわりに

① 表現活動の本質

表現活動には，常に快い雰囲気を伴うものである。寮生が活動に没頭してくると，表現活動に傾ける余念のない緊張が生じ，気高く，冒しがたい表情を示すようになり，同時に神聖な儀式とでもいえるような至福の静寂を生むことが常である。この無心のうちに放射される喜びによって，同席する者までもがこの快い雰囲気に包まれるのである。創造活動に対する寮生たちの激しい生命の燃焼をうかがうことができる。このように現れた活動こそが真の土との活動といえるのではなかろうか。ここに醸される雰囲気が，優れた芸術家の活動の場に醸されるものと共通していることは，疑う余地がないのである。

② 表現活動とは流露である

施設の中では，粘土の活動に，時間が決められているわけではなく，昼夜の別はない。毎日定時に始める寮生もあるし，思い立ったときに活動を始める寮生もある。始めて間もなく終わることもあるが，1つの作品に取りかかって三日三晩不眠不休で続ける寮生もある。いつ活動への興味が起こり，いかなる興味によって活動が持続されていくのか，どんなときに活動が終わるのか，全く明らかでない。その心境はいかなるものであろうか。

寮生の造形活動について，八木一夫（陶芸家　1918-79）が「制作という過程をとるのではなく，流露という過程をとるのだ」と説明されたことがある。流露とは，人間の根源からの流れの働きによって表現が成立するということで，その点で，構想に基づいて進められる制作とはその過程を異にするということであった。その説明はほぼ間違いないと思われるが，寮生の活動にはまさに流れが感じられる。その活動の中にためらいもなく，よどむところもなく，ひたすら流れに身を任せているというのが活動時の様子である。

表現活動のために重要なことは，この流れを止めることなく流すことであろうと思われる。

③　むすび

知的障害児（者）はもともと，自発的な存在である。彼らの自発性も，粘土の出現をまって，粘土の持つ色や感触に慰められ，どのようにも意のままになる粘土に受け入れられ，動かされ，いかに表現すればよいかを教えられ，粘土に導かれて自覚されるに至ったといってもよい。そこには粘土の持つ教育の力が大きく働いていると思われる。活動において粘土の力に依存するところは非常に大きい。

一方，自発性を期待しながらも，材料の準備，用具の後片づけなど，活動には援助が必要である。そこに指導者とよばれる役割が必要となってくる。寮生の活動にいっさい介入，指示をしないと申し合わせても，活動の場に居合わせる指導者が変わると，寮生の活動は微妙に変化するのである。指導者の存在は活動の場を形成する上で，大きな要素となっていることは疑いがないところである。

指導者にとって重要なことは，寮生を導くというよりも，寮生の能力を信じることであり，勉めて，寮生と同一水平線上に立とうと

1-4-12　**寮生K**「うま」(1968年)

1-4-13　**寮生K**（1973年）

第1章 転換期の中等美術・工芸教育の新しい道

1-4-14 寮生K（1978年）

1-4-15 寮生L（1975年）

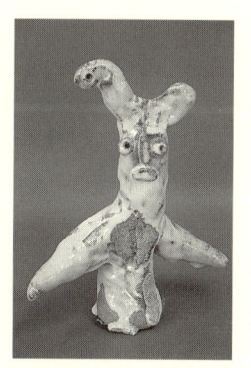

1-4-16 寮生K「ひと」
　　　　（1975年）

1-4-17 寮生K「うま」（1989年）

する努力であるように思える。そして、いかなる活動も許容でき、受容することのできる能力が求められているようにも思える。

参考文献
吉永太市, 1985年, 『遊戯焼』, 柏樹社
井上隆雄, 1991年, 『土に咲く　美のメッセージ, 障害者施設から』, ミネルヴァ書房
京都新聞社会福祉事業団, 1991年, 『土をうたう　ちえおくれの人達の世界展』
財団法人滋賀県陶芸の森, 1993年, 『八木一夫が出会った子どもたち—土・造形の原点—』
秋田県立近代美術館編, 2001年, 『こんな巨匠どこにいたの？——麦寮によるいのちの創造—』, 秋田県立近代美術館

〔吉永太市〕

6．環境とアート（美術の視点から）

　例えば美術作品が，「見える」ということをもとに，人に対して何らかの作動をすることを考えたとき，またその材料であるものや場所が，どうやらすぐ身の回りにあるようだということを考え合わせたとき，「環境」という言葉とアートは近い関係にあるというのは，推測されやすいだろうと思われる。ここでは，その環境とアートの関係をテーマとする。

　近頃，この「環境」という語は，「めぐり囲む身の回り」という意味をとおり越して，地球規模の危惧や厄災，あるいは経済活動や政治のグローバル化による人間世界の出来事やひずみ等と関連したところで使用される頻度が高くなっている。現在を生きる私たちにとってこれらの問題が避けることのできない事柄であるのはいうまでもない。また，そのことに対して何らかの表明を求められることも当然のことであるといえる。が，言葉として表にだそうとするとき，大きな戸惑いを憶えざるをえない。人の身体に比べ，とてつもなく大きな事象を対象として指し示すようになって，この言葉はつい抽象的な領域に入り込もうとする。そうなってしまうと，私自身

の感覚ではとらえられなくなる。客観的だといわれる資料や定評のある言説に頼ることにもなりかねない。もとより，そうすることに必要となる膨大な知見は持ち合わせがなく，美術に携わる者としての私は，呆然とするしかない。そこでここでは，私の言葉で考えることができるだろう制作という場に立って，身辺にある作品の成り立ちを記述することから始めようと思う。制作の過程で，どういうことに目をとめ，何に留意したのかをより具体的に報告する。そのことから，環境とアートについての自分なりの考えを述べることになる。

気分ノカタチ

　紙を貼り合わせたその上に，泥を塗り広げるということをやっている。手のひらでこすりつけながら広げていくとどんな形が見えてくるのか……。それだけのことだがおもしろい。もっと続けたらどうなるのだろう。十数年，こんなことに熱中して発表を繰り返している。

　いつも1枚の紙を持ちだしてくることから自分の制作は始まる。95×65 cmに裁断された機械漉きの安価な紙。黄色がかった色。向こう側が透けるような薄さ。自分には惜しげなく自由に使える紙だ。その紙を十数枚，糊でつなげて床いっぱいに広げる。そのままでは土をつける作業ですぐに破れてしまうので，2枚目を重ねる。上下両方の紙の面に糊をといた水をたっぷりとつけて重ね，刷毛で押さえて挟まった空気を外側に押しやるように抜きながら貼り合わせる。少々のしわなど気にせずに，次々と濡れた紙を下ろしていく。2層目の紙が1層目を覆い尽くしたら，ひと段落。目の前の床一面の濡れた紙の広がりは，まるで息をしているかのように見える。

　紙が乾いたら，土の粉と蜜蝋を練り合わせ，ペースト状の泥をつくる。紙の上に裸足であがり座り込んでそれをつける。ひと所から

1-4-18 「気分ノカタチ」

始めて、手のひらで外へ外へと押し広げる。力を入れてすり込んでいく。およそ絵を描くということとはかけ離れた、防水紙でもつくっているような作業だと思う。今回は、こんな図柄にしようという予定や計画は持っていない。こすり広げていこうということだけでスタートする。あとは作業者である自分の指先と手のひらからの土や紙の感触と目からの情報をもとに、その時その時の判断をして次の作業を決めていく。作業は続く。紙の上には次第に泥が満ちてくる。紙が狭くなる。紙を巻き上げ、塗り広げていきたい方向に紙を継ぎ足し貼り合わせて広げていく。

こんな具合に作業を何度も繰り返し、紙を次々と広げて泥をすり込み続けた。ずいぶん前に作業場の床より広いものになり、今はその数倍の大きさになっているはず。すでに図としてどんな形ができているのかも確認できなくなった。疲れ果てて何をやっているのかさえわからなくなりそう……。このあたりで今回の制作作業は終了。

「気分ノカタチ」と名づけられ、高知県立美術館（1999）の展示室に掲げられ、見上げることになったこの作品の大きさは、縦7ｍ横12ｍ近くになっていた（図1－4-18）。

自分の作業の集積物だったものが、向き合う存在としてそこにある。ものと関わることで生まれてくる作品は、いつもわけの分からないところに着地する。今の理解を超えているところ。見るということが大きく意味を持つことになる。確かにそこではものと自分との関係による作業の痕跡を認めることになる。判断、決定を繰り返しながら重ねられた作業の時間。単純な作業の積み重ねである、というとしても、それはけっして簡単ではない。多くの要素に裏づけ

られたさまざまな決定の集まり、判断の瞬間である「今」の集合でもあるのだ。目の前の「それ」は、そのものの構造としてそのことを見せてそこにある。自分のすぐ向こうに立ち上がっている。

1-4-19　ワークショップ

植物の記憶をたどる

この写真（図1-4-19）は、宇都宮美術館（1997）で夏休みに開催された、草をすりつぶして粉にするというワークショップのひとコマである。

まず、両方の手を伸ばして前方の乾いた草の山に突っ込んで、ギュッとにぎってみることから、このワークショップは始まる。手のひらからの感触と同時に、草の砕ける音とにおいも伝わってくる。そんなものをしっかりとつかまえながらスタートする。あとは作業をする人一人ひとりの判断に任せられるわけだ。あらかじめ美術館周辺の森から刈り取られ、乾燥された干し草が盛られた大皿と、その回りのいくつかの座布団の上で、それぞれの作業と時間は展開する。用意したガラス瓶に草の粉を集める人もいるし、大皿の上でひたすら草を揉む人もいる。その周囲に、すり鉢やすりこぎ、ふるいや器などの道具類が広がり、飛び散った草の破片なども広がっていく。いつの間にか、きれいだとも思える作業の場ができてくる。いっしょに作業をしている人たちが、なんとなく以前から知っていた人のように感じ始めて、そうなるとなんだか落ち着ける作業場の空気も感じられる。そんな中で、初めにあった草の山はゆっくりと崩れて、手に揉まれた粉の広がりに変わっていく。午前9時から午後4時までという時間は、あっという間に過ぎたのだった。

子どもの頃，夏，よく田舎の親戚の家に遊びに行った。太陽の下で，段々畑や稲田の緑の中を走り回ったのを覚えている。水遊びや蟬採りに熱中した時間は，やはり飛んでいくように思われた。ふと気づくと，社の石垣の上に座っている。日陰は気持ちのいい風が吹いていて，自分は汗を乾かしながら眩しい日向を見ている。そこでは，刈られた夏草が，畦道の上で陽にやかれ，轍に砕かれて，そのにおいを送っている……。記憶の層の下の方にしっかりと積み重なっていた，そんな空間が，宇都宮美術館の展示室にいるはずの自分のすぐ横の所に，窓を開けて，風を届けてくるのだった。

　この私の記憶だけでなく，参加者のさまざまな経験や認識に導かれて，またはそれらを通路として，このワークショップの場は，いくつもの違う時と場所につながっている。空間は幾重にもたたまれて，多くの襞を持つことになる。美術というフィルターを通した日常の世界は，予想以上に多層であり複雑であることが見え隠れするのだ。

土男計画

　いつもの道を行くと，脇の土手の草むらが刈られて，その上に土が盛り上げてある。このあたりではあまり見かけない明るい茶色の土だから目がとまる。山から持ってきたのだなと見ていると，その形が気になる。何かに見える。どうやら土俵をつくるように土をたたきしめて，1つの形につくり上げられているようだ。近づくと横たわる人の形。身長5m，幅は2mくらい，腹の辺りの高さも1m近くあって，土手の下から見上げるとかなり大きく感じられる。なんだ，この土人形は。へんだ。

　新潟県南部で行われた野外展覧会（2003）に私たちが持ち込んだものである。早い時点で参加を決めたものの，内容の決定には手間取った。参加者それぞれの思いつきやこだわりの表明から始まり，

第1章　転換期の中等美術・工芸教育の新しい道

1-4-20　土男制作作業と炎天下の土男

疑問や不安，否定的意見なども出て，やはり難航。現地スタッフとの打ち合わせや情報交換にも手間取って，プランの大枠が決まったのは展覧会の始まる直前であった。「土男計画〈ゴーレムプロジェクト〉。土を寄せ固め，横たわる人の形をつくる。それは日に晒され，雨に流されて土に返る。作品はでき上がる土の像にあるのではない。」というのが私たちの起点。が，本番はこれから，大変なのもこれからだ。計画は期間中，メンバー20名のうち誰かが土男に寄り添い作業をして，成長変化させていくということになっている。真夏の炎天下，1カ月以上の長丁場。それだけでも困難が予想されるのだが，しかもここ（京都）から現地（松代町）は遠い。初めての場所や条件へのその場での対応，目の前にある土の山8トン，流れる汗。想定が無意味であることに，すぐに気づくことになった。

　今回の設定の要点は，私という場所から遠い所に立ち上げること。そこと自分の間を行き来することであった。1つの制作の中に，多くの個があり，他があることで，一人ひとりの判断を共有する必要が生まれる。結果，自身の思惑から外れていくことが少なからずある。それを見，認めること。自分の持つ枠を超えたものが見えてい

69

1-4-21　土手の下から見た土男

る。作品は関係の上に立ち上がるはずだ。

　当初，私たちにはある危惧があった。われわれの泥人形を美術作品であると称し，知らない町に侵入し，展覧会という制度に頼って成立させてしまうことへの後ろめたさのようなもの。こんな塊はない方がいいのではないかという思いを持ちながら，土地の視線を感じながら，土男を形づくり始めたのだ。結果からいうと私たちは無視されなかった，どころか，初日から道具や労力の提供を受ける。さまざまな時点で提案も受け，たびたび食事の差し入れをいただくことになった。とくに重要なのが，われわれの作業場のすぐ上のお宅（期間を通じてたいへんお世話になった。私たちは彼を啓次郎さんとよんだ。）で納屋の一部を借りられたこと。私たちはそこに京都から運んだ道具類を置き，作業日誌と記録用カメラを入れた小さなロッカーを設置して，これを「本部」とした。このことで，ばらばらの判断と作業がつながることができる。制作は，地元の参加を得て軌道に乗ることになった。メンバーは20名ではない。

　土男は，土手の上のその場所で成長し，色を変え，ひび割れた。雨に打たれて崩落し，膨れ上がって，草の芽をつけた。姿勢を変え，異臭を放ち，そして崩された。土手の上が整地され，元の景色をとり戻したとき，地元の老人たちが次々と声をかけてくれた。その笑顔を見て初めて，彼らが毎日これを見てくれたことに気づく。この土手は，作品の場を超えて，文字どおり，一人ひとりの人間の接点であった。土男は動いたのだ。

　現在，われわれにとって環境は，科学技術の進展や経済社会のグ

ローバル化の結果, 元の外縁の謎であったことをやめ, 整備され尽くした都市の空間に代表されるように, 意味や機能, 用途に押しやられ, 置き換えられて, 息が詰まるかのように思える。すべてが理解され, 分析されて, われわれの活動可能な空間の中に「外」を望むことが困難になりつつあるとさえいわれる。このことが, 現代の歪みや閉塞につながっているのであれば, 意味や機能を再び揺るがすことが重要になる。謎や不明である「空(くう)」としての領域を, 内部に確保することが必要となるだろう。はたして美術を含むアートに, それを求めることは可能だろうか。

　ここに取り上げた3つの作品は, おそらくどれも美としての普遍的な価値をとどめることはないだろうと思う。その場からずり落ちていくだろう。流動し浮遊する。そのことが大切なのだ。環境と対峙するように見える美術作品ではなく, 環境そのものであってほしいと願っている。——美術は,「もの」や「こと」や「他」との接点を常に持ちながら, そのつど関係を結び直して, 身の回りのさまざまなところに, ズレやゆらぎを生もうとする活動であるといえる。作品は言葉にならないところに着地し, 現象は不明のところより訪れる。われわれはそのたびに, それを指差し認めようとする。言葉を与え, とどめようとする。が, 瞬時にして, それらは次のズレやゆらぎを際立たせる基準点となるにすぎないだろう。日常が流動しているということを意識し続けること。こうして制作は繰り返され, 見ることは再び組み立てられて, もう一度「それ」が指差されるのだ。そこに可能性がある。その位置から世界を見ること。

　自分は「何もない絵」を描くことができるのだろうか。

参考文献
ボードリヤール・フォーラム事務局, 1982年,『シミュレーションの時代』, JICC出版局
岩村伸一, 2001年,「作業の実際　あるいは「それ」について」,『美と育』no. 6, 美術教育実践学会, p. 21-36

岡本康明，1999年，『ワークショップ森であそぶ・森でつくる』，宇都宮美術館
岡本康明・鈴木雅子，1999年，『美術館の機能と教育・普及活動の可能性―宇都宮美術館を拠点とした美術館活動と美術教育の広がり―』，宇都宮美術館
鷲田悟志他，2004年，『土男計画ゴーレムプロジェクト記録集』，京都教育大学美術科西洋画研究室

〔岩村伸一〕

7．遊びと造形との新たな結びつき

「造形遊び」から見えてくること

　「遊び」と「造形」との結びつきを考えるとき，小学校学習指導要領において図画工作の表現（1）として位置づけられている「造形遊び」を思い浮かべる方も多いであろう。では実際に，教育現場においてこの造形遊びはどのようにとらえられ，実践されているのだろうか。

　造形遊びは，活動をそれまでの表現形態としての領域からとらえるのではなく，低学年に見られるように材料をもとにして，身体全体の感覚を働かせることから活動をスタートさせることを大切にしている。つまり，それを絵や立体，または工作といった「～に表す」という領域と同様に並べてとらえるよりも，造形活動が大切にする1つの理念としてとらえる方が，そのねらいとするところを理解しやすい。

　しかし，現実には造形遊びの解釈をめぐり課題も残されている。1つに，造形遊びが「遊び」という言葉だけに振り回されて，活動の意味が語られずにその是非が問われている現状があげられる。そこには，一方に遊びを学習とは相容れないものとして位置づける考えがあることも確かである。また，造形遊びでは活動そのものを重視し，作品化することを必ずしも求めないことから，作品をつくってしまうとそれは造形遊びではないなどといった誤解が生まれてし

まうこともある。さらに、子どもたちの活動をその表層のみでとらえて、造形遊びという活動のスタイルに見なしてしまう指導者も少なからずいる。このことは、本来、表現者である子どもが主体となって活動を展開していくであろうものが、指導者の嗜好やマニュアルに沿ったものとして完結してしまっている実践からも見て取ることができる。

　これらのように、年間のカリキュラムを通して数多く実践されるようになってきた造形遊びではあるが、そのねらいや手だてが十分には理解されないままに今に至っていることも事実である。しかし、それだけに遊びと造形については、その両者にある学びとしての重要な意味をとらえつつ、その結びつきについてあらためて考えていく必要があるのではないか。このことは、図画工作科における課題にとどまらず、中学校、高等学校における造形教育のあり方を見直す切り口にもなるものと考える。そして、その視点として、造形遊びが材料との関わりにこだわるように、ここでは「場所」、そして「もの」や「こと」との関わりをもとに考えていきたい。

意味を持つ場所

　子どもたちの日常において、一人ひとりの子どもが自分にとってのこだわりの場所を持つということに気づかされることがある。それは、遊びの場面においてもそれが重要な要素として位置づけられている。そして、子どもたちが場所に働きかけ、想像力を働かせることによって、場所そのものが多様な意味を持つこととなる。そこでは、校庭の片隅が秘密基地となり、砂場がすてきなケーキ屋さんの場になることも可能なのである。また、これらは子どもたちにとってのコミュニケーションの場として、互いの想像した世界を共有することによって、遊びとしての豊かな広がりを見せる。

　子どもに限らず、私たちの日常生活に目を向けると、そこには、

そこが意味のある場所として強く意識されているものが存在することに気づかされる。かつてバリ島を訪ねた際，色鮮やかな花や草でつくられた供物のようなものが，家々の入口付近や道のかどに置かれていたことが強く印象に残っている。それが，チャナンとよばれる神々に捧げられたものであり，バリ島では，それらが置かれた場所とともに特定の意味を持っていることを後になって知った。

私たちの身近なところでは，道沿いにひっそりと立つ道祖神，辻，空き地，海，山，川。それらは，ある種の信仰に支えられていたとはいえ，地域やそこに生活する人々にとって，人と人との関係や，さまざまなものとの関係が生みだされていた場所である。また，現代の，一見合理的に整理された街並の中にも，私たちは自らにとっての特別な場所として，そこに隠された重層的な意味を見いだしていると思える。

これらのことをふまえ，子どもの造形活動における場所との関わりを見ていくと，そこには遊びとのつながり，そして学びとしての重要な側面があることに気づくのである。

題材「お気に入りの景色をプレゼント」の実践では，子どもたちが学校の中から，お気に入りの景色を見ることができる場所を探すことから活動をスタートさせた。そして，その景色をどのように仲間に見せることができるのか，それを主題として身近な材料をもとにした工夫と試行錯誤を展開していくこととなった。そこでは，多くの子どもたちが景色を見せるための手だてとして，その視覚的なねらいから，額縁や窓，双眼鏡，カメラといったさまざまなかたちで景色をフレーミングしようとした（図1-4-22）。その結果，フレームによって切り取られた風景は，子どもたちの手によってその姿を変えていくこととなった。ふだん見慣れたはずの景色は，不思議な森に姿を変えたり，それまで感じたことのない感情をよび起こしたりするものとなっていた（図1-4-23，図1-4-24）。それは，子

どもたちによってつくられたものが，1つの装置として視覚のみならず，さまざまな感覚に働きかけ，見る者の想像力を喚起することで，そこに新たな意味を生みだしていることによるものである。つまり，その場所の景色に働きかけることによって，見せる者と見る者との両者が，それまでに見えなかったものや意味を自らのうちから創造していったのである。

同時にこのことは，活動を通して関わるものや場所に内在する意味や価値を受け取り，結びつけることから生まれてきたものであるともいえる。この活動において，子どもたちが景色に働きかけ，それを変容させようとしたことは，すでに景色の中に内在するものであり，子どもたちは自らがつくった装置を通してあらためてそれらを顕在化しているのである。ここにすでに内在する意味や価値とは，子ども自身がそれまでの遊びをは

1-4-22 フレームをつくる

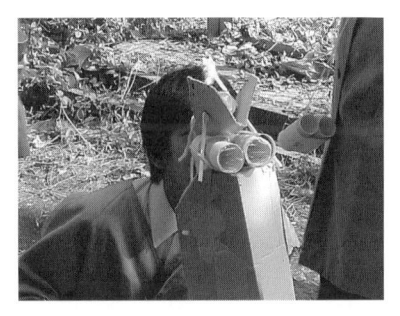

1-4-23 のぞくことを通して景色をとらえる

1-4-24 自らが扉を開ける行為をともなう

じめとしたさまざまな経験を通して,無意識のうちにもその場所に位置づけてきたものであろう。

そして,このような主体と場所との相互の関係から総体化され明らかにされてくるものとは,子どもにとって自らの日常であり,自分自身の姿であるといってもよいのではないだろうか。なぜならば,この景色をプレゼントする造形活動の過程とは,まさに子どもにとってはさまざまな感覚と想像力を働かせて自らと対話する場であり,また,それを外に開いていく場でもあったからである。子どもたちは,景色を見せるための装置をつくるという非日常的な活動を通して,友だちとともにもう一度自らの日常を見つめ直していたのである。

このように,場所との関わりをもとに造形活動を考えていくと,そこには日常と非日常との行き来があり,そのことからは多様な意味や価値の生成と子ども自らの成長への気づきが展開される。そして,学ぶということが自らの課題を設定し,その解決のための試行錯誤を通して成長していくことであるならば,まさに造形活動のプロセスは,学びの姿にほかならないであろう。

さらに,このことは何気ない子どもの遊びの中にも認めることができる。遊びにおいて子どもたちが自分にとっての特別な場所を持つことは,それが与えられたものとして存在するのではなく,学びの場として主体的に関わることを意味している。遊びと造形の両者にある学びとしての価値と結びつきは,これらのことからも確かめることができるのである。

「もの」に潜む「こと」

前項では遊びや造形を,日常としての場所が持つ意味や価値を見つめ,開いていく活動としてとらえた。このことを活動におけるさまざまな関係性としてとらえていくと,そこには「もの」に潜む

「こと」の存在を見ることができる。

　つまり，活動を通して関わる材料や用具，そして場所などは，客観性を持った「もの」であるとともに，そこにはすでにそれまでの子どもとの関わりからや，子ども自身がさまざまな感覚を働かせることから獲得していくであろう「こと」が含まれていると考えられる。そして，活動を通して知覚されたり，獲得されたものが，主体である子どもとの関係性から，また互いに関係を持つことから，そこにある「もの」に潜む「こと」が開かれているととらえるのである。前項において述べた場所が持つ意味も，「こと」として見ることができよう。

　木村敏氏は，「もの」と「こと」をとらえ，「こと」とは客観の側にあるものではなく，主観の側，または客観と主観のあいだにあるものとしている。そして，「自己」とよばれているものも実は，「もの」ではなく，「私であること」において「こと」にほかならないと指摘している。このように見ていくと，造形活動においてそれが自己との対話の場につながっている姿とは，そこで関わるさまざまな「もの」とともに，自己までが「こと」として開かれていることではないだろうか。

　また，「こと」が開かれることによって，「こと」と「こと」とのあいだには結びつきが生まれてくると考える。そして，この結びつきは，そこに新たな「こと」をも生みだしていく生成のプロセスとしてとらえることができるのである。ここでの「こと」の生成とは，活動のスパイラルな高まりを意味し，活動を通して主体としての子どもが新たな価値や多様な意味を見いだしていくことにほかならない。

　さらに，遊びや造形活動を子どもたちのコミュニケーションの場として，他者との意味や価値の共有を可能にするものと考えるならば，それは子ども同士が，互いに「もの」を「こと」として開いて

いくことによって，初めてそこに両者のつながりが生まれてくるのである。つまり，「もの」としてそこに客観性だけを求めることで共有が成り立つのではなく，「こと」として互いのそれぞれの主観による意味や価値を共有することが，意味や価値そのものの膨らみにつながるのである。コミュニケーションとは，「もの」の共有であるとともに，「こと」の共有でもあると考える。

そして，「こと」と「こと」との結びつきは，個々の遊びや造形活動の中で生まれるとともに，それらをまたがり展開していくものでもある。したがって，このことは遊びと造形との結びつきとして両者をつなぐ重要な視点となるのである。それは，遊びと造形をその内容や活動の形態で比較し，その類似や差異を認めるのではなく，そこで営まれる学びとしてのプロセスに両者が重なり合い，関係し合う構造の共通性をみることなのである。

これらのことを確かめていくことによって，私たちは遊びの中に学びとしての大切なものを認め，そして，造形活動との結びつきからさらなる学びとしての可能性をも探ることができるのである。

参考文献
中村雄二郎，1989年，『場所　トポス』，弘文堂
木村　敏，1982年，『時間と自己』，中央公論新社

〔小林貴史〕

青年期アートの発達

2

教育を受ける相手である青少年と指導者が向き合うことの重要性についてわれわれは第1章の冒頭で読者にアピールしている。このことは教職に携わる者の最も基本的なミッション（使命）である。青少年と向き合うことは、自他の関係性の視点からいえば、青少年と心の通い合う関係を指導者がいかに築くかということである。そのためには、その基礎として、アートが人間発達の中でどのような機能を果たすのかを理解しておかなければならない。本章は、このコンセプトの基に人間発達とアートの関係を明らかにする。

第1節　人間発達とアート

1．自他の関係性に見る人間発達とアート

　青年期は、児童期の範疇的で身近な生活空間から脱して、広く外部の世界に目を開き、他者や対象に深く関わろうとする。そのため、対象を客観的に認識しようとする傾向が強まる。同時に、この傾向の弁証法的な反措定として、自己にも意識を向け「自己とは何か」を問い、自分自身の内面を拡充しようとする。「自我に目覚める」とは端的にこのことをいったものである。つまり、それは他者や対象とのダイナミックな関係の中で、自己を見つめることにほかならない。このため、青年期は、人間の全体的な成長・発達の中で、芸術への目覚めを通して新しい人生を切り開く転換点となりうる。
　青年は、新しい世界を感じとり、それを自己に取り込もうとする。青年は「自己を見つめる」相手として、また、新たな人生を生きる糧として芸術を選ぶ。芸術は自己の探究に深く関わるから、自己と他者のありようを人間発達の全体像として通覧しておくことは「自己を見つめる」構造を明らかにすることにもなる。
　本節では、エリク・H.エリクソン（小此木啓吾訳編、1973年、『自我

同一性』,誠信書房)の発達観を基軸にし,J.ピアジェ(フラベル著,岸本弘・紀子訳,1969年,『ピアジェ心理学入門(上)』,明治図書)やメルロ＝ポンティ(滝浦静雄・木田元訳,1966年,『目と精神』,みすず書房),J.ラカン(浅田彰,1983年,『構造と力』,勁草書房／1998年,『岩波哲学・思想事典』岩波書店(新宮一成))も参考にし,筆者の考察も加えて,人間発達における自己と他者の関係性を読み解こうとする。また,アートの発達については,R.アルンハイム(波多野完治・関計夫訳,1963年,『美術と視覚(上)』,美術出版社)とV.ローエンフェルド(Viktor Lowenfeld & W. Lambert Brittain "*Creative and Mental Growth*" 7th ed. Macmillan Publishing Co., Inc. 1982(竹内清・堀ノ内敏・武井勝雄訳,1963年,『美術による人間形成』,黎明書房))を参考にした。

　自他の関係性の視座から人間発達を洞察し,自己実現のありようや自我同一性(アイデンティティ)を追究したのは,エリク・H.エリクソンである。エリクソンは,青年期を「自己」の新たな統合の時期としてとらえ,人生的な葛藤が克服されたときに人間存在としての自我同一性が獲得されるとした。逆に,人生の危機的状況を乗り越えられなかったときには自我は拡散し,同一性は崩壊するとした。エリクソンの『自我同一性』には「自己を見つめる」ことの深い哲理が啓示されていて,大いに参考になる。「自己実現」という言葉が気安く使われている現状を見るにつけ,その本質の大切さが浮かび上がってくる(発達時期の名称はエリクソンによる)。

乳児期〜幼児期(生後約1年〜2・3年)
　エリクソンによると,乳児期から幼児期にかけての子どもの存在性は,自己と他者との未分化な関係の中にある。「未分化な関係」とはどのようなものか。このことを理解するには,メルロ＝ポンティの両義的な現象記述がわかりやすい。メルロ＝ポンティは,

「幼児の対人関係」(前掲書『目と精神』)の中で,「自他未分の幼児の共生状態」を,次のような比喩であらわにする。「潮が引いていくときに現れる島々が個々の主体」であって,それは「前人称的な生の大海に浮かんでいる」。離ればなれに見える島々が実は海底でつながっているように,母体や共同体(社会)とともに生きている,というのである。

　メルロ＝ポンティが現前させたこの事象を別の次元(精神分析)から考究したのが,J.ラカンであり,「鏡像段階」説としてよく知られる。ラカンは,「主体(乳幼児)」が話しているのでなく,他者によって「主体」が語られている,と「他者の語らい」を説く。ラカンは「寄るべなき無力な存在である主体のことを他者が語り合っているという根源的な構造」がそこにあるという。ラカンによると,「母の体,他者の語り合う声」が「鏡像」となって現前するという。つまり,乳幼児は「鏡像としての他者」を見るのである。「そこにいる〈わたし〉の機能を構成するものが〈鏡像〉であり,乳幼児は視覚的に先取りされた像の中に自己の能動性の中心,自我(私)」を発生させるのである。われわれはここに「想像的自我」形成のメカニズムを読み取ることができる。

　想像的自我を発生させる原初の段階において,子どもは,運動と感覚の相互作用によって身体と精神を発達させるが,このことはその後の感性と認識の根源的な基盤となる。アートの発達でいえば,スクリブルが運動と感覚の相互作用を培い,表現基盤としての身体を整え,イメージを内包させつつ想像力を伸長させていく。したがって,幼児教育の初期においては,アートのルーツであるスクリブルを存分に発揮させることが大切である。想像的自我を拡充するうえでスクリブルの発達的意義は極めて大きい。

　原初段階のアートの発達では,もう1つ重要なキーコンセプトがある。シンボルの原型ともいうべき円の発生である。あるとき,幼

児は盛んに円を描きだす。円は丸いものとは限らず，もの一般を表す（G. H. リュケのいう「類的モチーフ」，須賀哲夫監訳，1979年，『子どもの絵』，金子書房）が，それは円がすべてのものの象徴的な根源だからである。アルンハイム（前掲書『美術と視覚』）は，円は腕の回転運動の痕跡であり，かつ，完全な視覚形態である，という。円は絵画図式の母体となる原初形態であり，螺旋スクリブルの身体運動から必然的に立ち現れてくる。このようにして，ものの象徴である円は次の発達段階において実り豊かになるのである。

遊戯期（生後4～5・6年）

　自他未分の関係は，遊戯期の発達段階になって明らかに質的な差異を示す。その差異はウエルナーが「非連続的変化」（東洋ほか編，1970年，『心理学の基礎知識』，有斐閣）とよぶ性質の変化である。ピアジェによると，主体と客体の分離が急速に進むわけではないが，自他の境界があいまいなままにエリクソンのいう「自他の相互浸透」が盛んに行われる。ピアジェによれば，この発達段階の子どもの認識や表現は，シンボルを操る象徴的な思考や直観的な思考によって特徴づけられる。ピアジェはこの心的傾向を子どもの「自己中心性」によるとした。子どもは自己の図式（スキーマ）によって行動し，想像し，外界や環境との適応を図っていくから，子どもの行動傾向や心性は，子どもの絵の図式的表現に明瞭に読み取ることができる。この段階は，幼児期の年長から小学校低学年の頃に当たる。他者と浸透し合い，他者になりきる想像活動が盛んでカイヨワ（清水幾太郎・霧生和夫訳，1970年，『遊びと人間』，岩波書店）がいう，ミミクリー（模擬活動）が活性化し，オノマトペ（擬声，声喩）や擬態的な表現，仮面をかぶることや仮装などが立ち現れてくる。ごっこ遊びに見られる，お客さんやもてなし役の役割演技としての「ふり」，造形遊びに現れる「見立て」も顕著となる。したがって，この段階

の幼児・初等教育においては,自他分離のあいまい性を踏まえ,相互浸透のメカニズムを尊重して,ロール・プレイング(役割演技)等によって他者との同一化を進めるのが有効である。相互浸透が他者や対象との一体感を強めるからである。

学齢期(7・8歳～12歳ぐらい)

次の段階は,学齢でいうと,小学校中学年から中学校1年頃にかけての時期であって,自己と他者とがはっきりと分離される。ピアジェがいう脱中心化の段階である。この時期では,前段階で中心的役割を担ったスキーマ(図式)が放棄され,それに代わって具体的操作が主となる。子どもは具体物を手がかりにして客観的対象に傾斜していく。子どもの絵に,対象の再現的な描写が現れてくるのはそのためである。この発達段階の最大のできごとは,自己と他者の端的な関係である「見るもの」と「見られるもの」とがあらわになることである。それは子どもにとって,対象化された他者の新たな出現である。したがって,客観的事実としての知識・技能の伝達が可能となるのであるが,あまりに対象に傾斜しすぎると,自己の立場や意識が薄れ,主体の好奇心も弱まって,表現が味気ないものとなる。客体に傾く時期であるからこそ,むしろ逆に主体を強く意識させる補完的な教育方法が必要となる。それは次の青年期に水路をつける方法でもある。自他を意識させる方法としてはH.リードがいう「事物の教育」が有効である。

なお,「事物の教育」についてのリードの記述(周郷博訳,1952年,『平和のための教育』,岩波書店)は主体と客体との関係性を本質的に啓示していて理念的ではあるが,具体的でないため,理解しにくい。そこで,私なりに「事物の教育」をとらえ直してみる。

「事物の教育」の本質を端的にいえば,他者や対象に働きかけ,問いかけて事物や材料のよび声(メッセージ)を聞くということで

ある。この発達段階の絵画指導では，とかく客体重視の認識のもとに主体の感じ方が軽視されて，外見的な写実描写に偏りがちであるが，対象と主体との語り合いを理想とするならば，まず対象自身の語らいを素直に聞くということが必要である。古人は「松のことは松に聞け」といった。自他が分離するこの時期こそ他者の内面に立ち入って，その声を虚心に聞くことが最も大切ではなかろうか。

青年期（13・4歳ぐらい〜成人）

　青年期は，エリクソン（前掲書『自我同一性』）によれば，自己の共有に成功して自我の同一性を確立することにもなれば，あるいは，自我が根底から揺らいで同一性を拡散する，危機的状況にもなりうる。青年期になると，子どもは自己の意識の中に，二重の自己を発見する。すなわち「自分が想像する自己（想像的自我）」と「他者に見られる自己」とがそれである。後者は「他者の語らいによって投影された自己」とも考えられる。自己を見つめることによって両者の違いがありのままに受容されると，自己に対する洞察が進み，安定した自己を得ることができる。それに対して，相異なる2つの自己が矛盾・対立を起こすようなことになれば，自己の共有は達成されないで不安定な葛藤状態となる。そういう意味で青年期は人生の転機を潜在させている。

　青年は，家族をはじめ，学校や地域社会の友だち・教師・周囲の大人などさまざまな他者との人間関係の中で，また，芸術鑑賞や読書等による作者や伝統などとの文化的な交流の中で，自他の関係性を築き，構造化して，新たなる自我に向かって進んでいく。最近では，インターネットを媒介とする青少年の交信が盛んとなり，バーチャルな世界と実体験との関係が真摯に問われ始めている。そういう意味で実体験と密接に関わるアート活動の真価がとみに高まっている。新たな虚構と現実との座標軸も加わって，自他の関係性は多

元的になり,ますます多様化し,複雑になっていく。こういう時期であるからこそ,「自分が想像する自己(想像的自我)」と「他者に見られる自己」を基軸にして自己を見つめることの意味は大きい。

　青年にとって,新たな状況や環境の中で自己と対面し,自己のあり方を追求することがますます重要になってくる。青年は芸術を通して自己を彫琢し,人生の意義を発見するのである。青年が哲学や文学・芸術に向かうのはそのためである。われわれはそういう意味で自己実現の形成過程とその教育方法をカリキュラムの中に組み込まなければならない。アートの教育は,自己と対峙させ自己を深化させる最もよい方法なのである。

2．ローエンフェルドとリュケにみる
　　表現力発達のキーコンセプト

　V. ローエンフェルドはその著(前掲書『美術による人間形成』)で青年期におけるアート表現の発達を次のように述べている。すなわち,8・9歳頃に図式表現を脱した子どもは,写実的表現の黎明期を経て,視覚型と触覚型という,質的に異なる2つの表現傾向に分かれ,青年期にはそれが明瞭になるという。この時期に表れる写実的な表現傾向は,必ずしも外見描写としての再現のみを指すのではなく,自分自身の体験や印象を語る,叙述的なものもかなり存在する(擬写実主義)。しかし,視覚型の場合は,対象を比較的忠実に再現しようとする傾向が強く,その表現態度は客観的・傍観者的である。これに対して触覚型は自己自身が積極的にモチーフに参入し,それと一体になる傾向があり,表現態度は主観的である。いずれにしても,青年期になると,自己の表現に対する批判的意識が旺盛になり,自分の表現に満足できない者は,意欲が減退し,表現をあきらめるという。「表現をあきらめる」という点に限っていえば,指

導者の指導法や指導態度が大きく関係している。表現する主体の感性やイメージの理解が十分でないと，表現者への対話的な働きかけや動機づけが適切に行われないからである。

アートの表現力の発達に関していえば，G. H. リュケの『子どもの絵』（前掲書）は極めて示唆に富み，その内的モデル論は，イメージの考察と重ね合わせると，青年期のアートを理解する上でも有益である。子どもの絵に見られる写実性についてリュケはいう。「子どもは外界の印象（外的状況の影響による）や自分の体験した出来事，特に関心を持っているもの（関心の特殊化）などを内的モデルによって表す」という。そして，「当の描き手の子どもが言葉で説明することを絵に照合しながら細かく分析してみると，子どもが絵の中に対象を正しく表現しようとして，彼の心をとらえたものを残らず表現しようとしていることに気づかされる」と。子どもは元来現実主義者であり，観察した事物をイメージとして内化し，それをモデルにして絵を描く，というのである。リュケはこのような写実性を「知的写実性」と名づけた。知的写実性は幼児の絵の本質を述べたものであるが，青年期のアートを理解するキーコンセプトにもなりうる。それは青年期のアートの行為と表現を読み解く重要な手がかりを提供している。

青年期のアートには，いくつかの表現傾向が共存し，多様であって，しかも重層化している。青年期のアートは写実的であると一義的に割り切れるものではない。アートは単線的ではない青年の世界認識の表れである点を忘れてはならない。　〔竹内　博〕

第2節　青年期におけるイメージと造形思考の発達

本節では，青年期に現れるイメージの特性や働きを詳しく考察し，青年期の造形的な思考の特質を具体的に明らかにする。

1. イメージの働きとアートの行為

　感性とともにアートの行為を基本的に支えているのはイメージの働きである。イメージの本質は，現実世界の体験や印象を内部世界に集約的に蓄え，想像力を働かせてシンボルに変換することにある。イメージのこの本質的な作用を構造的に示せば次頁の図2-2-1のようになる。

　イメージは心の内部に生起する像である。内部に生起する像であるから，イメージは外から見ることができない。われわれが他の人のイメージをうかがい知るのは，イメージがある形をとって外に現れる場合である。われわれは外に現れた形からその人のイメージを類推する。イメージは，音声・音響，動作・身振り，絵や映像，詩的言語，特定の事物やイコン（図像）などによって表現される。これらはシンボルとよばれる。シンボルは内容の凝縮した一種の記号であって，人は記号またはシンボルを操作して自己の思想イメージや感情イメージを表現する。

　「シンボルを操る」ことに人間の特性を見いだしたのはE. カッシーラである。E. カッシーラは「あらゆる動物の『種』に見いだされるはずの感受系と反応系の間に，人間においては，シンボリック・システム（象徴系）として記載されうる第三の連結を見いだすのである」と象徴系の存在を強調する（宮城音弥訳，1953年，『人間』，岩波現代叢書）。

　ここでイメージの象徴化作用について見ておく。シンボルの原初的な形態は幼児のごっこ遊びによく見られる。木の葉や平らな石がお皿に見立てられたり，まるめた粘土がお菓子に見立てられたりする。粘土とお菓子は質的には異なるが，形状が似ているところから代わりうるものとなる。この場合，木の葉はお皿に，粘土はお菓子

第2章　青年期アートの発達

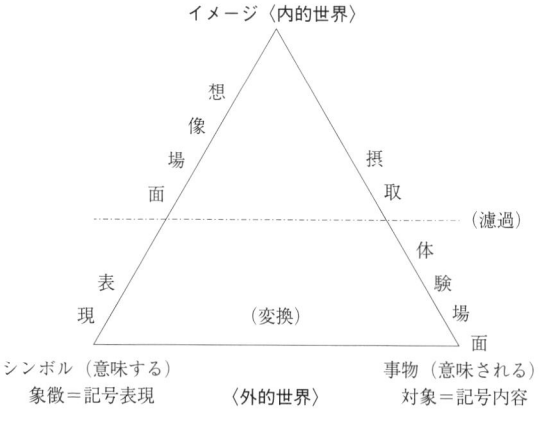

```
                イメージ〈内的世界〉
                      △
                    想  摂
                    像  取
                   場    
                   面    
         ─────────────────────── (濾過)
                          体
                  表       験
                  現       場
                          面
                    (変換)
     シンボル（意味する）       事物（意味される）
       象徴＝記号表現          対象＝記号内容
                   〈外的世界〉
```

図2-2-1　オグデン＝リチャーズの「意味の三角形」に基づく
　　　　　　イメージ三角形
（図は，川本茂雄著，川野洋ほか編，1982年，『講座記号論2　記号としての
芸術』，勁草書房，に基づき，筆者が考察したアートの機能名を加えて作成
した。）

に変換し，間接的に代理する。一般意味論では，木の葉や粘土は「指示し・意味する」ところから能記，お菓子やお皿は「指示され・意味される」ところから所記とよばれる。指示作用が能記，象徴化されるのが所記である。筆者が図に示したイメージ三角形は一般意味論における意味作用をパラフレーズしているので，それとは記号論的に通底している（川本茂雄著，川野洋ほか編，1982年，『講座記号論2　記号としての芸術』，勁草書房）。

　ところで芸術表現における象徴化の作用は，幼児のごっこ遊びほど単純ではなく，シンボルの類似性は比喩的である。物質的土台を持つアートの表現の場合は，その比喩は詩的言語などに比べて，用いる素材の限定をより多く受ける。例えば，木彫の造形表現は木の特性抜きには考えられない。木を素材にするからには，木の色や触感，木目などを無視することはできない。素材と心を通い合わせることなしに象徴化は起こりえない。造形的なシンボル化の，このよ

うな存在次元においてイメージと感性とは深く関わり合う。

　図を見れば，イメージには性質の異なる2つの過程があることが分かる。1つは，外界からのメッセージを選択的に受け取って，体験のエッセンスとして摂取する過程であり，もう1つは想像力を働かせてシンボルを形成する表現の過程である。前者がイメージを濾過・吸収し蓄積する内化の過程であるとすれば，後者はイメージをシンボルに変換し外化する過程であるといえよう。前者の過程が表現の象徴化を支えていることは明らかである。そこで前者の過程を詳しく見ておく。

　主体が印象や体験をイメージに摂取する際には濾過作用が働く。これに注目したのがK. E. ボウルディングである。ボウルディングは次のようにいう（大川信明訳，1962年，『ザ・イメージ』，誠信書房）。「個体は外界からの刺激を情報として受け取るが，この場合，個体には価値系列的なフィルターが備わっていて，個体は濾過されたメッセージのみを受領する」と。ボウルディングはイメージが外界の忠実な反映でないことを説く。イメージは外界の単なる写しではないのである。

　内的イメージは主体の印象や体験がもとになっている。印象や体験は主体が外的世界の現実と深く関わるところから生まれるから，現実が反映していることは確かであるが，そのイメージが外的世界を忠実に反映しているかというと必ずしもそうではない。それは主体がすでに独自の価値体系のイメージを持っているからである。ボウルディングがいうように，価値体系のイメージが働いて外的現実が評価され，そのエッセンスが選択的に取り込まれるのである。こうして主体は独自のイメージを蓄積していく。場合によっては，現実世界にとどまることなく，現実を超克するイメージが醸成されることがある。イメージは現実を反映しながらも，現実世界から離れることができる。そのため，表現の過程においてもシンボルを自由

に操ることができる。現実を反映すると同時に,現実を乗り越える。この二重性こそイメージの自由性の特質であり,その内実である。ゆえにイメージは想像力の源泉となりうるのである。

イメージの自由性と無意識的な特性

イメージの自由性はイメージが無意識に根ざしていることの現れでもある。イメージはその人に内在しているとはいえ,比較的心の深い層に潜在していて,意識的には思うようにならないところがある。特定のイメージを浮かべようとしても浮かんでこないことがあることは,われわれがよく経験するところである。生徒たちもよく「イメージが浮かばない」といって訴える。このことはイメージが意志や意識ではどうにもならない面があることをものがたる。イメージは思い浮かべようとして想起される性質のものではなく,むしろ自動的に浮かんでくるものなのである。ミケランジェロは大理石に彫るものがおのずと浮かんだという。

上記のことは,イメージの働きが無意識的であることを暗示する。人は今までの経験のうち,自我に関わるものをイメージとして蓄えるが,それはあたかも氷山に似ている。氷山は水面上は小さく,その割に水面下は極めて大きい。イメージの貯蔵庫もそうである。意識に現れるイメージは少ないが,意識下に隠されたイメージは膨大なのである。イメージは意識下の深い層に眠っているものと,意識面に近いところ,浅いところに漂っているものとがあって,層をなしていると考えられる(井村恒郎訳,1970年,『改訂フロイド選集第4巻　自我論』,日本教文社)。

イメージの論理,その特質

イメージには,イメージ独自の論理がある。イメージの論理は夢に似ていて非合理的である。イメージは意識の前面から退くに従っ

て現実世界の時間や空間のカテゴリーの支配から脱して自由に活動する。現在と過去はたやすく結びつき，現実世界における秩序は崩壊して，ものとものとは新しい関係をとり始める。青年期のイメージにはそのような特徴が顕著に現れる。このようなイメージの論理を意識化し積極的に取り上げて絵に表現したのがシュール・レアリズムの画家たちである。彼らは，デペイズマンとよばれる手法によってイメージの論理を描きだした。デペイズマンとは，既存の環境にある特定のモチーフを現実にはありえない環境に転位させる手法であり，さらに時間や質の転換をも含むものである。M. シャガールや S. ダリ，R. マグリット，M. C. エッシャーには，この手法によるイメージの論理が明瞭に現れている。例えば，パリにあって故郷を追憶したシャガールの絵には，天と地の逆転や人物・動物・列車などの空中への転位が見られる。また，エッシャーの版画「夜と昼」では，夜から昼への移り変わりが天と地の交錯の中に表現され，イメージは現実の時間枠・空間枠を飛び越えている。

　シュール・レアリズムの画家たちはデペイズマンとは異なる手法も使う。圧縮はその1つである。例えば，ダリの「ヴォルテールの見えない胸像がある奴隷市場」では，いくつかの人物像が集まって「ヴォルテールの顔」がつくり上げられている。イメージが重ね合わせられているところから，このような表現はダブル・イメージとよばれる。

無意識の心的過程とアートの表現

　ここに挙げたようなシュール・レアリストたちの表現手法は，無意識の心的過程の中に現れるイメージの変換を意図的に抽出したものである。転位や圧縮は無意識の過程に現れるイメージの自律運動であって，精神科医 S. フロイトによって詳しく考察された。フロイトによれば，無意識の核は願望興奮ともよばれる衝動である。

「諸衝動は互いに影響されることなく同存するという性質があって，広い範囲にわたって可動的である」(前掲書『改訂フロイド選集』)。同存していて可動的であるという点は蓄積された内的イメージも同様である。イメージが他のイメージに転位することはたやすく，また，圧縮の作用によっていくつかのイメージは1つのイメージにまとめられる。フロイトによれば「ある傾向を完全に閉じこめることはなく，それは形を変えて出てくる。この変形が転位であり，圧縮であり，象徴化である」(前掲書『フロイド選集』)。

　青年期には，上記のようなイメージの心的特性が豊かに潜在しているから，それを表現に導くような場面設定や問いと応答の支援がとくに要請される。われわれはまだ十分に青年のイメージを開発してはいないのである。

2．アートにおける造形思考と対象の形態認知

　ロールシャッハ・テストという性格検査がある。インクを紙に落としてできるしみのシンメトリカルな不定形図版を被験者に見せて，その報告を聞き，質問を加えて掘り下げ，被験者の性格を読み取ろうとするものである。この検査の解釈は次の3観点を主にし，被験者の心に浮かんだものがどのような順序でどう現れるかや頻度なども加味して，当人のイマジネーションの独自性やパーソナリティを診断する。

① 何に見えたか，何が思いついたか(コンテンツ＝内容)。
② どこがそう見えたか(ロケーション＝部位)。
③ なぜそのように見えたか。形態，明暗，濃淡，テクスチャー，色彩など決定因は何か。また，思いついた形の良・不良の程度や非凡さなどの特質。

この3観点は，人が形態や対象を認知する行為を暗示し，造形思

考に置き換えれば，形の発見のプロセスにもなりうる。イメージ生成の根源を探るにも，また発想を支援するにも有効である。

対象の認識および形態の認知や発見は，主として対象をどこから，どう見るかで決まる。見る人の視座・視点，視野，接近の仕方などが対象を認識するベースにあるからである。また，形態の認知は，図となるものとバック，主となるものと従になるものなどの布置，対象内部の部分と部分の相互関係やその力動性にもよる。造形的な思考は，基本的には何をどのように見て対象化するかにかかっている。次に，これらのものの見方と，青年期に顕著な造形思考を取り上げる。

形は映る／形を写す

鏡や平滑な金属面には，それを見ている人などの姿が映る。この場合，映っている像は虚像であって左右が反転しているが，この反転はあまり意識されない。江戸時代には，磨かれた円筒形の曲面に絵を映しだす鞘絵(さやえ)なるものがあったが，遊び心で形が映ることを楽しんだものであろう。形が映る現象は，対岸の景色が映る川の水面にも生じる。この場合は，岸辺が転換点となって，上下が逆転する。遠く離れた景色や物体などが映る蜃気楼も同種の現象である。この場合は実際の像が意識されない。もちろん転換点も意識されない。

形が映ることによって，実像と虚像という，2つの像の関係性が新たに蘇る。ふつう水面の像以外は転換点が隠されているから，ほとんどそれを意識することはない。しかし，転換点を意識し活用すると，思わぬ造形効果を生む。切り紙には，上下・左右を反転したものがあるが，青少年の好むところである。

子どもはよく手のひらに絵の具をつけ紙に写したり，粘土を踏みつけて足型を写し取ったりして遊んでいる。アーティストの中にもこのような行為を行って制作している者もいる。中学生や高校生で

は，実物のテクスチャーを紙に写し取ったり（フロッタージュ），木の葉など薄いものの上にインクのついたローラーを1回転してから転写したりして楽しむ。そこには，写すものと写されるものとの新たな関係が発見される。

形は反転する―図と地の相補性と両義性―

　形が映ったり形を写したりするときには，虚像と実像がそれぞれ補い合って対象の認識を助けている。そういう意味で2つの像はそれぞれ相補的である。足跡など凹凸の反転には相補性が端的に見られる。「ルビンの盃」として名高い白・黒の単純な図形は，黒の部分が背景に退いて白い部分が図となると「盃」が見えるが，白い部分が背景に退くと，黒の部分が図形となってふたりの人の横顔が左右に現れる。これは「図と地の反転」とよばれる現象である。この場合，輪郭が2つの形を共有していて，「図」と「地」が交互に入れ替わる。輪郭が転換点となって図が交替するのである。

　「図と地の反転」は隠し絵やだまし絵の手法としても用いられる。ふつうの見方をしている限り，隠されているものに気づくことはないが，図と地の反転に気づくと様相は一変し，隠されていたものが見えてくる。浮き彫りであっても，光をふつうとは逆の方向から当てると，陰影が逆になって凹凸が逆転することがある。陰影が実際の凹凸をだますのである。

　形がシンプルである限り，形態の認知が柔軟な人ほど図と地の反転は瞬時に行われる。柔軟性に欠ける人はこの交替が円滑にはいかない。青年期はこの交替が素早いので，造形思考を活性化する方法として「図と地の反転」は有効である。パズルのアイディアとして，「裏表の反転」を活用すると思わぬ効果を生むが，これは「図と地の反転」の応用といえよう。裏表色の違う紙を用い，切れ目を入れ，それを生かして折り換えると，裏表の反転になる。これは発想を促

すウォーミング・アップに適している。

 形は視点の反映である

 どういう位置から，どういう角度で対象を見るかで対象の現れ方が異なってくる。低い位置から対象を仰ぎ見るようにすると，対象の高さは際立つし，山の頂上や塔など高いところから麓の町並みや田園風景を眺めると，見渡した景観がえられる。前者は仰観景，後者は俯観景とよばれる。後者は，鳥が見ているのになぞらえて鳥瞰図ともいわれる。寺社の配置図や案内図にはこの鳥瞰図が古来からよく使われてきた。その典型的なものは，主となる堂塔を中央に据え，東西南北にある堂塔をそれぞれ倒して描かれるものである。それは，あたかも子どもが描く擬展開図に似ている。V.ローエンフェルドは，このような空間表現をフォールディング・オーバーと名づけ，図式表現に特徴的なものであるとした。子どもが描く擬展開表現に似たものは，シュール・レアリストたちが描くデペイズマンとしても現れるし，青年の描く絵にも現れる。青年が描く擬展開的表現の中には，上下が逆転したり横倒しになったりするなどの表現も見られる。

 要するに，形態の認知は視点の反映であり，対象への関わり方，アプローチ（接近）の仕方の現れである。したがって，指導に当たっては,「この形はおかしい」という前に，何を，どこからどう見ているのかを表現者に問うてみる必要がある。

 不可能な図形とだまし絵

 エッシャーは同じフロアーを流れる水路から同じフロアーに滝が落下していくさまを版画で表現した。エッシャーは透視遠近法を用いて，現実には不可能なことをあたかもありうるかのように表現している。これは反転性遠近錯視とよばれる。エッシャーにはほかに

も反転性遠近錯視に類する作品が多々あって，知的好奇心に富む青年をその世界に引き込む。

不可能な図形では「ペンローズの三角形」がよく知られている。3つの角材の端を互いに直角に組み合わせてつくる三角形の構造であるから，当然のこと，つくることは不可能であるが，透視法で作図すれば可能なようにも見える。

だまし絵や隠し絵が存在しうるのは，二次元における表現の論理があって，それが三次元の現実世界を思い浮かべさせるからである。二次元の絵画表現はもともとイリュージョンの世界なのかもしれない。だまし絵は逆にそのことを教えている。青年は，このような逆説をまた好む。だまし絵は，「もしかしたら……になる」という，仮定のありようにも通じている。それは一種のレトリックである。

3．美的秩序の感受とアートの行為

H. リードは「人間の感覚がごく自然に従うところの唯一の訓練である」とその著『平和のための教育』（周郷博訳，1952年，岩波現代叢書）でアートの意義について述べている。リードによれば，自然には有機体の奥底に成長を貫く法則，つまり秩序が備わっていて，それが生命の営みを形成している。この秩序とは，リズムやハーモニーそのものであり，それが型となって自然に内在している（「自然の型」）。例えば，巻き貝には対数螺旋の法則が，また，五弁の花には黄金比が内在している。創造行為において形を発見することとは，有機体の秩序を感じ取ることである。有機体を触知し，直観し，身体で感受することである。「自然に従う」とはそういうことである。

「自然の型」は有機体にのみ存在するものではない。石やボールを投げたときの放物線にも一定の型がある。重力や遠心力，表面張力などの物理的な作用にも一定の法則があって，ある型を示す。例

えば，水の中に，水よりも比重の大きい液体を入れると，重力と表面張力が拮抗し均衡を得て，液体は桃のような形の球体となる。石けんの泡が集まると，フィルム状の材質が一定空間に凝集し，表面張力の作用によって，多面体が構成される。

鳥の飛翔や滑空には，大気の気流を読み取りつつ均衡をとるさまが動勢とともに看取される。アートの世界に目を転じると，陶芸のろくろ成形では，回転対称のシンメトリーが見られ，おもちゃのやじろべえでは，前後左右のリズミカルなバランスがユーモラスな動きを醸しだす。

次には，青年期の発達に関わる美的秩序の具体的な現れをアート行為の原型との関わりで見ておく。

シンメトリー

自然界にはシンメトリーの型が数多く見られる。人間・鳥・魚・四つ足獣は左右対称形であり，重力が支配する地球上にあっては，最も安定した構成である。重力に抗して伸びる木々の構成も基本的には左右対称である。植物の花の部分は対称軸が複数ある回転対称（放射対称）である。例えば，梅や桜，ききょうなど五弁の花は対称軸が5つあって，真上から見た形は正五角形に収まる。

目を造形表現に転じよう。古来から寺社建築にはシンメトリーの構成のものが多い。五重塔はその典型である。塔は中心軸に対して左右対称的なばかりでなく，重層する屋根の釣り合いがそれと相まって安定感を高めている。回転対称の典型は日本の家紋にも見られる。その対称面は花に似て5つのものが多い。家紋ではないが，デザイン的に優れているものに「ともえ」がある。「ともえ」は泉の湧きでるさまを造形化したもので，デザイン・ソースの卓抜さとその流動化の巧みな造形には感心させられる。

発達的に見ると，人の身体感覚に内在するシンメトリーの感覚は，

最も原初的で，根源的なものである。自己受容性の感覚のうち，姿勢はシンメトリーの感覚がそのベースにある。姿勢を正しくするとは中心軸を定めることであり，これによってすべての動作への対応イメージが生まれる。すべての行動・動作の基本は姿勢であり，この姿勢をコントロールし，調整するのがシンメトリーの感覚である。ろくろの成形に限らず，すべての造形技能は姿勢の自己感覚を磨くことから始まる。子どもの初期の絵を見ると，円を描くことに続いて人の身体像がシンメトリーに描かれる。このことからもシンメトリーの感覚が原初的なものであることが分かる。

バランス

人や動物が動作をするとき，身体の位置を変えるとき，基本的なシンメトリーの感覚を維持しつつも，動作や移動に適合するように，力を配分し，身体の動きを調整していく。このときに働くのがバランスの感覚である。身体の移動や動作では，重心の移動の調整がバランス感覚の決め手となる。例えば，鳥が枝にとまったり，着水したりするのをよく見ると，身体の正中線の軸はしっかりと保ちながら，頭・首と尾・足の力・重さの配分によって前後のバランスをとっていることが分かる。左右の形はシンメトリーのままであって，力や重さの配分に応じて前後の形を換え，重心を安定させて釣り合いをとっているのである。

台湾の民芸品に笹竹でつくった鳥のバランストイがある。この「鳥」は羽を前に広げた形であり，上から見ると左右対称形になっている。ところが横から見ると，前後は同じ形ではないが，笹竹の台から伸びた枝にくちばしを乗せると，この「鳥」は前後のバランスをとりながらリズミカルに羽ばたく。釣り合いの感覚が微妙にとれていて小気味がよい。この作品ではバランスの原理が見事に造形化されている。やじろべえは，バランス感覚を培うよい教材である。

なお,第5章第3節の「授業研究と評価の実践」で,やじろべえの授業実践例の分析を載せたので,参考にされたい。

発達的に見ると,バランスはシンメトリーを基礎にして,変化に応じて発展した感覚である。青年期には,このバランス感覚が著しく発達する。

プロポーション

プロポーションは,「比量する」という行為によって見いだされる「自然の型」であって,有機体に潜む規範の洞察から得られる。プロポーションの中で最もよく知られているのは黄金分割で,古代ギリシアにおいて計測され,後世の美の数的規範となった。例えば,巻き貝からは対数螺旋が発見されている。対数螺旋は黄金矩形内に連続的に収まるので,黄金比の発展したものとしてとらえられ,作図も可能である。古代ギリシアでは,正五角形の1辺とその対角線の比が黄金比であることがすでに知られていた。黄金比を建築設計の規範体系として現代に蘇生させたのはル・コルビジュエである。コルビジュエは,人が手を伸ばした状態を基準にして人体各部の比を割りだし,建築内部の尺度とした。モデュロール(黄金尺)がそれである。

古代中国では,建築用の物差しに「裏目」が使われた。木の幹から角材を切りだすときに,幹の直径を測ることで,即角材の幅が分かるのが「裏目」の効用である。角材の幅を$\sqrt{2}$倍すれば,材木の対角線である幹の直径が得られるから,差し金の裏にあらかじめ$\sqrt{2}$倍の目盛りを刻んでおけばよいわけである。このようにして曲尺〈かねじゃく〉の「裏目」は誕生した。

ハーモニー

「子どもは生来独自のハーモニーをもっている」といったのはF.

チゼックであるが,彼の美術教育の革新運動の根幹には,ハーモニーが子どもの天性として強く意識されている。チゼックはハーモニーを個性的な資質と見ているが,カラーコーディネイトの世界では,必ずしもハーモニーの象徴性や感情イメージなど青年の個性的・発達的な心的特性には目配りがない。専門教育では,ハーモニーに一般性を見る見方が普及し調和論として定着している。確かに,科学的根拠をもつ標準色の色体系は価値があって,配色調和の感覚訓練としては有用であろう。しかし,ハーモニーが表現者の感覚や心情と結びつく点を見落としてはならない。物理学者の田口泖三郎のカラーハーモニーには,意味内容のモチーフや感情を伴う色の象徴性もあって,アートの教育の支援に有益である。あえて紹介しておく(田口泖三郎,1956年,『色彩のすべて』,森脇文庫)。　　　〔竹内　博〕

第3節　造形作品・活動の個性的発達

　青年期の子どもたちにとって,彼らが自己実現していく力を獲得するためには,社会化という教育のプロセスを得るだけでなく,個性化というプロセスを保障されることが大切となる。学校と社会が,どうしたらほかの人や自分の「個性」を尊重する心を育むことができるのだろうか。以下に取り上げる視点は,「個性化」を中心課題とするものばかりではないが,これらの考えを手がかりに,個性化を探る実践につなげてほしい。

1．内的リズムの形成という視点から

　まず,生来人間が生まれ持つ内的リズムの表現に着目した間所春と,シュタイナーの理念を取り上げよう。

「まよいみち」描き

　間所は，子どもが自分の内的なリズムによる表現から，やがてゲシュタルト的な造形美を意識した「快いシュパヌンク」を獲得していく教育のプロセスを検討し実践化している（間所春，1955年，『こどものための構成教育』，造形芸術研究会／同，1963年，『子どもの眼とデザイン』，造形社）。この教育のプロセスは，幼児期から青年期へ至る発達的な視点，視知覚を中心とするゲシュタルト心理学的な視点，そして構成やデザインという新しい造形的な感覚に基づく視点からアプローチされている。いい換えれば，「構成化」という造形的人間形成のあり方を探求した事例として意味を持っている。

　彼女は，子どもが生まれながらに保持している諸能力に早くから関心を寄せ，当時まだ一般の大人たちや教師にも理解されにくかった子どもの内面に宿る本来の造形の要因，すなわちオートマチックな表現の意義に着目し，子どもの表現形式の1つ「まよいみち」描きを発見している。これは，日常の子どもの遊びの中に自由表現される子どもの線遊びである。彼女は，これらの児童作品の実際的な解明を試みて，構成教育題材としたのである。

　子どもの「まよいみち」描きには，体内にあるリズムを瞬間，瞬間に呼吸と同じように自然のうちに刻みだすオートマティズムの力が働いている。この活動には，形や色，材料，空間に対する「構成意識以前」の力が作用する。間所は，子どもがこの内的リズムの力を駆使する造形活動を「積み重ね」ていくことが大切だと主張する。そして，この方法を繰り返していくうちに，やがて子どもは自分なりにゲシュタルト的な「良き造形観念」（＝快いシュパヌンク）という美的秩序を意識的に形成していくのだという。

　したがって，教師や親のとるべきスタンスは，この快いシュパヌンクの到来を期待し，子どもの成長とともにこれを待ち受けることであるとする。そして，構成に対する「無意識的な」段階から「構

成意識」に目覚めていくのが高学年以降の青年期にあたる。その段階に至って，子どもは，それまで頼りにしていた内的な無意識のリズム感を，自らの自律的な選択力・判断力などの構成力のもとに従属させるようとする。この力の変化は，子どもにとって後退を意味するものでなく，形に対する前進であると，間所は結論づける。

　結局，無自覚的な「まよいみち」に代表されるオートマティズムは，楽しくつくりだす喜びを積み重ねるうちに，やがて子どもに「構成意識」を自覚させ，創造的な生活精神と生活態度を形成していくことになる。

「フォルメン」に宿る内的生命力

　次に，西平直の「シュタイナー教育のアート」（佐藤学・今井康雄編，2003年，『子どもたちの想像力を育む』，東京大学出版会）をもとに，子どもの内的リズムについて，見てみよう。周知のとおり，シュタイナーの教育は，少なからず芸術教育に影響力を持ち続けている。その魅力とは何なのか。とくに，美術教育に関しては，「フォルメン線描」と「ぬらし絵」が直接に関係している。ここでは，フォルメンという行為の特質に触れ，内的な生命力の持つ意味を探ってみよう。

　フォルメンの特質は，子どもの内側にフォルムを生じさせることにある。でき上がった図形がフォルメンではなく，フォルムができあがっていくプロセスこそが，フォルメンである。すなわち，動きの止まった完成品を指すのではなく，その動きそのものを内側で体験することである。そのため，シュタイナー教育では，子どもにたっぷり時間をかけて「ぬらし絵」を体験させ，変化していく不思議を存分に楽しませることに注意が向けられる。

　フォルメン線描の場合も同じである。これはシュタイナー学校における独立した教科の1つであり，「ものの見方」に深く関係して

いく。その要点は、自然界の事物がすべて独自のフォルムを持つことに向けられる。ここでは、そのフォルムを「完成品」として模写するのではなく、それらのフォルムができ上がっていく動きを自ら体験するという方法の中で学ばれる。プロセスを通して「内側から観る(体験する)」のである。硬直した完成品に終着点があるのではなく、「自然がその独自の形をつくり上げてゆく生き生きとした流れ」を身をもって体験することである。世界を生成と変容(メタモルフォーゼ)の相の下において観る教科だという。

　ここには、種から芽がでて花が咲き、次第に実をつけていく「成長プロセス」を思い描くという、シュタイナーのとらえる「生命力」＝フォルムを形成する活動の特色がよく表れている。フォルムを繰り返し描くという「型」から、次の動きを生みだす「流れ」への逆説的な変換がなされる。作為的な動きへの執着が止むとき、自然な流れが生じ、次の動き＝想像力へとつながると考える。まず、「型」に入る練習であり、その先に自然な「流れ」を発生させるしかけ(アート)があり、この流れが想像力を育むことになる。

　間所もシュタイナーも、内的リズムに寄り添って個性化を進めるが、しかし両者の目指すその先は、質的に異なっている。

2．美的人間形成の視点から

　最後に、発達心理学や認知心理学の関心から見た発達や成長の論理とは別の、美的人間形成という視点から、モレンハウアーらの研究成果を見てみよう(クラウス・モレンハウアー、真壁宏幹ほか訳、2001年、『子どもは美をどう経験するか―美的人間形成の根本問題―』、玉川大学出版部)。彼は、「美的感覚」「美的経験」あるいは「美的人間形成」が経験的に意味を持つとすれば、何が問題となり何が語られなければならないかを示そうと試みた。この問いに向けて、彼は、

「ミメーシス（模倣）」「相互行為」「様式」「ゲシュタルト」「表現」という5つのカテゴリーをもとに作品を分析し，あらゆる美的な活動が「ミメーシス的運動」に支えられていることを証明したのである。ミメーシス的運動とは，「模範」から模倣する過程において，主体と客体との間で生まれる運動のことである。子どもが美的経験に基づいて模範を模倣する過程においてこの運動が生まれたとき，イメージは「変形」され3つの類型に分けられる。

第1の類型は，模範の全体やその形式上の特徴に注意が向けられた「模範全体の模倣」である。第2は，模範の全体から離れ，そのさまざまな部分に注意が向けられた「個々のモチーフの模倣」である。第3として，変形されるイメージは，ほぼ完全に模範となる絵の秩序から解放され，模範に触発された感覚や回想，構想が，自分自身の絵の言葉として，あるいはまた固有の主題を通して表現される方向性と運動性を生みだす。そしてこの，特色ある第3のミメーシス的運動こそが，内面的世界の出来事と，美的人間形成という個性化のプロセスに深く関わっていくと見ている。

この第3の模倣を選択する子どもの絵は，子どもの「個性」が表現されたものとして見るのではなく，「個性化」というプロセスの出来事を表現したものと解釈される。この出来事の中では，「自己自身との対話」を通して美的表現の問題に直面する。ここで子どもは，模範から解決方法を得るのではなく，自ら判断し選択し，自らの美的活動を体験していく。このときに，子どもはこのように自分自身の「決断の自由」の場に立ち会いながら，個人的方向（個性化）と慣習的方向との緊張領域の中へ進む。すなわち，両者の相互作用を持つ人間形成という運動の中へ分け入るのである。

3．自己表現に自信のないティーンエイジと向き合う

　個性化という営みは，発達心理学や認知心理学の他にも多様にアプローチされている。それでは，現在の学校教育において，子どもたち全員が美術を表現する，全員がアートを生みだす活動も多様に展開できているのだろうか。実際の子どもたちは，美術の時間に「何を描こう，表そう」と考えながら，毎日を生きているわけではない。自己表現に直面して，多くの子どもたちは，おそる，おそる手を動かし表現活動に入ろうとする。知られたり笑われたりすることを極度に恐れる自我や自意識が働き，自己表現に自信がもてない。「心のまま」と促されたとしても，能天気に無邪気に自分をさらけだすことはできない。隣の人が何を表しているかが気にかかる。しかし，そうした青年期の子どもたちも，さまざまな人たちの自己表現の様子に触れていく中で，心のこわばりを解き放つ機会をうかがっている。目の前の子どもたちが，いったい何に興味を持っているのか，何を規準にしているのか。教師はこのことを問い続け，実践に結びつけていくことが重要である。やがて，「自分のはずかしさ」を友だちに見せないで表現する経験を繰り返すうちに，社会化・文化化されつつも，自分の「素」や「キャラ」を表現する自信を得ていくものと考えられるからである。

第 2 章 青年期アートの発達

2-3-1 「多摩第三小展覧会」(小全)
指導：柴崎裕

2-3-2 「灯ろう」(小 5)
指導：柴崎裕

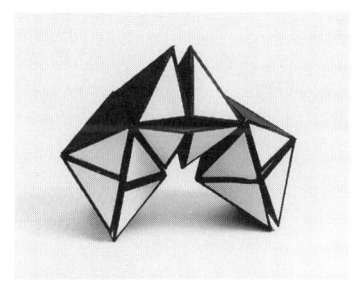

2-3-3 「立体からくり」(中 3)
指導：竹内博

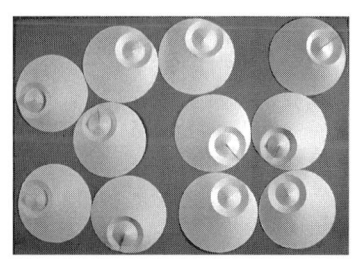

2-3-4 「壁面構成（シェル）」(中 3)
指導：竹内博

2-3-5 「オリジナル絵の具箱」(高 1)
指導：遠藤信也

2-3-6 高校文化祭案内板

2-3-7 文化祭案内板表示　2-3-8 武蔵野北高校文化祭入場門

〔山田一美〕

アートの授業基礎理論

3

第1節　美術科の教科特性と思想

「美術の授業を行うために最も大切なものは何か？」という質問にあなたはどう答えるであろうか。ある人は「指導要領の的確な理解」と答えるであろうし，またある人は「美術についての知識・技術」と答えるかもしれない。あるいは「生徒との相互理解・信頼関係」「生徒にたいする愛情」「授業にたいする情熱」と答える人もいるであろう。

もし，私がそう聞かれれば「美術教育についての，その人なりの確固とした考え方（思想・哲学）である」と答えるであろう。そこで，本節では私がそのように答える理由について，まず，美術の授業とは何かということを考え，次に，そこには思想・哲学が存在するということを述べ，最後にそれを「禅」あるいは「禅的」な思想と関係づけて述べてみたい。

1．美術の授業とは何か

私たちが美術の授業を行うにあたって，まず明らかにしておかなければならないことは「美術の授業とは何か」ということである。なぜなら，中学校，高等学校では，生徒指導や学校行事については学年や学校の先生全員が協力して生徒の指導にあたるが，授業はそれぞれの教科担任が別個にそれぞれの教科の授業を行っているからである。

そこで，「美術の授業とは何か」ということを明らかにするために「美術科とは何か」「美術の授業における先生の役割」という2つの項目に分けて考えてみたい。

第3章　アートの授業基礎理論

美術科とは何か

「美術科とは何か」という質問が，美術科が教育として生徒の成長にどのような役割をはたしているのかという，教科の本質についての質問であるとするならば，その答えは次の2点になるのではないかと考えられる。

① 美術家を養成するための教科ではない

　数学科の先生が授業をする際には，数学者を育てようとは思っていないし，英語の先生が授業をする際にも，英語・英文学者を育てようとは思っていないであろう。また，数学科の先生も英語科の先生も，それぞれの専門におけるさまざまな研究分野を紹介するために授業を行ってはいないであろう。

　本書のタイトルが「美術教育」ではなく「アート教育」とされている理由の1つもここにある。すなわち本書の目的の1つは，中学校，高等学校で従来行われてきた美術科の授業（カリキュラム）は，大人の美術の紹介にすぎなかったのではないか，という批判をふくんでいる。

② 人間としての基礎を養う

　それでは美術科とは何なのか。これは極めて難問であるので，表題ではとりあえず「人間としての基礎を養う」とした。しかし，それだけでは指導要領の文言と同様にほとんど意味をなさないので，このことを2つの側面から考えてみたい。

　(a) 人間の根元に密着した教科である

　中学校の数学は，小学校からの知識の積み重ねによって成り立っている。すなわち，小学校1年生では足し算を学び，小学校2年生では九九を学びというように，系統化された膨大な知識を段階的に獲得することによって成り立っている。また，高等学校の数学は中学校の数学をもとに成り立っている。そこで，例えば小学校で分数が理解できていないとすると，その生徒は中学校でも高等学校でも

分数に関する問題は理解できないことになる。

しかし「アート」は自然発生的に行われている。例えば幼児は,海岸や砂場など砂のあるところにいけば,おそわらなくても強制されなくても,たとえ禁止されたとしても,砂をさわったり,穴をほったり,山をつくったりする。

このように,(「美術」とはよべないかもしれない)「アート」の行為は,国や時代を越えて,人類すべてによって行われている。そして,このような「アート」は,たとえ幼児が中学生,高校生になったとしても,知識や巧緻性や技術の発達によって形態は変化するが,その本質は変わらない。そこで,そのような「アート」を対象としている美術科は,数学科や英語科など他教科とは異なり人間の根元に密着した教科であるといえる。

(b) 美術科は総合的な教科である

すなわち,「美術」という用語は「音楽」「演劇」「影像」などと対応する領域として受けとめられかねないが,もしそうであるとすると,表現するための素材・材料や手段・方法も限定されたものとなる。そこで,そのような混乱をふせぐために本書では,人間の根元としての表現行為すべてを「アート」とよんでいる。そこで「アート」は必然的に総合的なものとなる。そこで,中学校,高等学校の美術科の時間は限定された意味での大人の「美術」を扱うのではなく,総合的な「アート」を扱う時間であるということになる。

③ 美術科の授業における先生の役割

美術科の授業が限定された「美術」を扱う時間ではなく,人間の根元的な「アート」を扱う時間であるとすると,先生は美術の授業においてどのような役割を持っているのであろうか。

そのことを考えるために,ふたたび数学科の授業との比較をすると,数学科では生徒に指導する内容は,授業を始める前からすでに決定されている。例えば,ある方程式を指導する過程で,先生が生

徒のさまざまな発想や考え方をすべて認めていったとしても，最後に到達する結論は先生が指導したいと考えていた方法であり，内容である。しかし，美術科では作品をどのようなものにするのか考えることも，試行錯誤しながら制作するのも，先生ではなく生徒自身である。

「そうすると美術科の先生は，授業の始めに生徒に『自分の制作したい作品を，自由に制作しなさい』というだけでよいのか」と真剣に考える人はいないであろうが，生徒の自主性・主体性と先生の指導性・主体性とのバランスが，美術科の授業を他の教科とは全く異なった独自性を形成していると考えられるので，次にその問題を個別的に考えてみたい。

(a) 授業を計画するのも実践するのも先生である

授業は生徒のために行われる。しかし，生徒のために行われる授業を，計画するのも実践するのも先生である。すなわち，どのような内容の授業をどのように展開すれば，生徒が自主性・主体性を発揮し，より充実した「アート」の時間を体験できるのかということを考え，それをもとに授業を計画し，実践するのが美術科の先生の基本的な役割である。

(b) 生徒を知らなければならない

そしてそのために，先生は，生徒の興味・関心の対象や内容などの表面的なことはもとより，生徒が何をどのように感じ，どのようなことに感動をおぼえるのかなど，内面的なことも知らなければならない。

(c) 生徒の感情，思考，行動などを予測できなければならない

生徒の表面的・内面的実態を知るだけでは心理学者に終わってしまう。そこで先生は，生徒についての知識をもとに，「このような題材であれば生徒は興味をもって取り組めるであろう」「自分と向き合うことができるであろう」「アートの意味に気づくことができ

るであろう」など，さまざまな予測ができなければならない。
　(d)　題材を決定しなければならない

　そのような予測をした結果，授業化できそうないくつかの題材が候補に挙がるであろうが，先生はその中から実際に実践する題材を決定をしなければならない。その決定の根拠となるものは「この題材が最も生徒のためになるであろう」という，先生自身の判断である。

2．授業を行うためには，思想が必要である

　「美術科の授業を行うためには，思想・哲学が必要である」と聞くと，驚く人もいるのではないかと思われる。そのような人は「思想や哲学がなぜ美術の先生に必要なのか」と疑問に思うのであろう。それはそのとおりであるが，ここでいう「思想・哲学」とは「美術教育についての，その人独自の首尾一貫した考え方」ということである。そこで，「私は，生徒の考えを全く入れずに，美術科の教科書に例示されている題材をその順序どおりに授業として行う」「指導要領に書かれている内容をそのまま題材化して授業を行う」という考え方も，美術教育についての1つの思想・哲学であるし，逆に「私は，教科書に例示されている題材はいっさい取り上げず，すべて自分の考えた題材だけでカリキュラムを作成する」「生徒が希望することだけをそのつど題材として授業で取り上げる」という考え方も美術教育についての1つの思想・哲学である。ただし，授業は生徒のために行われるものであるので，いずれの場合にも「そのような思想・哲学に基づいて行われた授業は，生徒にとってどのような意味を持つのか」ということの説明ができさえすれば，という条件でははずせないが。

　また，別の表現をすれば，美術教育についての思想・哲学は，数

第3章　アートの授業基礎理論

学科で扱う計算のように客観的に正しいただ1つの答の集合体ではなく，私たち一人ひとりのさまざまな「もの」「こと」についてどのように考えたのか，どのように考えるのかということの集合体であるともいえる。また，そのような私たちの考え方は，固定的なものではなく変化していくものであるので，私たちは美術科の先生として，授業を行いながら自分自身の思想・哲学を成長させている，ともいえよう。

　そこで次に，上記の「1．美術の授業とは何か」で私が述べてきた内容が美術教育のどのような思想・哲学を持っているのかということの例として，3つの事柄について，文章の順をおって確かめてみたい。

　まず私は「美術科とは何か」で「（中学校，高等学校の美術科は）美術家を養成するための教科ではない」と述べた。しかし逆に「美術家を養成するための教科である」と考えることも可能である。そのような考え方を持つ人の根拠となる思想・哲学は，例えば「美術家の作品は，数千年の人類の歴史の中で世界中のさまざまな人々によって行われてきた，人間独自の文化の結晶である。そこで，生徒は将来美術家になるとは限らないが，すべての生徒により完成度の高い文化の結晶の一部でも理解させるために，中学校，高等学校でもそれぞれの発達段階に合わせて，美術家を養成するためのカリキュラムで授業を行うべきである」というようなものになるであろう。

　ここで本書の読者であるあなたは，この2つの考え方についてどう考えるのかということについての，あなた自身の考え方を持っていなければならない。もし，現在はそれについて答えることができないというのであれば，授業を準備し実践しながら，その答が見つかるまで探し続けなければならない。

　次に，私は美術科の教科性について「美術科は，数学科や英語科など他教科とは異なり人間の根元に密着した教科である」と述べた。

しかし逆に「すべての教科は同等である」と考えることも可能である。そのような考え方を持つ人の根拠となる思想・哲学は，例えば「公教育にたずさわる私たちは，文部科学省の指導要領のみを根拠に教育を行わなければならない。そして，指導要領ではすべての教科を同列，同等に扱っている。そこで，美術科のみを特別に考えるという考え方は誤っている」というようなものになるであろう。

ここで本書の読者であるあなたはこの2つの考え方についてどう考えるのかということについての，あなた自身の考え方を持っていなければならない。もし，現在はそれについて答えることができないというのであれば，授業を準備し実践しながら，その答が見つかるまで探し続けなければならない。

3つめとして，私は「美術科では作品をどのようなものにするのか考えることも，試行錯誤しながら制作するのも，先生ではなく生徒自身である」と述べた。しかし「数学科においても実際に問題を解くのは先生ではなく生徒自身である」と考えることも可能である。そのような考え方を持つ人の根拠となる思想・哲学は，例えば「すべての教科は生徒に，それぞれの教科が目標とする知識・技術を身につけさせることである。数学科で問題の解き方を先生が指導しそれに基づいて生徒が自分で問題を解くということは，美術科で先生が題材を設定しそれに基づいて生徒が自分で作品を制作するということと同じである。数学科で生徒が先生の指導に基づいて問題を解くということと，美術科で作品をどのようなものにするのかということを生徒が考え試行錯誤しながら制作することも，それは教科の目標の違いからくる当然のことであり，教科の本質に違いはない」というようなものになるであろう。

ここで本書の読者であるあなたはこの2つの考え方についてどう考えるのかということについての，あなた自身の考え方を持っていなければならない。もし，現在はそれについて答えることができな

いうのであれば，授業を準備し実践しながら，その答えが見つかるまで探し続けなければならない。

冒頭で述べた「美術教育についての，その人なりの確固とした考え方（思想・哲学）を持つ」ということは，以上のような具体的な事柄についての自分自身の考え方を持つということである。そして，そのような考え方は「美術科学習指導案」では「生徒観」「題材観」「指導観」などとして述べられるが，それらの根底には「教育観」「世界観」「人生観」などの思想・哲学が存在する。逆のいい方をすれば「教育観」「世界観」「人生観」などの思想・哲学が存在しなければ「生徒観」「題材観」「指導観」は存在しないし，したがって，そのような授業は授業ではなくなるといえよう。

3．美術教育と禅の思想

「コンピュータは西洋思想から生まれたものである」といわれれば驚くであろうが，コンピュータが二進法をつかった演算方法で機能しているのであれば，乱暴ではあるがそれも誤りではない。なぜなら，「善」についてはギリシャ時代から研究されているが，「善」についての研究ということは同時に対概念としての「悪」の研究もふくまれるからである。したがって「善・悪」だけではなく「美・醜」「正・誤」などすべての対概念も西洋思想から生まれたものであるといえる。また，教育を教科ごとに分け，美術教育を「鑑賞と表現」に分化することも，その根底には対概念，二進法があるので，それも西洋思想に基づいているといえる。さらに，同様の意味で「……する力」「……の能力」など，教育学でいわれるさまざまな「能力」「力」をも西洋思想に基づくものといえるし，「評価」も，そのような概念がでてくること自体，それは西洋思想に基づくものであるといえる。

しかし，本書の「アート（教育）」という考え方は，美術科は「鑑賞と表現」などに分化できるものではなく，また，他教科と並列して存在するものでもない，人間の存在そのものに直接関わる「アート」を直接扱う教科であるということを意味している。

　あるいは，第1章の第1節の2頁で述べられた「アートと子どもが『向き合う場』をつくるのが指導者の仕事であり……」ということを，私は，「美術の授業では（美術についての知識や技術を教えることが主たる目的ではなく），生徒が日常生活の中にあるさまざまな事物，出来事に接する中で，生徒自身が自らの内部に持っている人間性と直接向き合わせることであり」そのことはすなわち「生徒が日常生活の中にあるさまざまな事物，出来事と同一化することである」と解釈する。

　あるいは，16頁で述べられた「『アート』の制作過程の場では（永遠の時という）重要な瞬間が過ごされているのではないだろうか」ということを，私は，「生徒が永遠の瞬間の中に生きるということは，生徒が自らを『無』とすることであり，生徒は自らを『無』とすることによって，自分自身のすべてを生きていることになる」と解釈する。

　さらには，18頁で述べられた「美術の指導者は，生徒からある種の挑戦を受けており」ということを，私は，「先生は生徒の存在があってはじめて『先生』である」，あるいは，「先生は，（生徒を指導しながらも）常に生徒から学び，生徒とともに生きているので，生徒が永遠の瞬間の中に生きているときは，先生も永遠の瞬間の中に生きている」と解釈する。

　そして，以上のような私の解釈は，禅の思想に影響を受けていると思われる。例えば，曹洞宗を開いた道元（1200-53）は次のように述べている。

　　仏が真理を体験するとき，万物と一体となることを体験する。

確かに仏と万物は，表面的に見れば同一のものではない。しかし，真理を体験するとき，この体験が，互いに妨げあうことなく実現するのである。（中略）それを真理と万物が同一であるか異なっているかという分別によって学んではならない。そのため「一つのことに通じると，すべてのことに通じる」というのである。一つのことを体験するということは，一つのことが本来そなえている姿を奪うことではない。一つのことを他のことと対立させることでも，対立をなくしてしまうことでもない。強いて対立をなくそうとすることは，こだわることである。体験することが，体験することにこだわらないとき，一つの体験はすべての体験に通じる。このように一つのことを体験するということは，そのものになりきることである。そのものになりきることは，すべてのものになりきることである。（道元，「画餅」，中村宗一訳，1971年，『正法眼蔵』巻１，誠信書房）

　なお，東洋思想，禅の思想は一口で語ることができるものではないので，興味をお持ちの方のために参考文献として最後に何冊かの本を紹介する（『正法眼蔵』『臨済録』のような古典については数種類の解説書が出版されているので，読みやすい本を選ばれるとよいと思われる）。

参考文献
道元，中村宗一訳，1971年，『正法眼蔵』全４巻，誠信書房
鈴木大拙，1956年，第13刷，『禅と日本文化』，岩波新書
鈴木大拙，1988年，第２版９刷，『妙好人』，法蔵館
中村元，『中村元選集』全32巻別巻８巻，春秋社
臨済，入谷義高訳注，1993年，『臨済録』，第10刷，岩波文庫

〔長町充家〕

第2節　アート教育思想の源泉

1．日本の美術教育の流れ

ここでは，わが国の美術教育の変遷をたどっていく。さまざまな時代背景から生まれた社会の要請をもとに，どのような美術教育が生まれ，なぜ衰退していったのかを見極めることが，これからのアート教育の100年を照射する手だてとなろう。

学制以前

江戸末期の1856年，幕府の洋学研究所である蕃書調所(ばんしょしらべしょ)が設立された。わが国における学校としての美術教育の始まりである。蘭書を用いて西洋画の材料・描法などを研究しており，普通教育という考えはなかった。地形の見取図の作成や医学・博物学など科学の補助的な役割をはたすもの，つまり専門教育のひとつとして位置づけられていたのである。

学制の始まりと鉛筆臨画・毛筆臨画時代

鉛筆画教育　明治維新を経て1872年に近代日本の学校制度「学制」が始まった。文明開化の掛け声のもと，美術教育でも西洋模倣が広く行われ，鉛筆での臨画（お手本画の描き写し）が中心であった。教科書として文部省が日本で初めてつくった西洋式の図画教科書で，1871年および1875年刊の『西画指南(せいがしなん)』，1872年刊の『図法階梯(ずほうかいてい)』が知られる。両書ともさまざまな教科学習の基礎的な位置づけを持ち，明治初期に強調された実利主義，技術主義に根ざしたものであった。
毛筆画教育　欧化主義を象徴する鉛筆画教育への反動が起こり，国粋主義に基づいた毛筆画教育の必要性が叫ばれた。1878年来日の米

人アーネスト・フェノロサは日本美術に大きな関心を持ち，岡倉覚三とともに日本美術の優秀さを説いた。1885年には専門教育としての図画教育のあり方を探るために図画取調掛が設置されたが，鉛筆画やクレヨン画を中心とする西洋画よりも毛筆画を中心とする日本画の方が優れていると報告され，毛筆画が盛んに行われた。

鉛筆画・毛筆画論争と一本化の時代（教育的図画の時代）

『鉛筆画手本』『毛筆画手本』　1902年文部省は「普通教育ニ於ケル図画取調委員会」を設置し，普通教育での図画教育のあり方を探っていた。その中，検定教科書採択に関する贈収賄事件をきっかけにして，初めて文部省著作の国定教科書が発行されることになった。図画教育では1904年から1905年にかけて『鉛筆画手本』『毛筆画手本』が尋常小学校用，高等小学校用の両方に計4種類発行された。鉛筆画毛筆画の得失論争が激しかったため，どちらかを採用すればよいことになっていたが，アート教育の観点から見れば，臨画中心の技術系統学習という点で，両者に大きな違いはなかった。

『新定画帖』　1910年から発行の国定教科書。学習の系統性が重んじられ，学年に応じて鉛筆・毛筆を両方扱い，鉛筆画から毛筆画への転換を漸次行って区別をなくし，両得失論争に終止符を打った。記

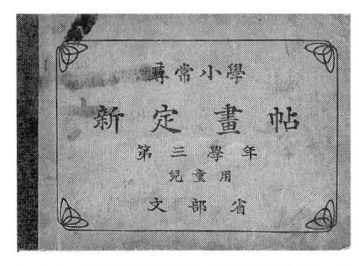

3-2-1　『尋常小学新定画帖第三学年』表紙

3-2-2　第九図「鴛鴦」（『高等小学新定画帖第二学年』）

憶画から写生画への転換を行ったり，自在画は学年が進むにしたがって用器画を加えたりしている。描画材料は，色鉛筆から始めて学年が進むにしたがって絵の具を用いた表現への転換をはかっていた。ただ，先進的な内容は教育実践現場では十分理解されず，臨画の手本としての旧態依然とした使われ方も少なくなかった。

自由画教育運動

山本 鼎（やまもとかなえ）は1918年12月，長野県神川（かんがわ）小学校で講演「児童自由画の奨励」を行った。翌年同校で「第一回児童自由画展覧会」が開催され自由画教育運動が始まった。芸術主義，児童中心主義を基盤として，臨画を排し，子どもたちの表現を解放すること，子どもたちが自由に外界を観察し，創造的に模写することを活動の中心とした。山本はいう。「子供にはお手本を備へてやらなければ画は描けまい，と思ふのならば，大間違ひだ。吾々を囲んで居るこの豊富な『自然』はいつでも色と形と濃淡で彼れ等の眼の前に示されて居るではないか，それが子供らにとっても大人にとっても唯一のお手本なのだ。……教師の任務はただ生徒らを此自由な創造的活機にまで引き出す事だ。」「美術教育と美術家教育を混同してはいけない」「自由画教育は，愛を以て創造を処理する教育だ。従来のやうに押し込む教育でなくて引き出す教育だ」（山本鼎，復刻版1972年，1982年，『自由画教育』，黎明書房，原著は1921年刊，アルス）。この理念は現代にあってさえ先進的で，アート教育の進むべき方向に明快な示唆と勇気を与えてくれるものと思われる。

その他の図画教育論　大正自由主義を背景にして，この時代は多くの図画教育思想がしのぎを削った。岸田劉生は1925年に『図画教育論』を著し，わが娘麗子の教育を通して，図画教育は徳育であるとの立場をとった。中西良男は児童画研究をふまえて実践記録『想画による子供の教育』を1932年に著した。大竹拙三は，1933年に『形

象図画教育の新機構』を著し，表現は内容と形式の両面があり，発想を形象化するためには両面の指導が大切であると主張した。川喜田煉七郎と武井勝雄は，1934年刊『構成教育体系』で，バウハウス・システムの予備課程を取り入れて造形感覚を大切にする構成教育を提唱した。青木實三郎は島根県馬木村で子どもに農山村の生活を見つめ表現させる実践を行い，1935年に『農山村図画教育の確立』を著した。当時は図画と手工が別科目であったが，霜田静志(1926)『新教育に立脚せる図画手工の指導の実際』，木下竹次「図画手工の渾一的学習」(1928年刊『学習各論』中巻に再録)は両者を総合的に取り扱うことを主張した。とくに木下の考えは，現在の総合的な学習にもつながる部分がある。

『小学図画』　1932年から発行の国定教科書。児童の発達段階を考慮し，最初は思想画（記憶を元に描く絵）を主にし，学年が進むにつれて写生画と図案を重視するよう構成していた。臨画も，以前より少なくなっている。しかし，自由な表現様式を子どもに保障しておらず，参考資料の図も大人が描いた稚拙な絵で，当時流行の生活主義的な取り扱いではなかった。そのためたいへん不評で，むしろ『新定画帖』の代わりに広く使われていた私教科書『少年少女自習画帖』などの方が評価が高かった。

3-2-3　『少年少女自習画帖3』

3-2-4　同左書　五月の節句

戦時体制下の美術教育

1941年に始まる国民学校では教科を統合し，初等科（6年制）が国民科，理数科，体錬科，芸能科の4教科，高等科（2年制）がこれらに実業科を加えて5教科で構成された。このうち芸能科は，図画，工作，音楽，習字，裁縫等の科目があった。芸能科図画と芸能科工作では，初めて初等科1，2年（小学校低学年）の『エノホン』で図画と工作を一体的に扱った。その他の国定教科書として『初等科図画』『初等科工作』『高等科図画』『高等科工作』が使われた。

教材は「国家主義・軍国主義的教材の重視」「色彩教材・形体教材の重視」「科学的工作教材・航空機教材・機械操作教材の重視」などの特徴を挙げることができる。戦時体制下における「皇国民の錬成」という教育目標や内容に明らかな間違いがあったのはいうまでもないが，目標を達成するための方法論においては，児童の発達段階を十分に考慮しながら，非常に合理的・科学的な手法と計画性に則っている点で特徴的な教育であった。

戦後美術教育の展開

戦後美術教育の黎明期　敗戦直後の墨塗り教科書の時代を経て，小学校だけでなく，中学校でも必修教科として，図画工作科が始まった。国民学校期の芸能科図画と芸能科工作を統合したものである。文部省は1947年，小・中合本で学習指導要領を作成し，強制力のない「試案」として示した。デューイの経験主義の影響を受け，生活に役立ち，生活を明るく豊かにするための実用面を強調した内容であった。1951年，昭和26年版中学校・高等学校学習指導要領図画工作編が出された。小学校と分冊，前回と同じく試案で，生活主義・実用主義重視の内容だった。中学校では1951年度末（1952）まで，小学校では1954年度末（1955）まで無教科書時代が続く。

民間美術教育運動の隆盛　1950年代は活発な民間美術教育運動が行

われた。「創造美育協会」は1952年設立。自由画教育を継承しつつ，児童心理学の知見などを理論に加えて児童の個性的伸長と創造力の開発をねらった。教師の干渉を排し，児童に自発的で自由な絵画表現をさせ，抑圧を除去・解放して児童が生来持つ創造性を伸ばそうとした。ゼミナールや映画「絵を描く子どもたち」で広く知られる。「造形教育センター」は1955年設立。戦前の構成教育運動に通じ，デザイン，構成，色，形，視覚言語といった造形要素を中心として，広く造形教育一般にふれていくことをねらった。「新しい絵の会」は1952年発足の「新しい画の会」をもとに1959年再発足。児童が生活の実態を見つめ，体験したことを絵に表現することで，認識を確かにして豊かな感情形成をすることをねらった。「日本教育版画協会」は1951年設立。生活綴方運動と密接に関わりながら運動を展開，初めて学校版画に教育という観点を明らかにした。

経験主義から系統主義へ　昭和33年版中学校学習指導要領は文部省令による「告示」として出され，法的な拘束力を持つことになった。中学校の図画工作科は，生産的技術に関する部分を新設の「技術科」に移し，芸術性創造性を主体とした表現や鑑賞活動を取り扱う「美術科」が出現した。現在に続く中学校美術科の成立と大きな転機がここにある。また，教育の現代化をふまえた昭和44年版中学校学習指導要領では，図画工作科との系統性を重視し，絵画，彫塑，デザイン，工芸，鑑賞の5領域で構成され，内容の精選・集約が行われている。

感性主義の美術教育　1977年以降の美術教育は，一貫して児童生徒の感性がキーワードである。「ゆとりの時間」が設けられた昭和52年版学習指導要領では，小学校低学年で「造形的な遊び」が導入され，中学校でも生徒の論理に立った美術教育が目指された。従来の5領域は，表現と鑑賞という広領域になり現在まで続いている。「新しい学力観」をふまえた平成元年版中学校学習指導要領では指

導の大綱化・弾力化や鑑賞の充実,「生きる力の育成」をふまえた平成10年版中学校学習指導要領では映像メディア表現の導入などが行われ,現在まで昭和52年版の延長線上で時代の要請に応えている。21世紀の教育の充実に向けて 方法論が曖昧になりがちな感性主義の美術教育への反動か,「分かりやすい」マニュアル化された指導法が一部で支持を得ている。しかし,青年期のみずみずしい感性と時代を切り結ぶアート教育が目指す方向とは明らかに違うものだろう。サブカルチャーの隆盛など,さまざまな価値観がさらに多様化する中,これまでの枠組みを超えるような教育の動きが,美術館その他の社会教育におけるワークショップ等で見られる。生涯学習社会を見据えたアート教育の充実にも注視する必要がある。

3-2-5 日本の美術教育年表

制度・社会	区分	美術教育の流れ	教科書等
	江戸	蕃書調所(1856)	
明治維新(1868) 被仰出書・学制(1872) 西南戦争(1877) 学制廃止・教育令(1879) 改正教育令(1880)	1868 の創始 近代公教育制度 1885	鉛筆臨画時代(西洋模倣) 上等小学「幾何学罫画大意」,「画学」,下等中学「画学」,上等中学「罫画」(1872) 図画取調掛(1885)岡倉覚三,アーネスト・フェノロサ	無検定自由採択時代 『西画指南』 (1871,75) 『図法階梯』(1872)
小学校令・中学校令・帝国大学令・師範学校令(1886) 大日本帝国憲法(1889) 教育に関する勅語(1890)	1886 近代教育制度の確立と整備	毛筆臨画時代(国粋保存) 図画は尋常小学校で加設科目,高等小学校で必修科目,尋常中学校で必修科目(1886)。 高等小学校の加設科目として手工を設置(1886)。上原六四郎の手工講習会(1887)。後藤牧太,野尻精一はスウェーデン・ネースの教育的手工(1890)	検定教科書時代
教科書疑獄事件 (1902)		鉛筆画毛筆画論争と一本化の時代 普通教育ニ於ケル図画取調委員会 (1902)	国定教科書時代 『鉛筆画手本』『毛筆画手本』(1904,05)

126

小学校国定教科書制度（1903） 小学校令改正，義務教育6年制（1907）	1916	岡山秀吉『小学校に於ける手工教授の理論及び実際』（1908） 『新定画帖』による鉛筆画毛筆画の一本化（1910）小山正太郎，白浜徴，阿部七五三吉	『鉛筆画帖』『毛筆画帖』（1909, 10, 12） 『新定画帖』（1910, 12, 13）
臨時教育会議（1917） 鈴木三重吉「赤い鳥」（1918） 八大教育主張（1921） 大正デモクラシー	1917 教育制度の拡充 1936	大正デモクラシーと図画教育論多様化の時代 山本鼎『自由画教育』（1921） 岸田劉生『図画教育論』（1925） 霜田静志『新教育に立脚せる図画手工指導の実際』（1926） 木下竹次「図画手工の渾一的学習」（1928） 中西良男『想画による子供の教育』（1932） 川喜田煉七郎・武井勝雄『構成教育体系』（1934） 青木實三郎『農山村図画教育の確立』（1935）	私的な教科書編纂の動き活発化 『少年少女自習画帖』（1930） 『小学図画』（1932, 33, 34, 35, 36）
教育審議会（1937） 国民学校（1941） 太平洋戦争（1941-45）	1937 戦時下の教育 1945	戦時体制下の美術教育 芸能科図画・芸能科工作 国家主義・軍国主義教材，色彩教材・形体教材，科学的工作教材・航空機教材・機械操作教材	『エノホン』 『初等科図画』『初等科工作』『高等科図画』『高等科工作』（1941, 42, 43, 44）
敗戦（1945） 日本国憲法（1946） 教育基本法・学校教育法・学校教育法施行規則（1947） サンフランシスコ平和条約・日本独立（1951） スプートニック・ショック（1957） 教育の現代化 ゆとりの時間（1977） 新しい学力観（1989） 生きる力（1998）	1945 戦後美術教育 現在	戦後美術教育の黎明 昭和22年版学習指導要領 昭和26年版小（中・高等）学校学習指導要領 日本教育版画協会（1951），創造美育協会（1952），造形教育センター（1955），新しい絵の会（1959） 系統主義の美術教育 昭和33年版小(中)学校学習指導要領 昭和43年版小学校学習指導要領 昭和44年版中学校学習指導要領 感性主義の美術教育 昭和52年版小(中)学校学習指導要領 平成元年版小(中)学校学習指導要領 平成10年版小(中)学校学習指導要領	墨塗り教科書時代 無教科書時代 （中学校～1952） （小学校～1955） 検定教科書時代 （中学校1952～） （小学校1955～）

〔三根和浪〕

2. 近代におけるアート教育の成立

感性教育の胎動

　近代教育学を切り開いた著名な人物に，コメニウス (1592-1670)，ルソー (1712-78)，ペスタロッチ (1746-1827)，フレーベル (1782-1852) らがいる（図3-2-6のA）。これら近代教育の巨匠の思想は，人間諸力の連続的・調和的発達を重視し，合自然の教育に信頼を置く。それまでの庶民の教育は，文字や名言の暗唱主義や詰め込み主義の傾向があり，宗教では特定の教義への誘導が行われていた。教育学では，これらの問題性を教訓とするように，とくにインドクトリネーション（注入教育）とよんでいる。近代教育は，その実情に強く反発し，子ども自らの感覚を重んじる直観教授や事物主義や自己活動などが主張される。これらの感性的な観点から見ると近代教育学は，アート教育に極めて近い関係にある。中等教育の指導者は，高度な専門性の高みから見ると，生徒には，ナイーブな芸術への理解力などが感じられず，美意識や自然観や生命観が存在しない不毛な人と見る教師もいる。しかし，近代教育学は，この観点を克服しようとする。合自然の観点からすると，すでに生徒の中にその可能性が内在しており，あたかも種から木が育つように成長するととらえる。

　コメニウスは，一般教授学の祖といわれる。その著『大教授学 (1657)』に，「すべての人に，すべてのことを，普遍妥当の技術を示す書」と示される。世界初の絵本「世界図絵」もあみだしながら実物主義を重視する。コメニウスは，凡知学を根拠にあらゆる人が，幅広い学習内容を学ぶ必要を説く。感性教育が，すべての人に必要かどうかという課題は，今日われわれが応えるべき課題である。

　ルソーは，「近代教育思想の始祖」「子どもの発見者」といわれる。

啓蒙主義思想家でフランス革命に影響を与えた。『エミール』(1762)を著し，哲学者カントを驚愕させた。「自然の教育」から事物の先生が重視され消極教育が提唱される。子どもが，教育の客体から主体に転換する一大画期となった（柴田義松・上沼八郎編著，1988年，『教育史』，学文社）。『学問芸術論』(1750)では，君主は，人を支配する上で，人民が快の感情や芸術や贅沢な趣味にふけり，魂を矮小化させることが，好都合なことをよく知っていると指摘する。また，「学問・芸術が完成に向かって前進すればするほど，われわれの魂は腐敗した。」とする。この批判的立場は後年，19世紀のクーザンらが提唱する「芸術のための芸術」の見方と対立する。「芸術のための芸術」とは，芸術は，芸術以外の要請から解き放たれて自由になり，芸術形式の完成のみを目指すべきだと考える。専門諸分野の発達は，特定領域の自立性を増加させ，飛躍的にその世界を広げていく。しかしこの専門世界は，閉じられた世界で，人間的な判断と関わらない。ルソーは，そこに問題があるという。

イギリスの美術教育は，産業革命からくる都市化や工業化に影響された生活や環境破壊などの負の背景もあり，ジョン・ラスキン，ウィリアム・モリス，ハーバート・リードなどが，人間疎外の克服と人間性の回復，アートに内在するモラル的なテオリアの論点，平和教育の方法論としてのアート教育などに特色を見ることができる（図3-2-6のE）。リードの『芸術による教育』(1945)は，戦後の日本の美術教育に多大な影響を与えた。リードは，美術史家で美術教育を考究した人物である。芸術実践を見つめるフィドラーの芸術学や，ユングの深層心理学などがその理論の背景にある。

フレーベルは，人間の本質を創造的自己活動に置く（荘司雅子，1984年，『フレーベル研究』，玉川大学出版部）。アート教育の立場から見ると傑出した思想家である。フレーベルは，「遊び」を重視し，『人間の教育』(1826)を著す。初めて幼稚園をつくり，「恩物」と

3-2-6 世界の美術教育の成立図

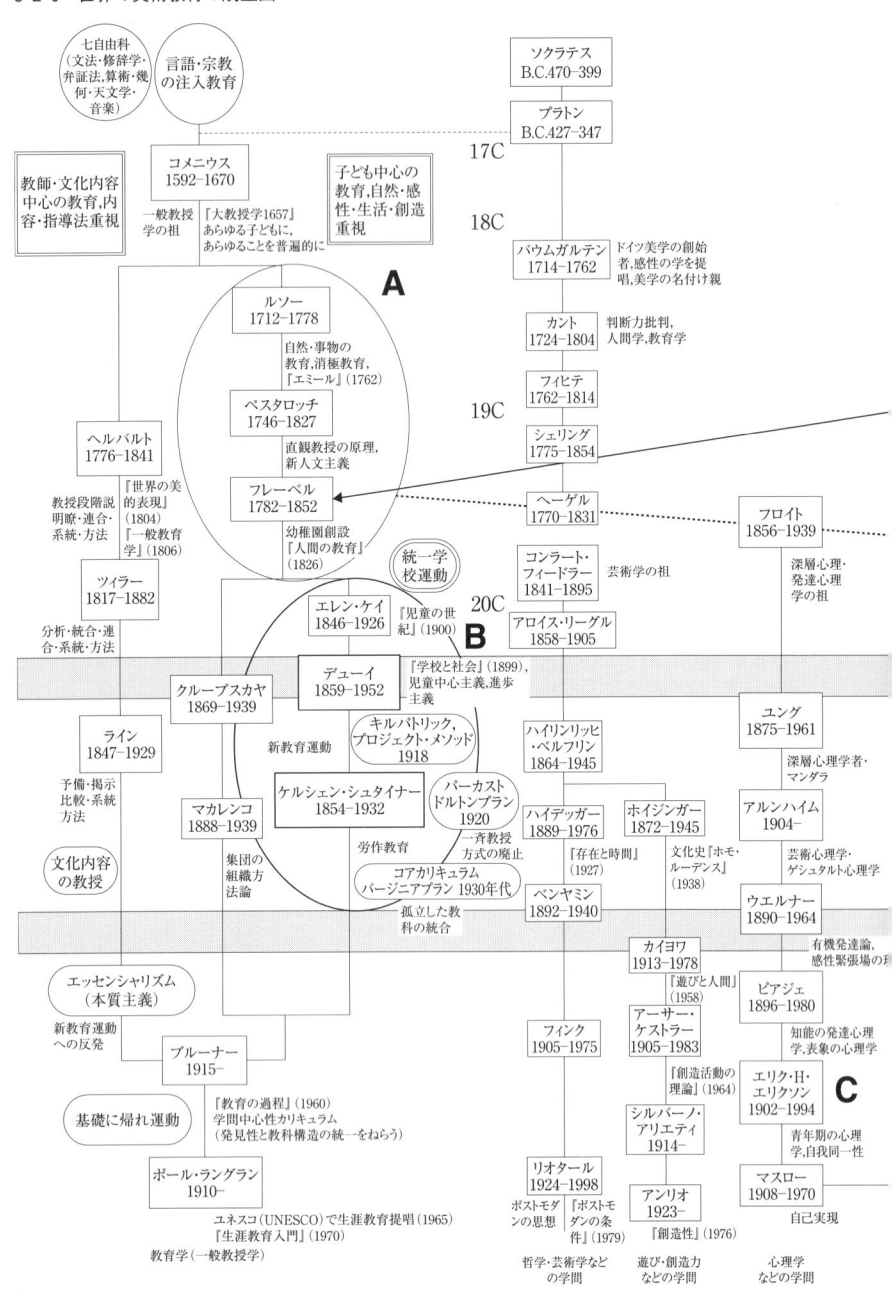

- 七自由科（文法・修辞学・弁証法・算術・幾何・天文学・音楽）
- 言語・宗教の注入教育
- 教師・文化内容中心の教育、内容・指導法重視
- 子ども中心の教育、自然・感性・生活・創造重視

コメニウス 1592-1670
一般教授学の祖
『大教授学 1657』
あらゆる子どもに、あらゆることを普遍的に

17C

ソクラテス B.C.470-399

プラトン B.C.427-347

18C

A
- **ルソー 1712-1778**
  自然・事物の教育、消極教育、『エミール』(1762)
- **ペスタロッチ 1746-1827**
  直観教授の原理、新人文主義
- **フレーベル 1782-1852**
  幼稚園創設『人間の教育』(1826)

ヘルバルト 1776-1841
教授段階説　明瞭・連合・系統・方法
『世界の美的表現』(1804)
『一般教育学』(1806)

ツィラー 1817-1882
分析・統合・連合・系統・方法

バウムガルテン 1714-1762
ドイツ美学の創始者、感性の学を提唱、美学の名付け親

カント 1724-1804
判断力批判、人間学、教育学

フィヒテ 1762-1814

シェリング 1775-1854

ヘーゲル 1770-1831

フロイト 1856-1939
深層心理・発達心理学の祖

19C

コンラート・フィードラー 1841-1895
芸術学の祖

アロイス・リーグル 1858-1905

統一学校運動

B
- **エレン・ケイ 1846-1926**
  『児童の世紀』(1900)
- **デューイ 1859-1952**
  『学校と社会』(1899)、児童中心主義、進歩主義
- **クループスカヤ 1869-1939**
- **キルパトリック, プロジェクト・メソッド 1918**
- **ケルシェン・シュタイナー 1854-1932**
- **パーカスト ドルトンプラン 1920**
  一斉教授方式の廃止
- **マカレンコ 1888-1939**
  集団の組織方法論
- コアカリキュラム　バージニアプラン 1930年代

新教育運動

ライン 1847-1929
予備・掲示・比較・系統・方法
文化内容の教授

労作教育

孤立した教科の統合

20C

ハイリンリッヒ・ベルフリン 1864-1945

ハイデッガー 1889-1976
『存在と時間』(1927)

ホイジンガー 1872-1945
文化史『ホモ・ルーデンス』(1938)

ベンヤミン 1892-1940

ユング 1875-1961
深層心理学者・マンダラ

アルンハイム 1904-
芸術心理学・ゲシュタルト心理学

ウエルナー 1890-1964
有機発達論、感性緊張場の理

C

エッセンシャリズム（本質主義）
新教育運動への反発

ブルーナー 1915-
『教育の過程』(1960)
学問中心性カリキュラム（発見性と教科構造の統一をねらう）

基礎に帰れ運動

ポール・ラングラン 1910-
ユネスコ(UNESCO)で生涯教育提唱(1965)
『生涯教育入門』(1970)
教育学（一般教授学）

カイヨワ 1913-1978

フィンク 1905-1975

リオタール 1924-1998
ポストモダンの思想『ポストモダンの条件』(1979)

哲学・芸術学などの学問

アーサー・ケストラー 1905-1983
『創造活動の理論』(1964)

シルバーノ・アリエティ 1914-

アンリオ 1923-
『創造性』(1976)

『遊びと人間』(1958)

遊び・創造力などの学問

ピアジェ 1896-1980
知能の発達心理学、表象の心理学

エリク・H・エリクソン 1902-1994
青年期の心理学、自我同一性

マスロー 1908-1970
自己実現

心理学などの学問

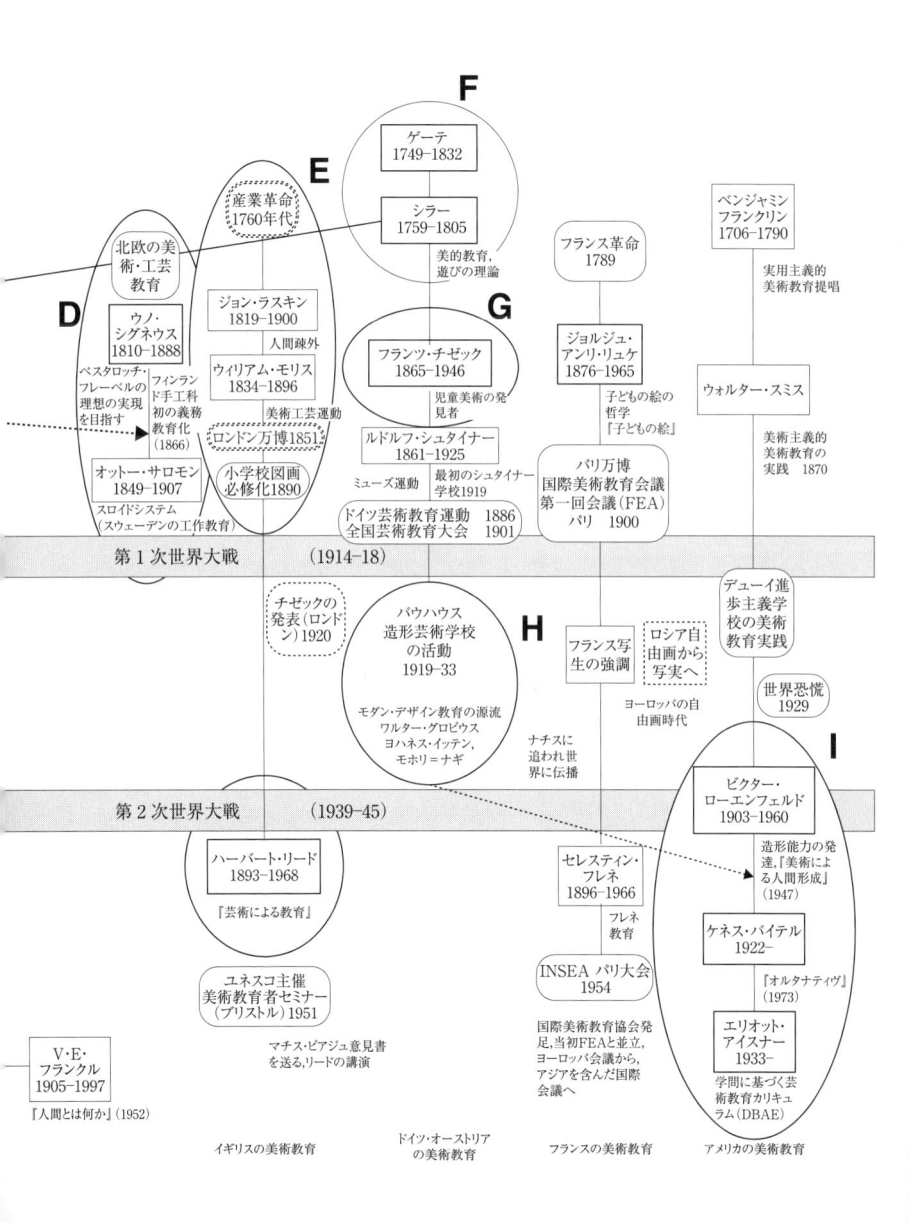

F
- ゲーテ 1749-1832
- シラー 1759-1805
  - 美的教育, 遊びの理論

E
産業革命 1760年代

- 北欧の美術・工芸教育

D
- ウノ・シグネウス 1810-1888
  - ペスタロッチ・フレーベルの理想の実現を目指す
  - フィンランド手工科初の義務教育化 (1866)
- オットー・サロモン 1849-1907
  - スロイドシステム (スウェーデンの工作教育)
- ジョン・ラスキン 1819-1900
  - 人間疎外
- ウィリアム・モリス 1834-1896
  - 美術工芸運動
- ロンドン万博 1851
- 小学校図画必修化 1890

G
- フランツ・チゼック 1865-1946
  - 児童美術の発見者
- ルドルフ・シュタイナー 1861-1925
  - 最初のシュタイナー学校 1919
  - ミューズ運動
- ドイツ芸術教育運動 1886
- 全国芸術教育大会 1901

- フランス革命 1789
- ジョルジュ・アンリ・リュケ 1876-1965
  - 子どもの絵の哲学『子どもの絵』
- パリ万博 国際美術教育会議 第一回会議(FEA) パリ 1900

- ベンジャミン・フランクリン 1706-1790
  - 実用主義的美術教育提唱
- ウォルター・スミス
  - 美術主義的美術教育の実践 1870

第1次世界大戦 (1914-18)

- チゼックの発表(ロンドン) 1920
- バウハウス 造形芸術学校の活動 1919-33
  - モダン・デザイン教育の源流
  - ワルター・グロピウス, ヨハネス・イッテン, モホリ=ナギ

H
- ナチスに追われ世界に伝播
- フランス写生の強調
- ロシア自由画から写実へ
- ヨーロッパの自由画時代
- デューイ進歩主義学校の美術教育実践
- 世界恐慌 1929

第2次世界大戦 (1939-45)

- ハーバート・リード 1893-1968
  - 『芸術による教育』
- ユネスコ主催 美術教育者セミナー (ブリストル) 1951

- セレスタン・フレネ 1896-1966
  - フレネ教育
- INSEA パリ大会 1954
  - 国際美術教育協会発足, 当初FEAと並立, ヨーロッパ会議から, アジアを含んだ国際会議へ

I
- ビクター・ローエンフェルド 1903-1960
  - 造形能力の発達,『美術による人間形成』(1947)
- ケネス・バイテル 1922-
  - 『オルタナティヴ』(1973)
- エリオット・アイスナー 1933-
  - 学問に基づく芸術教育カリキュラム(DBAE)

- V・E・フランクル 1905-1997
  - 『人間とは何か』(1952)

マチス・ピアジュ意見書を送る, リードの講演

イギリスの美術教育　　ドイツ・オーストリアの美術教育　　フランスの美術教育　　アメリカの美術教育

いわれる積み木の原型である遊具を開発した。20世紀にデューイが支持する教育家でもある。「遊び」の先駆的研究としては、ドイツ古典主義の劇作家フリードリヒ・フォン・シラー（1759-1805）が著名である（図3-2-6のF）。ベートーベン第9交響曲の作詞者で、疾風怒濤期の劇作家である。美の思索を続け、『人間の美的教育について』で、遊びが、何事からも自由な状態であることを指摘する。

> 人間は言葉の完全な意味で人間であるときにのみ遊ぶのであり、遊ぶときにのみ全き人間なのです。（石田達二訳，1977年，『美学芸術論集』，冨山房百科文庫，p. 153）

一般に「遊び」というと素朴で牧歌的な内容を想像する。しかし、シラーの『群盗』やゲーテの『ファウスト』にも見られるように、人文的な「遊び」の見解は、生―死、善―悪など悲喜劇に見られるようなポジティブな面とネガティブな面との両面の性格を背景に持っており、自然や神の無慈悲なあり方や人の実存的存在のうえに立ち、それらを超越する自由なあり方を「遊び」の中に見ている。シラーは、ドイツのイェナ大学（現在フリードリッヒシラーイェナ大学）で指導をしており、ほぼ同時代に、学生で学んでいたのがフレーベルである。フレーベルは、カントやシェリングらの哲学者だけでなく、シラーの影響を受けているといわれている。遊びの理論は、シラーで提唱され、フレーベルで教育界に導入される。教育学は、「遊び」について他の学よりも非常に先駆的で、一般が人間的な意義に気づくのは、ホイジンガーの『ホモ・ルーデンス』（1938）など20世紀を待たなければならない。

学校教育の成立

現在に近い制度としての学校は、近代に成立する。社会革命や産業革命などを経験しながらゆっくりと現在の形になってくる。早い例はドイツのワイマールで、世界初の義務教育令（1619）がだされ

る。初期の学校は，宗教教育や絶対主義国家の軍人を育成する性格が強かった。アメリカでは，マサチューセッツ州義務教育法（1852）が制定され，第1次世界大戦後（1918）に中等教育が一般的になっていく。

　教科教育の始まりも同時代と見ることができ，美術教育も公教育の整備と同じくして実施された。そのときの美術教育は，「実利主義」，「実用主義」の教育であった。基本的な目と手の訓練で，指導法は，手本を正確に模写する教育（臨画教育）である。イギリスでは，万国博覧会の影響が一因となって1854年からイギリス全土で教えられようになる。ドイツでは，1872年民衆学校の必修となった。これもロンドン万博（第1回の万博）が契機といわれている（石崎和宏，1992年，『フランツ・チゼックの美術教育論とその方法に関する研究』，建帛社）。アメリカでは，アメリカ独立宣言の起草委員フランクリン（1706-90）が，実利的・物質主義的観点から導入を提案する。その後，1870年に，前出のマサチューセッツ州でホーレス・マンの尽力で公立学校の必修科目に図画が導入された（アイスナー，1972年；仲瀬律久・前村晃・山田一美・箕作雄三・岡崎昭夫・宮崎藤吉ほか訳，1986年，『美術教育と子どもの知的発達』，黎明書房）。

　以上のように，近代の教育思想の理想は，一気に学校教育に生かされるという風にはいかなかった。1866年フィンランドのウノ・シグネウスが，新国家建設の柱として，他国で実現できていないので自国で，近代教育の理想とりわけペスタロッチやフレーベルの理想を実現する教科として，「手工」の義務教育化に成功する（図3-2-6のD）。北欧には，スロイドという手仕事の伝統があった。高緯度では，長い夜に暖炉の前で神話や歌を歌って手仕事をする。親から子どもへと心をつなぐ家庭内の工芸および教育である。シグネウスにより，この伝統を基礎に職業訓練や技術伝達でない，人間教育としての手工学習の道が開かれたのである。この教育的手工の理念

は世界に大きな影響を与え,日本にも導入される(石原英雄・橋本泰幸編著,1987年,『工作・工芸教育の新展開』,ぎょうせい)。

3．20世紀,現代と向き合うアート教育の姿

子どもの発見

19世紀末から20世紀初頭は,新しい世紀に期待をかけ,子どもの研究や教育へ,大胆な提言と教育変革が目指された時代であった(図3-2-6のB)。代表的なものに新教育運動や進歩主義教育運動がある。アメリカの経験主義教育哲学者デューイの児童中心主義の教育はその典型例である。デューイは,『学校と社会』(1899) で次のように指摘する。

> いまやわれわれの教育に到来しつつある変革は,重力の中心の移動である。それはコペルニクスによって天体の中心が地球から太陽に移されたときと同様の変革であり革命である。このたびは子どもが太陽となり,その周囲を教育の諸々のいとなみが回転する。子どもが中心であり,この中心のまわりに諸々のいとなみが組織される。(宮原誠一訳,1957年,岩波文庫,第2章,p.45)

さらに心理学が台頭し,20世紀は,子ども研究の世紀となった。これらの研究に先立って子どものすばらしさを認めたのが「児童美術の発見者」,オーストリアの画家フランツ・チゼック(1865-1946)である(図3-2-6のG)。彼は,青年時代に芸術の街ウィーンで美術を学び,下宿の子どもたちと交流する。そして,子どもの表現のすばらしさに気づく。チゼックは,画家グスタフ・クリムト,建築家オットー・ワーグナーなど,「セセッション運動」の創始者と親交が厚く,チゼックの子どもの作品に驚き激励したといわれている(1942年,久保貞次郎・深田尚彦共訳,1976年,『チゼックの美術教

育』,黎明書房,pp. 17-18)。チゼックは,1903年には国立の「芸術専門学校」の中に教室を得るまでになっていく。「子どもたち自身によって成長させ発展させ,成熟させよ」「もし,われわれがこうしなさいと教えればどれほど早く目的が達せられるだろう。しかし,苦闘による自力発見こそ健全な道なのだ」など有名な見解を述べる。「チゼック―「その授業」」の章は,授業記録になっている。そこでは,絵を描くとき,発想が広いばかりが大切でなく,主題を絞ぼらなければならないこと,絵を描くとは感じることだけではなく,よく考えることであることなど,実践が総合的な側面を持っていることを知らせてくれる。

モダンデザイン教育の源流

1919年は,メモリアルな年となった。第1次世界大戦後のドイツに,世界の高等美術教育に,多大な影響を与えた造形芸術学校がスタートする。それが「ワイマール国立バウハウス」である。初代校長は,建築家ワルター・グロピウスで,この学校はドイツで14年間(1919-33)活動した(図3-2-6のH)。活動時期は,3つの時期に分けられる。国立のワイマール時代(1919-25),市立のデッサウ時代(1925-32。1926年造形大学となる。デッサウのバウハウス校舎は,ユネスコ世界文化遺産),私立のベルリン時代(1932-33)である(マグダレーナ・ドロステ,2001年,『バウハウス 1919-1933』,タッシェンジャパン)。地図(3-2-7)は,設置場所の経緯を示している。バウハウス(Bauhaus)とは,「建築の家」の意で,学校の設立理念は,総合的な概念である「建築」のもとに絵画・彫刻・工芸など一切の諸芸術を結集しようというものであった。後半になるに従って,建築大学の色彩を色濃くしていく。

この学校の活動は,「モダン」という言葉や「モダンデザイン」という言葉の1つの源流である。ここでいう「モダン」の真意は

3-2-7 移動するバウハウスの設置場所と同時代の心理学者（エリクソン，ローエンフェルド）の活動場所

「近代」でなく「現代」の意味で，現代化へのチャレンジということができる。研究成果としては，マルセル・ブロイヤーの「ワシリーチェアー」は，木の椅子でなく，機能美を追求した鉄パイプを使った椅子であった。グロピウスの設計した，バウハウスの校舎は，コンクリートや外壁には一面にガラスが使われ，建物にたっぷりと外光が取り入れられるようになっている。これらの都会的な感じを持つ，すっきりした建築や造形物の1つの出発点が，バウハウスである。バウハウスは，現代にもたらされた新しい素材や新しい生活を受け止め，アートとテクノロジーの融合と統一をするなどの，「研究」と「教育」を行う総合的な造形芸術学校を目指した。

教授陣は，先駆的な芸術家が数多く集まった。抽象芸術の先駆者ワシリー・カンディンスキー（1866-1944），"青騎士"メンバーで幻想絵画のパウル・クレー（1879-1940），画家でパフォーマンス・アートや舞台芸術のオスカー・シュレンマー（1888-1943）などであった。またカリキュラム改革は，ヨハネス・イッテン（1888-1967），モホリ＝ナギ（1895-1946），ヨーゼフ・アルバース（1888-1976）らが中心となってつくり上げた。この教育方法は，世界各地に広がり，

美術・芸術大学の教育プログラムに取り入れられることになった。主な構成は，3つの段階を持っていたことである。まず，半年間の基礎課程（予備課程）を習得する。専門教育の準備段階である。次に3年間の工房作業と形態研究の段階である。そして，最後に最高の段階として建築教育を位置づける。

イッテンは，高等教育でも専門性の高さを競うだけでなく，人間教育に注目する。

> 人間尊重こそすべての教育のはじめであり終りである。教育は一つの大胆な冒険的事業であり，特に美術教育においてそうである。なぜならば，それは人間の創造力を見つめて行なうものだからである。……生徒たちにただ所定の授業計画をあてがい，仲介的な指導法だけを頼りにする教師たちは，あたかも与えられた処方箋にしたがって薬を売る錠剤販売人のようなもので，それが医師ではないのと同様に真の教育者ではない。（1963年；手塚又四郎訳，1970年,『造形芸術の基礎』, 美術出版社）

イッテンが担当し著名になった基礎課程（予備課程）では，学生の個人の内面や創造力を解放し，さまざまなものの本質にある，「リズム」や「コントラスト」などをつかまえる経験を重視する（京都国立近代美術館，2003年,『ヨハネス・イッテン造形芸術への道』）。また感情の表現化や材料を組み合わせたモンタージュなど研究方法の現代化がはかられ，材料や造形の実験的研究から，深奥の造形言語の習得が目標とされた。筆者は，視覚的なリズムやコントラストの成長だけを相手にしたのでなく，さまざまなエクササイズから，身体内のいっそう中枢的な共通感覚としての感性を育てようとしたのではないかと考えている。イッテンにとっては身体が起点で，心や体の解放のための身体ほぐしの体操の手法も導入している。モホリ＝ナギになって，インダストリアル・デザインの開発工房が発展し，フォト（写真）の手法などが導入される。イッテンの弟子ア

ルバースにおいては,紙を使った造形訓練などの教育の体系化がはかられ,ガラス工房の研究が前進した。どれもが,模写に依存したアカデミックな美術教育を根底から覆す刺激的な教育であった。

　2人の心理学者のふるさと

　同時代の1902年に,青年心理学で著名なエリクソンが,ドイツのフランクフルトに生まれる。エリクソンは,カールスルーエを拠点としながら各地を放浪し(図3-2-7,点線部分),自分を見極めようとする(図3-2-6のC)。彼は,青年期に,バーデン州立芸術学校や芸術アカデミーに入り,ミュンヘンで版画の展覧会を開くなど,アーティストを目指して活動する。その後,友人の誘いでウィーンの進歩主義教育の学校で美術教育を行い,アンナ・フロイトに才能を認められる。ウィーンはフロイトが研究を深めた地で,この地でアート教育が心の分析学を身につけるのである。芸術と精神分析の間にどのようにして橋をかけ始めたかと尋ねられたとき,エリクソンは,次のように述懐する。

　　私は視覚的形態がいかに重要であるか,視覚的形態が言葉や理論にどんなに先立っているかということに気づくことから始めました。夢はまちがいなく視覚的な資料です。そして子供の遊びも視覚的な資料です。そして純然たるイメージを積み重ねていく『自由連想』も言うまでもなく視覚的な資料です。それらは後になってから言葉に置き喚えられるのです。(ロバート・コールズ著,1970年;鑪幹八郎訳,1980年,『エリク・H・エリクソンの研究』,ペリカン社,上巻,p. 45)

　エリクソンの前には,視覚と視覚的形態というすべての人間に関わる根底的な世界がそこに横たわっていた。

　奇しくもこの同時代に,戦後の日本とアメリカの美術教育に絶大な影響を与えるローエンフェルド(造形能力の発達研究)が,エリク

ソンと同じく中央ヨーロッパを放浪し，ウィーンで美術の指導資格をえる。第2次世界大戦となり，バウハウスはナチズムに追われて閉鎖を余儀なくされ，その指導理念は国を超えてアメリカなど各地に渡っていく。そして，この2人の心理学者もアメリカに渡り，心理学・発達の研究面で20世紀を刺激する研究者となっていった。

創造と個性の研究と教育

第2次世界大戦後アメリカは，発達や創造性の心理学研究のメッカとなる（図3-2-6のI）。ローエンフェルドは，学習者を中心とした創造主義の立場をとり，多くの信奉者をえることになった。ローエンフェルドは，青年期になると視覚型・触覚型という2つのタイプが出現するという。バイテルとブルクハルトは，アートへの取り組み方が，すなわち完成に導くストラテージ（戦略・方略）が，いくつもあることを見いだす。個性的な表現プロセスの研究の誕生である。次第に絶対的な道筋でなく，現象学的な過程の分析がなりたつことが指摘される（ケネス・バイテル，1973年；長町充家訳，1987年，『オルターナティブ』，三晃書房）。アイスナーは，美術批評や制作など，芸術独特の分析方法を手がかりに教育を組み立てる考え方を提言する。科学に対するアートの立場に力点を置く立場である。また，文字の読み書きを教えるように，視覚的世界の読み書きを教えるべきとも考える。国や時代によってアート教育のとらえ方は，同じではないが，人にとって，もしくは他の教科と比べて，アートとは何なのか，アート教育は何をすべきなのかが根本的な問いなのである。

参考文献
教育思想史学会編，2000年，『教育思想事典』，勁草書房
柴田義松・斉藤利彦編著，2000年，『近現代教育史』，学文社

〔村田利裕〕

期待されるアート教育の創造設計

4

第1節　期待される教育計画の立案

1．教育計画立案の重要性

　「教育実践のプロである教師は，適切な教育計画を立案・設計する力量と，実践全体を継続的，発展的に運営する力量が不可欠である」と村田が述べているように美術教師にとって日々の授業実践のもとになる「指導計画」の立案は，極めて重要な仕事の1つとして位置づけられる。

　中・高等学校美術教師は単独で授業を持つことが多く，大規模校や専門校に勤務する以外，1人で指導計画を作成しなければならない。この指導計画作成は，新任の美術教師にとって最初の難関な仕事であるが，ベテラン教師にとっては改訂を加えないとマンネリな計画に陥りやすい。さらに教師の専攻領域や美術教育観によって個性的な指導計画作成が可能な反面，授業内容や評価が個々の美術教師によってこれほど変化する教科はないとも一般にいわれている。

　このような美術教育の骨格とでもいうべき「指導計画」の立案・作成は，学校目標，美術科の目標，学年の目標を受けながら，授業時数や学校・生徒の実態，予算などさまざまな要素を加味した上で題材を配列する総合的なデザイン力を必要とする。そのため各学校の「指導計画」を一瞥すれば，担当の美術教師の力量が推測できると断言してよいだろう。生徒が積極的に表現や鑑賞活動に取り組むためには，教材研究に裏づけられた確かな目標とそれを実践するための拠り所となる練られた「指導計画」が必要となる。前任者の指導計画を自分で考えることなく踏襲したり，無自覚的に教科書や教師用指導書をなぞったりする指導計画や授業は，避けなければならない。

第 4 章　期待されるアート教育の創造設計

　美術の指導計画は，教科内容や題材の扱い方において他教科に比較するとかなりの部分で個々の教師の裁量にゆだねられている。題材開発や授業時数の配分などの面で自由度が高く，美術の持つ多面的な可能性を教師の工夫と意欲によって題材化し指導計画に盛り込むこともできる。しかし，生徒の興味や関心を無視して旧態依然とした内容で制作を長時間やらせて事足りるとする指導計画も存在する。このように，美術教師だけでなく教職を目指す学生は，指導者の意欲や力量によって指導計画に差が出やすい教科であることを自覚しなければならない。

　ところで指導計画は，実際に授業が始まると生徒の実態や諸行事や時間割変更などのさまざまな要因で当初の計画が変更されることが多い。むしろその方が確率的に多いといえる。そのときに肝心なことは，時間的な余裕を多少持たせて指導計画を作成することである。さらに生徒の教材に対する持続力や興味関心を失わせないアドバイスや短時間の題材を用意しておくなどの具体的手立てと，さまざまな状況や現象に合わせて対処工夫できる力量が求められる。

　では優れた「指導計画」を作成するためにはどのような観点が必要なのであろうか。以下 4 つの観点をあげてみたい。

オリジナル題材
　自らがやってみたい教材（題材）を明確に持つこと。美術教師が「もし，自分が中・高校生だったらこんな教材をやってみたい」という視点で，オリジナル教材を開発することである。この動機がなくては，教材に対する熱い思いや教材の魅力を生徒に伝えることはできない。教師にとって魅力的で新鮮な題材は，生徒にとっても興味関心が高いことが多く，より主体的な表現を促すことができる。
　また，オリジナル教材を開発する時には，中・高校生の造形活動に適したものであるかどうかの適時性の観点も必要である。「素材

に対する抵抗感や材質そのものに魅力があるもの，新鮮な感覚や技法を駆使するもの，追求することで達成感の味わえるもの」など思春期の心理や特性を押さえた観点から，オリジナル教材を開発したい。

　ただ，生徒の興味・関心や流行に迎合しすぎて吟味されない教材を安易に取り入れ，失敗する例も見られるので注意する必要がある。

題材目的の明瞭化

　題材および授業を構成するさまざまな要素の「目標・目的」の明確化である。題材をはじめ，題材の指導計画，個々の授業場面で「ねらいは何か」という継続的でかつ根本的な問いかけが必要である。

　この「ねらい」を裏返せば「評価」となる。また，この問いかけは，意識化ということもできる。教師の授業構成や題材に内在する価値を浮上させる意味で，自らに授業を構成するさまざまな要素について問い続けること，つまり目標を明瞭にすることが大切である。

　この目的意識がない場合，指導計画立案は，題材の集合体としてのまとまりやバランスなどの関連性を欠き，羅列的なものとなる。「学習指導要領」の目標を念頭に置きながら，授業の本質やねらいを確認する姿勢が大切である。題材に内在する学習要素をはじめ活動のあり方，素材，道具，技法，展示，評価に至るまでねらいを自問してみたい。

題材の精選と配列

　授業時間の削減という時間的制約の中で，幅広い美術の表現や鑑賞の領域からアートとしての価値を内包している題材を精選し，バランスよく配列できる能力を持つことである。

　現代社会において美術の守備範囲は拡散しており，当然授業で扱える題材には限界がある。ある特定の表現方法やジャンルに偏るこ

となく，多様な文脈の中で美術の可能性を見いだせるような学習内容を生徒に提示したい。そのためには，美術教師自身が芸術やアートの動向に敏感な感性を持つとともに鑑賞指導の基本的事項となる美学や芸術論，美術史に対する知識を身につけて押さえておきたい。「教える者は学び続けなければならないこと」を肝に銘じて教材開発や題材設定に心がけたいものである。

授業改善のための記録

指導計画を見直し改善・改訂するためには「目標―計画，計画―実践，実践―評価，評価―目標」のマネジメント・サイクルが必要である。このサイクルをより円滑に行うためには，記録（評価）を残すことが大切である。年間指導計画への授業実践後の反省，授業研究会の助言や自評，指導案等の朱書き，週案簿などの記録を意図的に蓄積していくことが肝要である。個々の場面での反省やアイディアは，覚えていてもいざ活用しようとするととかく忘れてしまうことがたびたびある。

また，「生徒」の授業での観察や変容を記録する「授業記録」を勧めたい。授業に対しての生徒の変容を知るためには，写真やビデオカメラによる記録の他に一人ひとりの氏名を記したノートやカルテをつくり簡単な記録をすることである。これらの記録は，授業を改善していく資料としてだけでなく，年間指導計画立案時に大いに役立ってくる。

もちろん，授業における生徒のワークシートや自己評価もこれらの記録として活用したい。

2．地域や学校の独自性に対応した年間計画

わが国の学校教育の特徴の1つとして，教育の「均質性」が挙げ

られる。義務教育制度をはじめ「学習指導要領」に教育内容の基準が定められ、また検定を経た教科書が使用されている。このように全国の中学・高等学校において、教育内容に極端な差異はなく、どこでも一定の教育を受ける権利が保障されている。

しかし、この均質性や標準化の教育は、地域文化の独自性やコミュニティーに基づいた生活を一方で希薄にしてきたことも否定できない。また、国際化の中で日本独自の伝統文化や価値観に目を向けるための方策として、「特色ある学校づくり」の中で「地域に根ざした教育活動」が盛んに取り組まれている。とくに「総合的な学習」では地域と密接に関わり合ったテーマを設定し、教育実践が行われている。これらは人的にも物的にも地域と密接に関わり合いながら成立している身近な生活を自覚する営みとなっている。

美術学習においても、地域の「自然素材、伝統工芸、芸能行事、文化財、博物館や美術館施設」などの自然環境を含む物的環境やそれらを保全、継承してきた人的環境の2つの側面から題材化や指導計画を作成する観点としたい。

教科書に掲載された題材とはひと味違ったオリジナルな教材は、教師のセンスや努力によって身近なところから再発見できるものである。生徒の学習の動機づけは、表現や鑑賞に関しての内的なリアリティーを喚起することにある。そのためには、地域性や身近な生活に根ざした題材を指導計画の中に積極的に取り入れ、オリジナルな題材として位置づける必要がある。美術の活動を通して、生徒が暮らす地域社会や伝統に対する認識を深めながら、美術に対する興味関心をさらに高める契機にしたいものである。

3. 時間配置の弾力化

「学校教育法施行規則」に示されている総授業数を中学校美術科

で週当たりの時数に換算すると学年平均1.1時間となる。1週間に約1時間，つまり50分の授業時数は，実技を伴う教科にとってきわめて厳しい時間配当となる。準備と後片づけを50分の時間内に含めると実質活動できる時間は，40分程度である。この40分程度のタイトな時間で生徒の集中度を高めるためには，それなりの工夫と題材を精選して実践する力が教師に要求される。

しかし，絶対的授業時数不足という制度的側面や設備などの外的条件を批判するだけでは，美術教師として何ら進歩はない。1題材の授業計画による授業時数の算定だけではなく，いくつかの題材で培う観点や目標を見直して授業時数を算定するなど，これまでとは違う観点で計画を組み直すことも考えられる。従来の授業観の転換と創意と工夫によって，絶対的な時間不足を克服するための教材開発や発想の転換が求められる。

まず，月ごとや学期の計画から1年間あるいは3年間という長期的なスパンで授業時数を算出し，適切な題材を配列する。3年間の学習で身につける能力を明確にし，長期的に俯瞰して「年次計画」に題材を配置する。題材に軽重をつけたり，表現と鑑賞を一体化するなどの複合的な題材で時数不足を克服するなどの視点が必要である。

さらに，1時間あたりの単位時間を標準時間の45分や50分と固定的に考えるのではなく，15分，20分などの短い単位時間を「モジュール」として，その「モジュール」を組み合わせて授業時数を算定し，題材を構成していく方法である。例えば，1モジュールを20分として，10モジュール200分で1課題として制作する方法である。生徒の実態と題材にかかる時間を十分吟味し，それに対応する教師の準備や教材に対する理解と研究が大切である。

さらに，音楽や他教科との組み合わせによって学期の前後期に集中して授業時間を確保する方法や，時間をかけて取り組む課題と短

時間でできる課題のバランスをとりながら,学習に変化とリズムを持たせる工夫なども一つの方法である。

また,「総合的な学習の時間」において,「国際理解,情報,環境,健康・福祉,生徒の興味・関心に基づく課題,地域や学校の特色に応じた課題」などをキーワードに各学校においてさまざまな実践が行われているが,必修美術の時間の発展的確保という観点から,この時間を積極的に生かすことができる。美術教師が「総合的な学習の時間」の中心的な牽引役として参画し,専門性を生かしながら活動の支援を行うという発想が時数不足を補う点で求められている。

このように,美術科の弾力的な時数設定や確保,時間割編成を可能にするためには,他教科や学校の教育活動全体への目配りと配慮,教師相互の情報交換,協力体制や支持を得て初めて可能となる。美術教師の裁量の範囲でできることと教育課程の調整でできることを見極めながら,美術の授業を確保する努力と1人の教師として美術教育のメリットを学校の教育活動全体に波及する意欲が必要である。

また,文化祭や全校写生会,美術鑑賞会などは,授業以外の特別活動に位置づけられるものなので,積極的に美術の授業の延長としてとらえて,活用していく姿勢も必要であろう。

4. 指導計画の種類

指導計画には,在学期間という長期的展望で作成する「年次計画」に始まり,1年間の「指導計画」から毎時間の「学習指導案」まで次のような種類がある。

「年次計画」
小学校であれば6年間分,中・高等学校であれば3年間分の計画を「年次計画」という。在学期間における題材配列を俯瞰できるも

のである。計画の骨格が端的に示されており，内容領域の系統性や適時性，題材のバランスなどが一覧できる。

「年間指導計画」
　年次計画に基づいて，当該学年の1年間を計画したものが，「年間計画」である。実施月，ねらい，題材名，指導上の留意点などの項目を設けているのが一般的である。様式については一定のものはなく，学校ごとに独自の形式でつくることが多い。

「学習指導案」
　学習指導案は，年間指導計画に基づいて授業を展開する上での具体的な計画案である。一般的に「指導案」とよばれているものであり，1つの題材で授業を行う場合は，題材全体のねらいや設定理由，計画を書く様式（A様式）のものと本時の流れを書く様式（B様式）とがある。これらを合わせて「指導案」とよぶのが一般的である。教育現場では普段の授業では毎回「指導案」を書くことはないが，授業研究会などでは吟味したものが書かれる。教育実習生の場合は，この「指導案」を書き，実際に授業をすることが中心となる。題材開発は，いわば「指導案」が書けて初めて授業の準備が整ったことになり，授業の創造設計ができたということになる。

5．指導計画作成の手順

　各種の美術指導計画を立案例として，次のような手順がある。
(1)　学校の美術科目標を設定する。
(2)　各学年の指導目標を設定する。
(3)　各学年の指導内容を設定する。
(4)　年間の題材配列を考える。

4-1-1 〈指導計画例〉美術科年間指導計画

学年	単元名	時数	指導内容	留意点・配慮事項
1年 (45時間)	さまざまな美の表現	1	・美的表現のよさ，表現の豊かさ	＊造形表現の面白さについて理解を深める。
	文字とレタリング （デザイン）	14	・文字とレタリング ・レタリング技法を生かした作品制作	＊人に伝達する効果的な技法について理解を深める。
	石山寺縁起絵巻を読む （鑑賞）	2	・絵巻物の表現形式 ・縁起絵巻の面白さ	＊身近な石山寺縁起絵巻に楽しく親しませる。 ＊絵巻物について理解を深める。
	粘土による立体造形 （彫塑）	10	・粘土やその他の材料を用いた立体造形 ・粘土を用いた立体造形の面白さ	＊粘土を用いた表現に親しませる。 ＊自由なアイデアを作品化する面白さを味わわせる。
	『アルノルフィーニ夫妻の肖像』を読む （鑑賞）	2	・読み解いて楽しむ絵画 ・宗教に基づいて読み解く	＊宗教に基づく，作品の読み解き方について理解を深める。
	色の学習（鑑賞・デザイン）	8	・色の三要素 ・かんたんなカラーコーディネイト	＊色の組み合わせによる効果について体験的に理解させる。
	ペイント・ソフトによる描画（絵画）	8	・ペイントソフトの特徴 ・CG表現の多様性 ・ペイントソフトを用いた描画技法	＊コンピュータを用いた絵画表現を楽しませる。 ＊コンピュータによる描画の特性に慣れさせる。
2年 (35時間)	MYスティック （木彫）	12	・木彫の技法 ・立体造形の面白さ ・木彫による表現	＊木に親しませる。 ＊正しい用具の使い方を身に付けさせる。
	お気に入り『鑑賞ノート』 （絵画・鑑賞）	10	・美術作品の模写，鑑賞ノートの作成 ・美術作品のさまざまな技法や魅力 ・作品に込められた作者の心情	＊作品をじっくりと見ることによって，作者の心情に触れさせる。
	『風神雷神図屏風』を味わう（鑑賞）	2	・作品の構成・技法 ・作品に込められた願い	＊楽しみながら作品を読み解かせる。
	ドライポイント版画 （絵画）	9	・凹版の特徴 ・ドライポイントの技法	＊版画技法の多様性について理解を深める。

			・ドライポイントによる表現	＊ドライポイントの細密な表現に根気よく取り組ませる。
	造形産業に携わる人の仕事 （鑑賞）	2	・造形を生かした産業の多様性 ・私たちのくらしと造形の関わり	＊造形表現が社会にどのように生かされているか，造形産業に携わる人に出会って，理解を深める。
3年 （35時間）	現代の化石づくり （彫塑）	10	・思いを込めて材料を集める ・石膏を用いて時を封じ込める面白さ	＊こだわりを持って材料を集めさせる。 ＊石膏の技法を生かして丁寧に取り組ませる。
	ユネスコと世界遺産 （鑑賞）	2	・ユネスコと国際協力 ・世界遺産の現状	＊世界遺産をめぐる国際協力と諸問題について考えさせる。
	卒業式を飾ろう「元気の出る旗作り」 （デザイン・工芸）	14	・さまざまな旗 ・オリジナル旗のデザイン ・旗の制作	＊旗の意味やデザインについて，理解を深める。 ＊自分らしいデザインを考えさせる。
	『パオロとフランチェスカ』を読む （鑑賞）	2	・文学を題材にした絵 ・作品を読む	＊文学を題材にした絵画の読み解き方について理解を深める。
	身近に使えるものを作る （工芸）	7	・私たちのくらしと工芸 ・身近に使えるもの，つくりたいものをつくる	＊身近に使える，思い思いの工芸作品を制作させる。 ＊さまざまな技法を用いて，根気よく作品に取り組ませる。

（滋賀大学教育学部附属中学校　美術科）

(5) 時間配当をする。
(6) 題材（単元）名を考える。
(7) 題材の目標（ねらい）を設定する。
(8) 題材ごとの展開計画（学習指導案）を考える。

　大前提として「各学校の教育目標」と関連させながら，3年間を見通した目標分析のもとで，美術科全体における目標，学年目標を明確にする必要がある。さらに，その中で生徒に身につけさせたい力や達成方法を明らかにする。

生徒の造形的な能力や経験，心身の発達上の特性，技能や技法に関わる身体的発達などを考慮しながら，教科における基礎基本を押さえるとともにそれらを系統的・発展的に選択させる視点も必要である。

6．指導計画作成上の留意点

指導計画を作成する上では以下の点に留意する。
(1) 「学習指導要領」の研究や理解
(2) 他教科との関連，教育活動との関連，学習内容の組織と全体構造の把握
(3) 既習の学習内容，生徒の能力，興味・関心・願望，集団における学習の質，個人差への対応
(4) 使用教科書の内容の理解，副読本，資料の活用
(5) 教材費の予算，美術に関係する施設，設備の状況
(6) 身近な地域の美術関係の施設（博物館・美術館），文化遺産や文化財関係などの資料活用
(7) 地域性や季節，行事との関連
(8) 前年度における指導計画や教育評価，授業の反省

第2節　学習指導案の作成

一般に単元の授業計画のことを「学習指導案」，略して「指導案」「授業案」ともいう。1題材の授業計画が書かれたもので，古くは，「教案」，「教授案」ともいわれた。教師が授業計画を立てることを「指導計画を立案する」「授業を設計する」ともいう。

さらに指導案を克明に書き表した計画を「指導細案」，略して「細案」という。細案は，発問や生徒の予想される反応やつまずき，

評価の観点などの細部まで多角的に分析し，十分に練って書かれた授業計画である。とくに，普段の授業で細案を書くことはないが，研究授業や指導訪問時には，共通の認識で研究を進めるために綿密な細案を書くことが多い。

日常の授業では，大筋を押さえることが重要な場合もあるので，学習活動の流れだけを書き常識的な部分を省いて簡略にした「略案」も利用される。

学習指導案の形式は，固定的な様式はなく，基本的な項目を押さえておけば，さまざまなスタイルが存在する。ただ，今は縦書きの指導案はほとんど見られなくなり，横書きが主流である。

また，最近の傾向としては，児童生徒の興味関心や態度，主体的な学習を支援していく立場のもとで，従来の「指導」という文言から「支援」という言葉に置き換えられて使用されることがとくに小学校で多くなった。「学習プラン」や「学習活動案」などという名称でよんでいる学校もある。さらに教師主導の「～させる」から，児童生徒が学習の主体者であるとした「～する」という記述に変わってきている。

では学習指導案を書くにあたって，最低どのあたりまでを分析し，記述するべきであろうか。根本的には指導案における指導計画では，教師は「授業の内容や特性」を明らかにし，その「指導方法と評価」を明確にしておくべきである。

一方，教育現象や美術のあり方は，多様な要素を含むだけでなく，互いに関連し合っている場合があり，それらを解きほぐして書いていく努力が必要である。

授業に注目したとき，授業分析はどのような要因で分析すべきであろうか。現在教育現場では，通常最低「3要因以上の分析を試みる」ということが一般的である。3要因とは「教材観，学習者（子ども，児童，生徒）観，指導観（展開方法）」である。これは，教育学

でいう学習の3要素「指導者,子ども,教材」に対応する考え方である。

1. 学習者（生徒）観の分析

学習者観とは,授業に取り組む生徒,つまり学習者の実態を明らかにすることである。生徒の発達段階や既習事項,集団としてのクラスの雰囲気・学ぶ姿勢,個別的に配慮する事項や課題などを明確にすることである。

中・高校生の青年期一般の実態については,自己の経験や書物を通して書くことができるが,それぞれの学校の生の生徒の姿は直に接触し,観察してみないと容易に書くことができない。さらに,1学期は生徒の実態把握ができないことが多い。とくに初めて担当する学年当初における学級および生徒個々の実態は把握しにくく,書きにくい。

しかし,その時点で把握している生徒の実態を書けばよいのであって正確に書くことが目的ではない。「生徒はどのような学習経験があるのか」「授業に取り組む姿勢はどうなのか」「どのような点で指導や援助が必要なのか」を予測思案することが重要で,教師側の先入観や思い込みを防ぐ意味でも重要な分析となる。また,学習者の実態を記述する上では,題材や本時の授業にどのように関わりがあるのかという視点を忘れてはならない。

このような理由で生徒の実態を把握していない教育実習生にとっては,最も書きにくく苦手とするところでもある。しかし,実習生として大切なことは,生徒の姿を理解しようとするプロセスなので,予想と現実の姿のギャップを授業を通して体験することがより学習者観の分析を深めるステップとなる。

近年これらの事態を解消する1つの手立てとして,「授業観察」

を教育実習の事前体験プログラムとして取り入れている大学が多い。これらの試みは初めにプランありきという観点ではなく，生徒の実態から学習指導案を構築するという意味で意義深いものがある。

2．教材観の分析

　教材観は，美術・工芸の学習内容についての分析である。
　例えば，現在の美術の学習では「静物画」を描く場合，水彩画などの画法そのものを取り上げるのではなく，学習の主題性，つまり題材の内容に即した学習の中心となる価値を明確にする。そのため，大括りで「その学習が何なのか」をまとめて述べる分析が必要になっている。
　例を挙げると，「この授業は，自分の今の心情を自ら選んださまざまな材料で表現する学習である」「この授業は，木版画の特色を生かして物語からイメージした世界を表現しようというものである」「この授業は，光の性質を生かして生活を楽しくするものをつくる学習である」というような学習のまとめの記述が中心となる。この教材観の文章表現によって，授業内容の概括が理解できるわけである。いわば，鳥の目になって上空から，学習内容の全体を俯瞰するような視点を持ちながら生徒にとっての教材の価値を意識して記述したい。

3．指導観の分析

　題材や単元時間の目標や指導段階，指導内容をどのように展開するのかを明らかにする。時間的な展開方法を軸に分析することが多い。「導入―展開―まとめ」の3段階が標準だが，詳細化して4～5段階に分析することもある。授業過程を段階化して分析する考え

4-2-1 指導スタイル

	授業特性	留意点
①題材提示型指導	興味・関心や技能の発達に合せて指導者が「表現するもの」「表現すること」「つくるもの」「つくること」を選択して生徒に提示する。	指導者の目指す力をつけやすいが、典型例の単純な模倣も発生しやすく、結果的に教室中に同じものができてきてしまう弊害がある。
②材料提示型指導	用具と材料が与えて、生徒は制作主題（表現したいこと）を決定していく。「何をつくりたいか」を考えさせる発想重視型指導。	表現したいものつくりたいものが決められず、安易にTVの既成のキャラクターやマスメディアの浅薄な価値観に依存する傾向がある。
③基礎提示型指導	基礎的事項から取り組むきっかけを得やすく、基礎から手がかりを得て発想を広げることができる。	一般の指導者にとって広がりのある基礎・基本の抽出が難しい。また、基礎と判断した技法の影響力が大きすぎ、同じ形態・色彩を誘発してしまうことがある。
④時間提示型指導	表現や作業時間が提示される。好きな製作を貫徹して実行できる。	自主的な製作管理ができないと遊びに終わってしまって、何を学んだのかわからなくなることが多い。

（村田利裕作成）

方は課題を出して解くだけの単純な授業方法を考え直すよい手がかりを与えてくれる。ヘルバルトの「予備―提示―比較―総括―応用」の5段階教授は著名である。また、形式にこだわりすぎると学習過程のパターン化となり、教育内容の特性に即した指導過程が立案できなくなってしまうという点がある。どちらにせよ学習の展開方法の検討として、生徒の思考や認識の発達過程を綿密に洞察する必要がある。

4．模擬授業

教科教育法では、教育実習の事前指導として学生に「模擬授業」の課題を与えながら、実践力を培うことをねらいにした授業が多く

なっている。また，近年教員採用試験において，教育現場での実践力を試す「模擬授業」を取り入れている例も増えてきている。

このように，模擬授業が重視されるようになってきた背景としては，教師が教師たる所以は「授業」をしっかりと行うことにあり，実践力を重視したいという意図がある。授業が下手な教師は，たとえ専門的知識の量が多くても失格となる。この授業に磨きをかけるもとになるものが，指導計画や指導案である。

学生が教育実習の場で教壇に立つ以前に，この「模擬授業」は極めて重要な授業シミュレーションになる。授業を受ける立場から，授業を行う場に身を180度転換するだけでなく，学生同士が互いに参観し合うことでともに学び合う場となる。さらに，指導案に基づき学生同士で授業を行うことで，お互いに学び合いながら，授業展開の長短所を知ることができるなど教育法の講義だけでは得難い，自己省察を含めた体験をすることとなる。

また，この「模擬授業」は，学生にとって，教育実習の場面における生徒の授業に対する取り組みや雰囲気を予想しながら行えるという点で学習観分析と連動した演習ということができる。

5．授業研究会，共同討議の方法

授業研究会は，通常授業者と参観者によって行われる。そのメンバーは，以下の点に留意して進行することが大切である。

(1) 司会・進行

司会者の力量によって，研究会や共同討議が活気あるものになるかが決まってしまうことも多い。多くの適切な発言を引きだすことを心がけたい。

まず，司会者は，参加者の意見・感想などを引きだすのが役目であることを自覚して，自己の意見は慎むこと。できれば，事前に授

業者と打合せをしておき，研究会でのテーマを絞り込んでおく。

　研究のねらいから逸脱したり，観点が違っているときには軌道修正する。発言を求めるときには，具体的に「〇〇の問題について，質問はありませんか……」というように進める。

　できるだけ多くの人が発言できる機会を設けて，長すぎる発言などは抑制して，全体を盛り上げる配慮が必要である。

(2) 授業者（自評）

　授業参観へのお礼と，指導助言を仰ぐ謙虚な姿勢が望ましい。指導案作成段階での取り組み，教材への取り組み，生徒の実態，授業前と後の生徒の変容，授業で使用したプリントや作品等の報告，本時のねらいに対しての評価などから簡潔・明瞭に話す。参会者や助言者の発言をきちんとノート等に記録する。質問や意見に対しては，自分の考えを述べながらも参会者から学ぶ姿勢で応答する。

(3) 参会者

　発言は要領よく，記録をとることを考えて，所属や氏名をはっきりと述べる。何に対しての「感想・意見・質問」なのかが聞いている人がわかるように発言をする。テーマや司会者の趣旨に添った発言を心がけるとともに，他の発言者の内容をよく理解して，自分の発言を位置づける。

　また，同じ立場の教師として建設的な発言に心がけ，独断で結論づけるような発言は控える。経験の浅い教師等には，改善すべきところを抽象論でなく具体的に指摘するなどの配慮をする。

6．指導案

指導案A　〈A様式〉の書き方

① 指導教科名および指導学級および授業者名

　冒頭に「美術科学習指導案」と指導する教科名を書き，指導する

第4章 期待されるアート教育の創造設計

学年，学級名を書く。学級名の下に授業者名を書き，捺印する。
② 主題（単元，題材）

　教材の単位分けによって，単元名と題材名を区別することが多い。大単元主義をとるか小単元主義をとるか。あるいは経験単元か教材単元かによって単元としたり，小単元を題材としたりする場合がある。また，道徳や特別活動では主題名を用いることが多い。

　美術の授業では，「題材」を使うのが一般的である。このとき，美術の題材名は学習活動における内容や表現が生徒の視点からとらえられた題材名がふさわしい。材料体験，発想・構想，鑑賞などの中で「やってみたい」「楽しそうだ」と生徒の動機や意欲を喚起するような「題材名」を考えたい。
③ 主題によせて（単元設定の理由，題材観）

　題材（主題，単元）の内容をどのような理由で決定したか，その背景説明を書く。通常，題材全体の指導にわたって説明するが，場合によっては，本時の指導に関して説明することもある。詳しくは前述したように次の3つの観点から記述する。

(i) 生徒観

　生徒のレディネス，発達，教材との関係など，学級の生徒をどのようにとらえているかを具体的に書く。つまり，生徒がどのような学習活動を経験し，どのような興味・関心を持っているか，どのようなものの見方・考え方をするか，どのような生活をしているかなど，本時の学習に関わった実体を見つけることである。

(ii) 教材観

　学習指導要領との関係，教材の系統，生徒にとっての価値など題材の性格やねらい，内容の構成についての教師の解釈を書く。

　つまり，教科の系統の中でどう位置づけられ，他の題材とどう関連するか，また，既習事項との関連，今後の学習への発展との関連を述べる。そのために，どのような内容を含むべきか，どの

ような教育的意義を持つか，どのような力をつけたいかなどを書く。

(iii) 指導観

生徒が意欲的に学習対象に向かえるように教師が準備する場面，もの，活動，学習形態，学習過程など，生徒の発達特性を踏まえながら具体的な指導の方略を表す。生徒観，教材観の観点で考察したことが具体的な指導の手立てにどのように反映されてくるか。どのような方向から，どのような方法で指導していくか明確にしていく必要がある。

④ 学習目標

題材の目標は「学習指導要領」，「学習指導要領解説」などを参照し，教科の目標，内容を理解した上で次のような観点で表すとよい。

(1) このような発想や構想の能力をつけさせたい。

(2) このような創造的な技能を身につけさせたい。

(3) このような関心・意欲・態度を育てたい。

題材全体の目標を，焦点を絞って明確に書く。学習指導の後，この目標が達成されたのかされなかったのか，評価の基準となるものでなければならない。生徒の視点に立って，具体的に考える（したがって，生徒が主体の「○○する」という表現にする）。

達成的な目標だけでなく，心情面に関する目標や学習を進めていく方法的な目標を掲げるようにする。

⑤ 学習計画

年間指導計画から，領域および学習題材にかかる時数を決める。

指導計画は，題材をいくつかの小題材に配列したものである。総時間数および小題材の配当時数を書き，本時の位置を明記する（例　本時3／4）。題材と小題材は構造的にとらえ，生徒の意識の流れを想定し，計画する。記述は内容や活動が読み取れるようにする。目標達成のために，どのような内容をどのような順序で指導するか

を箇条書きにする。

　題材全体を何単位時間で指導し，そのうち各段階に何単位時間を配当するかを明記する。1単位時間ごとの内容を明らかにすることが望ましい。

指導案B　〈B様式〉の書き方
① 指導教科名および指導学級および授業者名
　冒頭に「美術科学習指導案」と指導する教科名を書き，指導する学年，学級名を書く。また，指導する学級に所属する男女別人数および合計人数を書き，さらに指導日時を書く。学級名の下に授業者名を書き，捺印する。指導計画中の第○時は，本教材の何時間目かを記入する。
② 主題（単元・題材）
　〈A様式〉の「指導計画」に掲げた，本時で学習する題材（小単元）を書く。
③ 本時の目標
　本時の目標は，題材の目標がそのまま目標とはならない。題材全体の目標のうち，本時の指導で何を達成しようとするのか，両者の関係が明らかになるようにできる限り具体的にかつ簡潔に，生徒側にたった表現（〜できる）で目標を記入する。書き方としては，前段に「学習方法」，後段に「内容」とすると書きやすい。また，評価に関わる観点について目標を設定することが望ましい。「できる」「理解する」などの語尾に注意する。
④ 学習過程
　授業を実施する際の台本にあたるもので，本時の授業展開の順序を具体的に書く。学習過程記入欄には，〈過程〉〈学習内容・活動〉〈評価・配慮事項〉の3つがある。〈過程〉の欄には，導入・展開・まとめといった授業の流れを書く。

(1) 導入の段階…本時の学習内容への興味・関心を喚起し，学習意欲を高めるように内発的動機づけをするとともに学習課題や学習方法が生徒に分かるようにする。
(2) 展開の段階…学習意欲を持続させながら，ねらいとする力が発揮できる活動を通して指導内容にせまらせる。
(3) まとめの段階…本時の学習を評価したり，学習目標に照らして成就感を味わわせたり，次期への期待感を持たせたりする。

〈学習内容・活動〉の欄には，生徒の視点で本時の目標を達成するための学習する内容を，学習方法も含めて具体的に，授業の展開順序に従って箇条書きにし，学習内容を達成するために生徒が行う学習活動として生徒側の立場で具体的に記入する。学習活動の文末は生徒の活動の様子がわかるように書く。例えば，制作する，考える，話し合う，書く，観察する，読む，つくるなどである。目標達成のための学習展開の柱となるものであり，十分吟味しながら組み立てる。活動内容は多すぎないようにした方がよい。

展開において，常に重視すべき点は，生徒の意識の連続性である。各段階で必要とする時間を正確に予想し，段階ごとの配当時間を記入する。予想される生徒の反応や発言も十分に検討してここに記入する。必要があれば，図や式なども記入してよい。

〈評価・配慮事項〉の欄には，生徒の学習活動に際して行う指導者側の活動や配慮事項を教師の側から記入する。学習が生き生きしたものになるかどうかは，ここをどのように設定するかによるところが大きい。学習場面を想定しながら適切な指導のあり方を工夫しなければならない。

学習内容は，生徒の学習経験より高いレベルであることが多い。したがって，生徒の学習意識と学習内容に溝を生じることがある。その橋渡しをするための心構えを書く。そのために，「学習活動」の欄に記入した内容と対応させながら，その活動を通してどのよう

な段階で目標の達成を図るのか，前後の活動とどういう関係があるのかなどを書く。その際，各教科の「意欲・関心・態度」などの評価の観点を授業の中に位置づけ，「生徒を観る」ことのできる計画が大切である。各種教育メディア（黒板・教科書・資料・教具・OHP・VTR・パソコン等）の使い方，安全についての配慮，重要な発問などに関してもここに書く。

⑤ 資料・教具・準備

　準備すべき物（教師の準備，生徒の準備）を書く。

⑥ 発問計画

　次のような発問を計画し，その反応や返答を予想しておく。

(1) 導入時…意欲を喚起する発問。

(2) 展開時…課題を把握させる質問，多様な考えを引きだす質問，解決のヒントになる発問，発想の転換・イメージを拡大する発問がある。とくに対立を引き起こす発問は，多様な考え方を引きだし，理解を深めるのに有効である。

(3) まとめ…確認，定着をはかる発問，評価のための発問。説明や発問をする際には，生徒が分かる言葉で，しゃべりすぎないように，後ろの生徒がはっきり聴き取れるように大きな声でゆっくりと話すことに留意する。

⑦ 板書計画

　カードや資料等の利用，図や文章の配置，教具を置く位置などを含めて計画すること。板書する際には，全部の生徒が見えるような字の大きさで，ゆっくり丁寧に書く。指導過程の下に板書事項を書いておくと授業が進めやすい。

⑧ 机間指導（個別指導）計画

(1) 発問，課題が正確に伝わっているか。

(2) 制作が遅れている生徒はいないか。

(3) つまづいている生徒はないか。

(4) 全体に投げかけたいような制作や発想をしている生徒はいないか。

(5) 学習に集中できない生徒はいないか。

⑨ 反省

授業を振り返っての反省は，教師自身の自己評価である。本時の目標が達成できたか，授業の展開，生徒の様子など記入して，次時への発展を考える。

(滋賀大学教育学部，2001年，『教育実習ハンドブック』より改作)

参考文献
文部省，1991年，『中学校美術科指導資料―指導計画の作成と学習指導の工夫―』，開隆堂出版
文部省，1992年，『高等学校芸術科美術，工芸指導資料―指導計画の作成と学習指導の工夫―』，開隆堂出版
滋賀大学教育学部教育実習委員会・滋賀大学教育学部附属学校園，2001年，『教育実習ハンドブック』
花篤実・竹内博・東山明編著，1994年，『美術教育の理念と創造』，黎明書房
宮脇理監修，2000年，『小学校図画工作科指導の研究』，建帛社
若元澄男編，2000年，『図画工作・美術科重要用語300の基礎知識』，明治図書出版

〔新関伸也〕

第 4 章　期待されるアート教育の創造設計

4-2-2　指導案 A

（A様式）　　　　**美術科学習指導案**　　　第　学年　組

　　　　　　　指導教員　　　　　印　授業者　　　　　印

1．主題（単元，題材）

2．主題によせて（単元設定の理由，題材観）

3．学習目標

4．学習計画

（備考）授業実施前必ず指導教員に提出すること。A様式は1主題に1回作成する。

4-2-3 指導案B

（B様式）　　　**美術科学習指導案**

　　　　　　　　　　　　　　　　　　　第　学年　　組
　　指導教官　　　　印　　　男　人，女　人，合計　人
　　　　　　　　　　　　　平成　年　月　日（ ）第　校時
　　　　　　　　　　　　　　　　授業者　　　　印
　　　　　　　　　　　　　〔指導計画中の第　次（時）〕

1．主題（単元・題材）

2．本時の目標

3．学習課程

過　程	学習内容・活動	評価・配慮事項

4．資料・教具・準備

5．反省

6．指導教員　講評

（備考）授業実施前必ず指導教員に提出すること。B様式は各時間ごとに作成する。

　　　　　　　　　　　　　　　　　　指導教員　　　　印

アート教育の授業研究と評価

5

第1節　評価像と制度としての評価

　教育のいとなみやアートの活動をふくめてどんな仕事にも評価はつきものである。評価は仕事の成果についてその妥当性を検討するものであるが，同時に，当の仕事の改善や次の仕事への見通し，新しい仕事への展望をふくむものである。評価においては仕事や学習の結果が目標にフィードバックされて循環過程を形成する。それが評価の理想である。したがって，価値づけることですべてが終わりになるものではない。しかし，教育の現場では，理想的な循環過程が形成されにくいのもまた現実である。

　教育のいとなみは，教師と生徒，生徒相互の関係で行われるから，自他の関係性の視点が重要になってくる。評価が，学習過程の中で指導者と学習者との交互作用によってダイナミックに形成される点を見落としてはならない。最近，企業や大学教育の現場で自己点検・自己評価が重視されてきているが，研究や授業の改善等を求めての評価の新しい動向といえよう。

1．教育とアートに関する評価像

　次に挙げる各Q項目は，教育とアートに関する読者の評価観を筆者が想定して書いたものである。自らの評価観を確かめるためにそれぞれ回答してみてほしい。なお，筆者のコメントは「第3節2　現評価像の超克」に記す。

Q1　アートにおける評価の究極は優劣（良否）の判定である。

Q2　美術作品の価値は公募展の入選によって決まる。評価には，本来的に選別の機能がある。入試の合否判定もこれと同じである。

Q3　学校における評価は結果の判定である。それは学期末および

学年末に成績処理として行われる。つまり成績をつけることが評価そのものである。

Q4　成績をつけたり作品などを評価したりする側，選別する側（審査員）に評価・審査の権限がある（学習者や応募者には評価する権利がない）。

Q5　現行の児童・生徒指導要録の評定は（a相対評価である，b絶対評価である，c併存している，dどちらでもない。）

Q6　相対評価は，正規分布の統計処理によって数値（偏差値）が算出されるので科学的であり，信頼が持てる。5段階の位置が正確に分かるので，学習上おおいに役に立つ。

Q7　絶対評価は，評価が目標に準拠しているので，学習の実現状況を見るのによい。しかし，主観的に判断されることもありうる。相対評価とは異なる客観性を研究することが今望まれている。

Q8　通知表（通信簿）は，保護者とのコミュニケーションを旨とする教育的なものであるから，評価は必ずしも指導要録の評定と一致しなくてもよいが，両者の不一致が生徒や保護者の信頼を損ねかねないことに配慮し，評定とは異なる，文章記述など別の評価方法を工夫する。「情報開示の原則」も念頭に置いておく。

2．国の評価制度とその基本的な考え方

　国の公的な評価制度は，法的な根拠を持つ指導要録に具現化されている。その基本的な考え方は，平成12年（2000）12月の教育課程審議会の答申「児童生徒の学習と教育課程の実施状況の在り方」に示されている。次にアート教育に関わる上記答申の要点を抽出する。これによって公的な評価制度についての基礎的理解を得てほしい。

「第1章第2節これからの評価の基本的な考え方」

1　学力と評価
(1)　現行の学習指導要領は，自ら学ぶ意欲や思考力，判断力，表現力などの資質や能力の育成を目指す。
(2)　学習指導要領は，基礎・基本を確実に身につけ，「生きる力」すなわち①自分で課題を見つけ，自ら学び，自ら考え，主体的に判断し，行動し，よりよく問題を解決する資質や能力，②自らを律しつつ，他人と協調し，他人を思いやる心や感動する心などの豊かな人間性，③たくましく生きるための健康と体力を育成することを基本的なねらいとする。

2　目標に準拠した評価および個人内評価の重視
(1)　学習指導要領に示す目標に照らしてその実現状況を見る評価（いわゆる絶対評価）を一層重視し，観点別学習状況の評価を基本として，児童生徒の学習の到達度を適切に評価していく。
(2)　指導要録における評価は「関心・意欲・態度」「思考・判断」「技能・表現」「知識・理解」の4観点を基本とする。
(3)　児童生徒の一人ひとりのよい点や可能性，進歩の状況などを積極的に評価する。また，児童生徒の興味・関心，進路，習熟度などに応じ，選択学習の幅の拡大や個に応じた指導の充実を図る。自ら学ぶ意欲や問題解決の能力，個性の伸張などに資する個人内評価を工夫することも大切。
(4)　集団に準拠した評価（いわゆる相対評価）は，集団の中での相対的な位置づけによって児童生徒の学習状況を評価するものであるから，学習指導要領に示す基礎的・基本的な内容の確実な習得，目標実現の状況や，一人ひとりのよい点や可能性，進歩の状況などを直接把握するには適していない。

3　指導と評価の一体化
(1)　学校の教育活動は，計画，実践，評価という一連の活動が

繰り返されながら，児童生徒のよりよい成長を目指して展開される。評価の結果によって後の指導を改善し，さらに新しい指導の成果を再度評価するという，指導に生かす評価を充実させる。評価は，学習の結果に対して行うだけでなく，学習指導の過程における評価の工夫も大切。

「第2章指導要録の取り扱い」
 1　指導要録の基本的な性格および機能
　児童生徒の学籍並びに指導の過程及び結果の要約を記録し，その後の指導及び外部に対する証明に役立たせるための原簿。
 2　指導要録改善の基本方針
(1)　学習指導要領に示す目標を実現しているかどうかの評価を重視し，いわゆる絶対評価を加味した相対評価をすることとされていた各教科の評定を，目標に準拠した（いわゆる絶対評価）に改める。
 3　小・中学校の指導要録
(1)　各教科の学習の記録
 ア　観点別学習状況　4つの観点により実現の状況を3段階で評価する。中学校美術の観点は，「美術への関心・意欲・態度」「発想や構想の能力」「創造的な技能」「鑑賞の能力」である。
 イ　評定　平成3年の改訂で，評定は観点別学習状況の評価を補完するものとして，目標に準拠した評価を加味しつつ，集団に準拠した評価とされたが，目標に準拠した評価への転換を図った。必修教科においては5段階。
 4　高等学校の指導要録
(2)　各教科・科目の評定
　従来からの目標に準拠した5段階評価を維持。知識・技能の

評価など一部の観点に偏した評定が行われることのないよう，4つの観点（中学校に同じ）による評価を十分踏まえて評定を行う。

第4章教育課程の実施状況等から見た学校の自己点検・自己評価の推進
(1) 各学校が，児童生徒の学習状況や教育課程の実施状況等の自己点検・自己評価を行い，学校の教育課程について絶えず見直しを行い改善を図ることは学校の責務。
(5) 自己点検・自己評価の実施に当たっては，保護者や地域の人々に結果を説明したり，意見を聞きながら進めることが大切。

第2節　アート活動の評価

　青年の創造性と感性を培い，発想や構想の能力を伸ばし高めることが，アート教育における最大の眼目である。したがって，美術・工芸の授業過程においては，指導者が生徒のアートに関わる行為をどう読み取るかが重要な焦点となる。授業・評価の設計および支援に当たっては，妥当な観点を定め，適切な方法を選び取らなければならない。本節では，アート活動を評価する観点とその方法について広い視野から考えてみる。

1．創造力評価の観点

　創造力を評価する観点として有益なのは，J. P. ギルフォード (1959) の「創造力の因子」である。ギルフォードは，50種に及ぶ多方面のテスト結果の相関を求め，因子分析によって6種の因子を導きだした（穐山貞登，1973年，『創造の心理』，誠信書房）。次の6因子がそれである（筆者がその要点を要約し，コメントを付す）。

第5章　アート教育の授業研究と評価

(1) 問題を受け取る能力　問題に対する感受性を見る。感受性はものごとを判断する評価の能力。課題をとらえるのに欠かせない。
(2) 思考の円滑さ　アイディアを豊かにする量的側面。①言葉，②連想，③表現，④観念の各円滑さの下位4因子よりなる。
　③表現の円滑さ　数値の高いものは美的表現を好む。この因子は他の方法による創造性測定値と高い相関を示す。
　④観念の円滑さ　物語の題を考えさせることで見る。数値が高いものは衝動的で，自信が強く，劣る者は抑圧的で神経質。
(3) 思考の柔軟さ　古い考えを捨てて新しい考えを採用する能力。アイディアの質的側面，発想の転換に関わる下位2因子。
　①自発的柔軟さ　質の異なったアイディアを生みだす能力。反転図形の反転が早いなど，イメージの転換がすばやいのはこの能力。
　②適応の柔軟さ　実際場面で行使される，問題解決に関わる能力。状況判断の的確さと適応のよさはこの能力による。
(4) 独自性　多数の回答と異なるが，荒唐無稽でなく納得がいく。
　①非凡さ　例えば「新聞紙の使い方を7つ答えよ」などの用途テストや言語連想テストで見る。
　②遠い連想　非常にかけ離れたものを結びつける能力。関係づけ。
　③巧妙さ　物語に筋を与えて題をつけさせるテストでみる。エッシャーやダリなどの表現に見られる隠し絵，だまし絵はその典型。
(5) 再構成する能力
(6) 完成へ工夫する能力
　ギルフォードによると，以上の6因子の中では，(1)と(3)，(4)がとくに創造力に深く関わるという。なお，他の人との共同研究(1957)によって，すでに「集中的思考」と「拡散的思考」の違いを明らかにしている。例えば，高いものはとの問いに，山，木，建物などと答えるのは前者，値段，気品，敷居と答えるのが後者。「拡散的思考」と「思考の柔軟さ」はほぼ同じ特性と考えてよい。

2. 発想法とアート行為の評価(1) KJ 法

　アートの行為は，主体がものや対象と関わって何かを感じ，イメージが活性化して表現や制作の動機が生まれ，発想へと導かれる。
　しかし，このプロセスは心の内部に生起することから極めてつかみにくく，支援に困惑する指導者が多い。授業場面では，有効な指導の手だてが見つからないまま，発想を待つという状態まで生じている。まして発想を評価するとなると，さらに難しい。
　文化人類学者川喜田二郎の創案にかかる KJ 法（1967年,『発想法—創造性開発のために—』中公新書。頭文字をとって KJ 法と命名された）は，フィールド・ワーク（野外科学）の豊富な経験に基づいて住民の行動を観察し，発想法に具体化しているので，アート行為の発想を引き出すにも，その評価にも有用である。
　その発想法の特徴は，現場での観察記録（一次ノート）といくつかの現場の記録を結びつける「まとめの記録（二次ノート）」とにある。川喜田は，行動観察には「何か問題を感じる」段階があるから，まず最初に「関係がありそうな」ことがらを列挙する。これらのことは頭の中のことなので，彼はその行為を「内部探検」と名づける。それはアートの行為におけるイメージの掘り起こしと似ている。さて，「外部探検」といえる現場での観察は，住民の行動パターンがいつ，どこで，どんな事情，あるいはどんな原因で起こるかを記録するものであって，われわれが 4W1H (When, Where, Who, What, How) とよぶデザイン条件とも合致する。その着眼点は，アートにおいて，生起する発想を質問によって掘り起こすのに有効であるから，発想の支援にも，また発想の評価の観点にも使える。
　KJ 法は，野外における行動観察を会議に応用したもので，その実際は次のとおりである。まず，ひと区切りの内容ごとに，発言内

容のエッセンスを圧縮して紙切れに「1行見出し」で書く。目安は1分間に1・2枚，B5の紙なら約2時間で数十枚以上となる。次は，多数の紙切れを机上に広げ，親近感を覚える紙切れどうしを1カ所に集める。集めた数枚の紙切れの内容は「1行見出し」にし，ひと組のグループ上に載せる。最後は，紙に書かれた意見，情報それ自身が語りかけてくるものに虚心に耳を傾ける。この一連の行為で大切なことは，あらかじめ分類のカテゴリー分けをしないことである。仮説とか目標とかを設定しないといい換えてもよい。

以上は，KJ法A型図解法とよばれるものである。その発想法の特徴は，「1行見出し」の空間配置をして，いくつかの「1行見出し」の間に，意味関連の結びつきを試みるものである。配置は一種類とは限らず，いろいろの配置のアイディアがありうる。

KJ法は，アート行為におけるアイディア・スケッチの方法とその進め方，発想に導く支援に大きな示唆を与えている。

3．発想法とアート行為の評価(2)ブレーン・ストーミング

ブレーン・ストーミングは，アイディアを生みだす集団思考の技法として，A. オズボーン（1939）によって創案され，製品開発の現場で盛んに用いられた（A. オズボーン，上野一郎訳，1958年，『独創力を伸ばせ』，ダイヤモンド社）。集団の構成は，リーダー1名，リーダー助手1名，レギュラー5名，ゲスト5名の計12名からなる。討議は，アイディアを黙ってだす3分間と，黙って考える5分間とを区切り，それを繰り返すことで進行する。

ブレーン・ストーミング（想像の冒険）は，アイディアをだす段階と，その良否をジャッジする審査の段階の2段階に分かれ，メンバーも交代している点に大きな特色がある。つまり，アイディアをだす段階とそれを評価する段階とに分けている。創造的な仕事はす

べて出発点において未知であるから，アイディアをだす段階では，何について討議するかをメンバーに知らせない。知らせないことによって，メンバーが先入観や信念などにとらわれることのないようにしている。討議は次の4原則による。

　①　アイディアは自由奔放であればあるほどよい。どのような結果がでてもかまわない。

　②　でてきたアイディアに対しては，よい，悪いの批判（評価）を加えない。

　③　参加者はアイディアが何かに利用できないかと仮想して，心に描いて楽しむ。

　④　できるだけ多くのアイディアをだす。

筆者はかつて，ブレーン・ストーミングを中学校の美術の授業に応用するため，ソロ・ブレーン・ストーミングとして（集団討議でない）の修正を行い，発想指導に活用した。その要点は次のとおり。

(1)　想が進展しやすいように，アイディアの過程を3つのステップに分ける。思いついたものをそのままスケッチする第1のステップ，それらを自ら修正したり，結びつけたりする第2のステップ，友だちと相互に意見を交換し合う第3のステップの3つである。

(2)　以上3つのステップは1時間で行う。第1ステップでは，思考を円滑にするため，短い時間内（3・4分〜12・3分程度）に数多くのアイディアをだすように勧める（BSの第4原則）。

(3)　スムーズな発想に引き込むため，例えば「頭の体操をしよう」「ウォーミング・アップをしてみる」など，生徒への最初の言葉がけを工夫し，リラックスした状態の醸成に心がける。

(4)　アイディアをだす過程では，ブレーン・ストーミングの第2原則をとくに重視する。第3ステップでは，批判を加えることなく，建設的な修正意見をいうように勧める。第3ステップでは，友だちの思いがけない発想に気づくことがよくある。

第3節　授業研究と評価の実践

1．授業改善の実践と評価

　次に挙げる支援（指導）案は，仮想授業のシミュレーション（模擬実験）として，修士課程の演習授業で実際に行ったものである（1994）。仮想授業では筆者が授業者役となり，大学院生が生徒役となって進めた。仮想授業といっても全くの想像ではなく，かつて（1970年代後半）筆者が実際に行った美術の授業に改善を加えたものである。そういう意味で，これは学習状況を新たに想定し直した授業研究評価の実践といえよう。

　この仮想授業では，2つの評価ストラテジーを用いた。1つは，授業を指導者と学習者の交互作用としてとらえ直すものであり，もう1つは学習の勘どころ，すなわち，創造活動の本質を探究するものである。具体的には，前者では，授業者による発想・構想支援の発問Qと学習者の反応・応答Aの対話を構築し直した。後者では，創造活動のエッセンスを吟味するのに，創造過程の研究として評価の高いゴードン・テクニックを用いた。

　ここで180頁の仮想授業の支援案を読み解くために，ゴードン・テクニックを簡潔に要約しておく（W. J. J. ゴードン，大鹿譲・今野正訳，1964年，『シネクティクス―創造工学への道―』，ラティス（丸善））。ゴードンは1960年代アーサー・D. リトル社の創造性グループを主宰するとともに，ケンブリッジ創造性グループのリーダーとして，主として創造過程の実践的メカニズムを研究し，アイディアの開発をはじめさまざまな分野での問題解決に貢献している。

　ゴードン・テクニックは，問題解決をはかる集団思考の技術であり，専攻分野の異なる研究メンバー5〜12人で構成されている。そ

の最大の特色は，意表をつく抽象的な主題の設定にある。討議の冒頭に問題の本質を提示し，抽象から具体へと思考を進める。ゴードン・テクニックでは「思考の円滑」よりも「思考の深まり」を重視している。そういう点では，ブレーン・ストーミングと対極的である。しかし，リーダーだけが真の問題を知っているという点ではブレーン・ストーミングと同じである。その創造的な思考過程は次の4段階である。

① 第1段階　本質提示　例えば「分離する」
② 第2段階　決定的条件の探索，つまり，決め手を探す。
　「われわれは，いわば，かたいものを2つに切断する方法を探している。」
③ 第3段階　決定的条件の解明。この段階で，リーダーは決め手をほのめかす。
　「われわれが問題にしている物質は，一種の繊維質の細長いもので，一方の端は，一定のところにしっかりと固定している。」
④ 「隠された主題」が分かる。
　……この例では「草の葉を分離する（芝刈り機）」が提示される。

さて，ここで筆者の仮想授業構想を示そう。

本仮想授業は，ゴードン・テクニックを一部活用して，指導者の問いと学習者の反応（Q&A）の交互作用を構想している。ゴードン・テクニック4段階活用のストラテジーは次のとおりである。

5-3-1　仮想授業の構想

〈題材〉	やじろべえ（バランス・トイ）
〈想定学年〉	中学校1年
〈学習の目標〉	リズミカルに動く仕掛けを見つけて楽しいやじろべえをつくる。
〈構想の核心〉	「やじろべえ」の勘どころ（原理）を探り，こきざみに動くバランスを発見する。

① 本質提示　「リズミカルに動くつり合い（こきざみに上下動）」倒

第5章　アート教育の授業研究と評価

れそうで倒れない，落ちそうで落ちない。
② 決定的条件「つり合い」の原理を探り，重心と支点の関係に気づく。「支えられるもの（のるもの）」と「支えるもの」との2つで構成する。

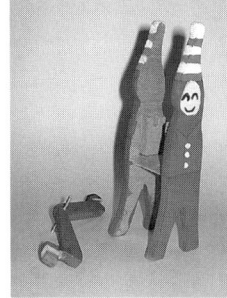

5-3-2　右図を「支えるもの」と「のるもの」に分解

5-3-3　「やじろべえ」作品

③ 決定的条件の探求「リズミカルに動く」には，何をどう工夫すればよいか。生活体験の中からリズミカルなバランス体験を思い浮かべる。この段階でブレーン・ストーミングを活用する。
④ 本質との照合　アイディアをかためる。

《発想・構想支援のQ&Aの対話プロトコル》

次頁に，「やじろべえ」題材の仮想支援案のうち，本質に関与する①および②の過程を示す（図5-3-4。Qは授業者Tの質問，aは学習者Sの質問に対するTの答え）。

2．現評価像の超克

評価・評定の問題は，入試や採用試験の合否判定，人事考課や勤務評定，資格や履修単位の認定など，評定が人生上の利害と絡み，社会的な現実として厳しいため，評価された事実を冷静に受け止めたり，客観的に吟味したりすることが難しい。応募者が判定等を無条件に受け入れる状況にあることから，評価は，権限のある者が判定するもの，決定的なものとの評価像が定着しやすい。

5-3-4 「やじろべえ」仮想授業の支援案《プロトコル》

支援のQ：授業者Tの働きかけ	学習者Sの反応・応答（予想）
Q1：(本質感受のために「やじろべえ」の生徒作品1点を提示) 何をしているところでしょう？	・旗を振っている。 ・ああいうの「やじろべえ」っていうの？
Q2：どのように動いていますか？	・旗（腕）が上下にこきざみに動いている。
a1：こきざみに，リズミカルに動いていて楽しい。	・笑っているみたい。
Q3：どうしてこのように動くのですか？	・どうしてだろう。 ・「腕」がつり合っている。
a2：つり合っていると動く？	・あ，わかった！「からだ」と「腕」が分かれているから。
Q4：でもね，つり合っていても動かないこともありますよ。	
a3：そう（受容）	
Q5：「からだ」と「腕」が分かれていれば動くの？「腕」が上を向いていても。「じゃあ，試してみよう」といって，上下逆にのせる（演示）。	・動くよ ・あれ！ 動かない。変だな？
Q6：この作品では「からだ」と「腕」が分かれていて「腕（旗）」が「からだ」に支えられています。隠れていますが，動く形と支える形が別なのです。	・「からだ」が2枚の板でできていて，その間に「腕（旗を持つ手・腕）」がはいっていて，動いている。 ・腕はどこにのっているの？ ・何に支えられているの？
a4：そうです。「腕」が動く形で，「からだ」が支える形です。	
a5：いい質問です。といって，「落とし込み構造」を見せる。	・「腕」に針金（実はピアノ線）が通してあるんだ。 ・溝に「腕」の棒がはいるの？
a6：そう「腕」にピアノ線の棒が通してあって，その棒が溝受けにはいるのです。「旗を持つ手」は細い棒を支点にしてこきざみに上下に揺れるというわけ。	・溝はどうやってつくるの？
Q7：ところで「腕」はどんな形につくられていますか。	・「く」の字を下に向けたような形です。
a7：そうです。「く」の字が下を向いた形で，つり合いがとれている。「く」の字でなく，弓形でもいいんです。	・上向きにおくと倒れちゃう。 ・落ちてしまう。
Q8：(ここで「こきざみに動く」勘どころをまとめる。)「動く形」の重心が支点よりも少し下だとこきざみによく動く。	

評価するものが実は評価されているのであるが，入試等では，制度に依存するあまり，評価の吟味は，担当者の潜在意識の奥深くに封印されてしまう。「評価する・される」の関係に気づくとき，授業の改善や制度の変革は行われうることを忘れてはならない。目標と評価の関係も，このフィードバックの循環過程としてとらえることが大切である。当然のこと，目標を無視して評価することはありえないが，だからといって，目標を絶対視してよいということにはならない。目標の妥当性の吟味が欠かせないからである。

絶対評価がよいか相対評価がよいかの議論もフィードバックの過程と無関係ではない。相対評価は数値の妥当性を確率的に求めるものであるから，分布を見ることによって実態を明らかにするには有効である。しかし，かつての教育現場では，客観的に分布を見ることなしに，前もって標準的な百分比によって人数を機械的に当てはめて評定したところに問題があった。いずれにせよ，絶対評価は目標に，相対評価は実態に関わるところから関係的に吟味する必要がある。

以上が今まで争点となったものであるが，多元的な見方が求められることに鑑み，別の観点を導入しての評価のあり方を示唆する。

(1) 学習・表現過程における形成的評価に力点を置く

学習の結果を優先する総括的評価に対して，学習過程に授業設計・評価の力点を置く考え方が形成的評価である。アメリカの教育心理学者B. S. ブルーム (1968) の提唱によって，1970年代半ば以降日本の教育現場の一部に普及し，優れた実践を生んだ (B. S. ブルーム，梶田叡一訳，1973年，『教育評価法ハンドブック』，第一法規)。生徒の学習状況をとらえ，指導者と学習者との交互作用によって指導の軌道修正をはかろうとするもので，生徒の学習スタイルを尊重する点に特色がある。アート活動でいえば，作品に結実していく前の発想・構想過程を重視するものといえる。最近注目を集めている，

ポートフォリオ（portfolio　紙ばさみ式の書類入れ）も一種の形成的評価法といえよう。大学などアート教育の専門課程においても，アイディア・スケッチをファイルに集積していく方法が実践されている。
(2)　複数の見方の導入

　今までとは異なった見方をすると，新たな評価像が見えてくる。評価規準を作成するときなど努めて異なった規準を用いるようにする。見方が変われば評価も変わるからである。また，順位づけするという評定の悪癖から逃れることもできる。

　筆者はかつて，マトリックス評価法なるものを試みたことがある。一元的な規準で評価するのでなく，2つの規準を併用するというものである。実際的には，座標の縦軸と横軸に異なった評価規準を設ける。例えば，発想を見る観点として，縦軸に発想の量を，横軸に発想の質をという具合にである。縦軸に「発想の独自性」または「アイディア」を，横軸に「材料との対話」もしくは「技能」というように異なるカテゴリーを用意できればなおよい。
(3)　アセスメントとしての診断的評価

　現状にどんな問題があるかを診断するとともに，どこをどう変えていくとどうなるかを予測する評価法で，環境問題解決の評価法としてよく使われる（竹内博，1992年，「評価観のパラダイム転換を求めて」，『アートエデュケーション14』，VOL. 4, NO. 2, 建帛社，で論じた）。
(4)　評価におけるアカウンタビリティ（説明責任）

　指導者や学校の評価は学習者には伝わりにくい。評価規準や評価の観点・方法などについての説明が足りないためである。アカウンタビリティは，授業者と学習者，あるいは指導者と保護者との相互交流を進め，教育上の認識を共有するのに有効である。また，学習者に，自己分析の機会を与え，自己洞察を助長することにもなる。

　教育評価の究極の目的は，学習者の成長・発達を促すことにある点は常に念頭に置きたい。　　　　　　　　　　　　〔竹内　博〕

デザイン・工芸教育の新しい探究
−創造力評価の観点−

6

第1節　デザイン・工芸教育への提言

1．デザインの意味と拡散する認識

　私たちは，デザイン（design）という言葉を日常会話のいろいろな場面で当たり前のように用いているが，本来の意味や定義についてはあまり知られていない。また，この言葉を使う場合には曖昧な感覚的な言葉として用いることが多いようである。そのくらいデザインという言葉は，今や市民権を得ている言葉といえる。そこで，学校教育におけるデザインの学習についてのあり方を探る前に，本来のデザインの意味や内容について少し考えてみることにしよう。

　わが国では，デザインという語を一般的に「意匠」や「図案」，あるいは「装飾」などと訳されてきた。このデザインというアングロ・サクソン系の語は，当初は各国独自の言葉に訳されていた。しかし，現在ではこの語は世界共通語といっても決して過言ではなく，かなり幅広い意味として使われている。

　そもそも，デザインとは近代産業社会から生まれた言葉といわれている。『現代デザイン事典』（勝井三雄・田中一光・向井周太郎監修，2000年，平凡社）によれば，「生活のために必要ないろいろな物を作るに当たって，物の材料や構造や機能はもとより，美しさや調和を考えて，一つの物の形態あるいは形式へとまとめあげる総合的な計画，設計のことをいう。」とある。つまり，材料・構造・機能・意匠という4つの要素を考慮しながら，美しい形につくり上げた物，またそのためのプロセスをデザインと定義している。しかし，現在社会においては表現方法や価値観の多様性，あるいは社会からのニーズなどによって，デザインの持つ意味や理解が一人歩きし始め，最近ではその言葉の意味もますます拡散している傾向にある。

いずれにしても，デザインとは私たちの日常生活において，その生活環境をより良く改善していくための重要な要素の1つであることには間違いない。したがって，今後の学校教育におけるデザインの学習を展開していく上で，現代社会におけるデザインの意味（特質）とその役割などについて，これまで以上にしっかりと理解させることが大切である。さらに，新たな具体的な学習観点として，私たちの日常生活はもちろんのこと，身近な環境から地球規模までの人間や自然環境に配慮するような学習内容が求められてくることが考えられる。デザインを学習することで何よりも大切にしたいことは，社会や日常生活との関わりを意識させることである。今後はデザインの学習は世の中に役立つのか，この学習はいったいどのような基礎・基本を育てることができるかなど，学習内容の真価が問われてくることになるのである。

2．工芸の意味とさまざまな解釈

「工芸」という語の意味についてはどうだろうか。この言葉もデザインと同様，あるいはそれ以上に曖昧でまちまちな解釈があるともいえる。どんな優れた工芸理論の著書でも，最初の問題として必ず工芸とは何かの設問に始まっているぐらいなので，概念規定がはっきり定まっていないといっても過言でないだろう。つまり，この理由の1つとして挙げられることは，工芸の目的や解釈に対していろいろな主張があるからである。また，最近では表現のスタイルや用いる素材の多様性などから，工芸はデザインの範疇かそれとも芸術としての純粋アートなのかという議論もあり，工芸の定義をめぐってさまざまな問題が露呈してきている。しかし，ここでは専門的な工芸論を進めるのではなく，アート教育における工芸の学習の今後のあり方について考えてみることにしたい。

工芸の学習を展開する上で，柳宗悦（1889-1961）の民芸論と産業工芸の歴史的な流れについては理解しておきたい。柳宗悦は大正13年（1924）に朝鮮民族美術館を設立して民芸運動を起こした。そして，同15年には日本民芸協会を結成し，同士の河井寬次郎や浜田庄司らとともに民芸の思想を全国に広めた。民芸とは，民衆自身の手によってつくる，民衆の生活のための工芸という意味がある。それまでの工芸は，貴族などの特権階級のための鑑賞用の装飾的工芸が中心だった。また，輸出を目的とした美術工芸品も一般大衆には身近な存在ではなく，柳たちの民芸とは本質的に異なるものだった。それに対して柳は，普段の生活に使われてこそ工芸，暮らしに生かされてこそ工芸という独自の民芸理論を展開し，工芸を一般大衆に近づけたのである。しかしその後，同士で益子焼の陶芸家である浜田などが人間国宝となり，民芸作家の作品が一般大衆の手の届かぬ高価なものとなり，当時台頭してきた産業工芸界などから民芸論の矛盾を指摘され，民芸運動は徐々に衰退していった。だが，特別な人たちのためのものだった工芸を一般大衆のものに近づけた民芸運動の功績は多大であるといえよう。また，生活に役立ってこそ工芸という思想は，その後の産業工芸の展開を経て，現在のデザインを誕生させる大きなきっかけとなったのである。

　このように，わが国の工芸にまつわる歴史の１つをとってみても，工芸の目的や意味が大きく異なるのである。現在では，これまでの工芸が機能性ばかり重視してきたことの反動などによって，用途をもたないオブジェ工芸や現代アートの一手法としての工芸が流行っている。しかし，これらのことは工芸界やデザイン界などにおける専門分野としての流れであり，学校教育のデザインや工芸の学習に直接的な関連は薄いかもしれない。しかし，本来のものづくりの意味やあり方，あるいは工芸の学習の意味などを考える際には，このような事例をおおいに参考にしてほしい。また，工芸の鑑賞活動を

展開する場合においても同様である。

3．学校教育におけるデザインや工芸学習の問題点

　今後のデザインや工芸などの学習を展開していくとき，人間と環境との関係を無視して通るわけにはいかない状況にきている。そもそも，デザインや工芸などの学習とは，目的・条件・機能性に伴った美の調和，材料の特性などを踏まえ，相手の立場や環境などを尊重して表現や提案を行うものである。中でも，人間と環境の相互発達を考えたとき，それを可能にする学習方法であるデザインに関する学習に大きな期待がかかる。

　最近のアート教育の実践を見ると，アートやデザインによる問題解決能力の育成を目的とした交流タイプの学習が行われるようになった。しかし，それらの学習はともすると総合的な学習の時間の内容に誤解されている場合が多い。また，旧来の美術教育に目を向ければ，いまだ作品至上主義が蔓延し，作品の上手い・下手という価値観による評価が主流であるといわざるをえない。例えば，デザインの学習でいえばポスターやレタリング，自然物や人工物の平面構成に終始した題材を提供している場合が多い。その場合の評価観点としては，平筆でむらなく上手に彩色できたかなど，主に技術的な完成度が評価される。もちろんそれらも，重要な基礎的能力であるには違いない。しかし，そこにはビジュアル・コミュニケーションというデザインの本質とは大きなずれがあり，そのこと自体がデザインの学習のメインではないはずである。

　このような事例は，何もデザインのみに限ったことではない。工芸においても，ものづくりの本来の目標から大きくずれている場合が多々ある。とくに考えなくてはならないことは，ただ単にものをつくれば工芸の学習を行ったものと勘違いしている場合がある。そ

れらの多くは，時間が削減されたことを大きな理由にして，画一化されたセット教材ばかりを提供している授業によくあるパターンである。しかし，あえていうなら，必ずしもセット教材がよくないとはいいきれない。授業の内容によっては，ケースバイケースのときも実際には十分にありうる。だが，工芸の学習で最も大切にすべきことは，何のために，どんな材料で，どのように工夫してつくるのかという条件と，つくる過程における作者の試行錯誤である。この一連の条件を満たし，つくるプロセスの中で試行錯誤を経てこそ，さまざまな能力が養えるのである。

4．新たなデザインや工芸学習の提案

　新たなデザイン学習の提案とは，「もの・人・命・心」との関わりを包括的にとらえたホーリズム的デザインの発想である。ここでいうホーリズムとは，人間と環境の相互変容の関係を有機的にとらえる見方をいう。つまり，人間と環境との関わりに焦点を当てて提案するデザインの学習である。すなわち，それは無駄のない循環型社会や持続可能な社会を目指し，人や自然環境に必要以上の付加をかけないサステナブル（sustainable）な社会をドリーム・デザインやエコデザインによって提案することである。そして，このような提案型のデザイン学習を通して，プレゼンテーション能力を育成することも忘れてはならない重要な学習要素である。

　また，もの・人・命・心との関わりにおいては，バリアフリー・デザインからユニバーサル・デザインへの移行と展開も必要であろう。人や社会に役立つデザインを考え，それを積極的に提案するような学習形態は，現在の社会が求めている大きな教育課題でもある。このようなデザインを学習することを通して，社会の一構成員の意識が芽生えれば，それは大きな成果につながることになる。

第6章　デザイン・工芸教育の新しい探究

　さらに，身近な生活に目を向ければ，デザインや工芸によるクリエイティブ・ライフの提案をしたい。現在，社会や教育で求められているキーワードには，「心豊かに，自分らしさ，優しさ，健やかさ，暮らし方」などが挙げられる。これらのキーワードから共通した目的や内容を抽出すると次のとおりである。「暮らしは自分らしさが基本であり，毎日を心地よく，元気に生きることが大切。そのためには，日々の暮らしを楽しみ，喜び溢れるものにする工夫が大切である」。つまり，生きがいを持ったり，自分流の生活スタイルを楽しむことである。別な見方をするなら，このことも生涯学習の一環といってもよいのであろう。最近では，このような生活を自らがデザインしていくという趣旨から，ライフスタイル・デザインという造語を一般的に用いるようになった。この場合のデザインという言葉は，精神的・経済的な人生設計の意味をも包含しているといえる。

　最後に，以上のようなことを踏まえて「自分らしさ」とは何かを考えてみたい。目まぐるしく日進月歩の勢いで発展していく社会の中で暮らしていると，つい自分らしさを忘れてしまい，世の中の風潮に合わせてしまうことがある。このようなことに逆らって生きられないこともないが，最も大切なことは，どんなときにも自分らしさを見失わず，自分に素直に暮らす努力を惜しまないことである。そのような意味から考えると，アート教育を行う意義は実に大きなものがあるといえる。そして，その成果として自分らしさを一杯詰め込んだ手づくりの作品を制作したり，自分の暮らしを飾るおしゃれを楽しんだりしながら，暮らしと遊ぶことができたら何と素敵なことであろうか。この暮らしと遊ぶという行為を大切にしながら毎日を過ごせば，必ず心のゆとりが生まれ，生活に心地よさが生まれてくるはずである。生涯における真の「生きる力」とは，実はこのような生活の心地よさから生まれる「心のゆとり」ではないだろうか。

〔春日明夫〕

第2節　構成の基礎・基本

1．構成教育の源流

　「構成」という言葉は,『広辞苑』(岩波書店) などによれば,「かまえてつくること。幾つかの要素を組み立てて1つのものにこしらえること, また, その結果。構造」とある。また, 造形・美術教育においては一般的に色, 形や材料等を組み合わせる, あるいは組み立てることをいっている。つまり, 部分や要素を全体のバランスを考えながら, 感覚・知識・技術などを生かして有機的に組み立てる創造的な造形学習を指しているのである。では, 構成の基礎や魅力を探る前に,「構成」とはいったいどのような経緯を経て現在の造形教育の学習に位置づけられたのか, その歴史を少したどってみることにしよう。

　デザイン教育における,「構成」または「構成教育」という言葉は, 建築を核として芸術と技術の統合を教育理念に掲げた, ドイツの造形大学であるバウハウスにおける予備課程 (基礎造形教育課程) に源流が見られる。このバウハウスで行われていた基礎造形教育を日本に導入する際,'Gestaltung' というドイツ語を翻訳して日本の教育に対応させた言葉である。

　バウハウスは, 1919年 (大正8) にドイツのワイマールにおいて, ドイツ工作連盟の建築家であるワルター・グロピウスを校長として創立された。バウハウスの造形教育の目的は, あらゆる造形芸術的教養と技術的教養を1つの建築芸術として統合することにより, その成果を社会や生活に奉仕することにあった。バウハウスにおけるデザイン教育は, 3種類の課程から成り立つ。第1は予備課程教育, 第2は工房製作教育, 第3は建築工房教育である。中でも予備課程

教育は，ヨーゼフ・アルバース，ワシリー・カンディンスキー，パウル・クレー，ヨハネス・イッテン，モホリ＝ナギなどの優秀な指導者たちによって展開された。この予備課程教育で行われた代表的なカリキュラムとしては，マテリアル（素材や材料）体験を通して材料が持つ法則性や可能性などを自ら気づかせ，材料と人間が格闘し合うことによって融合的な創造を目指すことにあった。バウハウスでの教育において最も意義深かったことは，この基礎造形教育の基盤をつくったことが挙げられる。例えば，ヨハネス・イッテンによる課題では，学習者の創造力を自由に引きだすことに主眼が置かれた。また，学生の職業選択の幅が広がるように，材料とテクスチャーの演習が課せられ，どんな材料に引きつけられるか，あるいはどの材料が創造行為へと駆り立てるのかなどを見いだすことが求められた。

2．日本の構成教育の目覚め

1931年（昭和6）川喜田煉七郎は，バウハウスの初期に学んで帰国した水谷武彦の助言によって東京銀座に建築工芸学院（当初は建築工芸研究所）を創立した。この学院は，わが国で初めてバウハウスの教育システムを導入した専門学校である。1932年にバウハウスのデッサウ校から帰国した山脇巌，道子夫妻などもその教育に参加した。また，造型運動の機関誌『建築工芸アイ・シー・オール』にも山脇夫妻をはじめ市原健や橋本徹郎などが同人として参加し，バウハウス流の教育課程を広めた。とくに，水谷や山脇から影響を受けた川喜田は，武井勝雄と共著で『構成教育大系』（1934年，学校美術協会編）を出版した。この著書の内容は，バウハウスの予備課程の教育内容に類似しており，形の単純化やコンポジション，レイアウトやフォトグラム，テクスチャーなどの教材を扱い，教員養成課

程や普通教育での実践に取り入れ「構成」という言葉を広めた。この『構成教育大系』によれば，「構成教育とは丸や，四角や三角を並べることではない。所詮構成派模様を描くことでもない。絵や彫刻や建築にめんどうな理屈をつけることでもない。われわれの日常生活の極く卑近なことを十分取り出してみて，それを新しい目で見なおして，それを鑑賞したり，つくったりする上のコツをつかみとるところの教育，それが構成教育である。」と述べられている。今，この文章を読むと理論的な要素に欠け，かなり初歩的な解釈の内容であることが分かる。しかし，当時は図画工作教育の改善運動のために影響を与え，戦後の造形教育の発展のために大きなきっかけをつくったことは間違いないことである。

現在のわが国における構成教育（学習）には，一般的に平面構成，立体構成，色彩構成，空間構成などの分野がある。これらの構成教育は，第2次世界大戦後にデザインとの関連を持ちながらその意義を明らかにしつつ，学校教育における図画工作科や美術科の内容として正式に加わることになるのである。

3．構成教育と造形教育センター

戦後の昭和26年（1961）頃から創造美育協会をはじめ多くの民間美術教育団体が設立され，さまざまな主義・主張による美術教育運動が起こった。それらの多くは，児童画を中心とした研究運動だった。昭和29年の6月にバウハウスの初代校長であったグロピウスが来日した。この来日に合わせ，造形教育に見識が広いデザイン評論家の勝見勝は，構成教育の実践に熱心な教師や指導者によびかけて，小・中・高・大の児童や生徒の構成的な作品を集めた「造形教育作品展」（東京芸術大学正木記念館）を開催した。この造形教育作品展はグロピウスから賞賛され，これを契機に勝見勝や高橋正人らが中

心となり創立世話人が選ばれ，昭和30年6月に造形教育センターが創立した。発足当時の会員には，岡本太郎，桑沢洋子，豊口克平，橋本徹郎，松原郁二，村井正誠，山脇巌，林健造，藤沢典明，川村浩章，熊本高工など広い分野からの多彩な人材が顔を揃えた。

　造形教育センターの研究は，当時児童画を中心とした美術教育に抗して，造形性を重視した工作やデザインなどの幅広い活動を目的とした。つまり，すべての造形表現活動を通して感覚などの諸能力を育て，広い造形的視野からの人間性の育成を目指したのである。

4．学習指導要領と構成教育

　この造形教育センターの運動などによって，構成の学習はデザインとの関係を密に保ちながら，学校教育における造形・美術教育の内容として扱われるようになっていった。中でも，昭和33年度の中学校学習指導要領改訂時には，それまでの社会の動向や民間教育運動などの背景を考慮して，初めて「デザインをする」という文言が加えられた。この内容の中には構成もふくまれているが，当初は用途を持たないデザインとして扱われた。具体的には，自由な構成や色や形の基礎的な造形要素のための，練習的内容として設けられた付加物的な位置づけであったといわざるをえない。しかし，ともあれ初めて正式にデザインの学習が加わった意義は，その後の造形・美術教育への影響を考えれば，とても大きな成果だったといえる。

　昭和44年度の改訂時には，構成はデザインの内容として含まれ，正式にデザインのための基礎として扱われるようになった。そして，昭和52年度の改訂時では，それまで具体的な用途がなかったデザインが，「デザインしてつくる」という明確な文言に変わり，具体的な用途・目的を持って計画的に製作することをデザインと位置づけたのである。さらに，構成に関しても「色や形などによる構成」と

いう明確な文言で示されたのである。

　このように，戦後の造形・美術教育ではデザインと構成教育がともに関係性を保ちながら歩んできた。しかし，デザインが社会への広がりと浸透するにしたがって，構成教育はデザインのためにある基礎的分野のように思われていったのである。したがって，構成教育は当初のバウハウスの予備課程で展開されていた，すべての造形活動に関わる基礎教育という意味からは大きく外れていくことになったのである。

　このように構成に関する学習は，昭和初期にドイツのバウハウスにおける予備課程教育から移入され，川喜田煉七郎や武井勝雄らによって普通教育にその理念が導入され，戦後の民主主義教育を紆余曲折して今日に至った。しかし，最近では構成教育を基礎造形教育として再度その意義を見直そうとする学術的な動きも活発化している。いずれにしても，構成教育を普通教育に導入した先人たち努力とその成果は多大といえる。

5．構成とデザインの相違点

　現行の中学校学習指導要領における美術の領域は，表現と鑑賞に分かれている。表現には，「絵や彫刻など」と「デザインや工芸など」の2分野に統合されて示されている。つまり，デザインも工芸も共に適用表現として同様にくくられている。しかし，確かにデザインと工芸には共通点があるが，本来は別な表現形式ともいえる。とくにデザインや構成は，工芸に比べて作品の完成を最終目的とはしていない。むしろ，その活動や行為性の方を重んじるものである。なぜならば，デザインや構成は制作の途中段階で生じる発想・構想が大事な要素であるからである。つまり，デザインは社会や環境をより良くしていくために，そのための具体的な提案をしながら，問

題解決を図っていく学習だからである。また，その学習のプロセスを通して社会性を認識することも大きな目的の1つになっている。

では，構成とデザインとではどこが異なるのであろうか。学習指導要領の中の文言によれば，デザインは活動や行為として考えるのが適切である。例えば，第1学年の内容の文言を抜きだすと，「美しく構成したり装飾したり」，「効果的で美しく表現し伝達・交流する」とある。第2学年および第3学年においては，「デザインの効果を考え」，「美しく心豊かなデザインをする」，「分かりやすく美しく表現し，発表したり交流したりする」，「身近な環境について，（中略）心豊かなデザインをする」とある。つまり，これらの文言からデザインする行為そのものに教育的価値を置いていることがよく理解できることと思う。したがって，デザインも構成も造形行為における基礎的能力の育成のために同質に扱っているのである。ただし，1つだけ異なることは，表現する対象によって目的が大きく違ってくることであろう。デザイン行為は，世の中の問題を解決していくために提案することが目的となる造形表現である。一方，構成については，さまざまな造形要素をデザインの目的のために用いる無目的な造形表現ということができる。

6．基本的な構成原理と構成の学習

構成とは，一般的には形や色，材質や光，空間などの造形要素を，コントラストやリズムなどの美的秩序に基づいて形づくる行為，あるいは形づくられたものをいう。このような構成の学習は，さまざまな造形要素を美しく組み立てていく過程において，感覚や感性などの諸能力を養い，豊かなデザインを行うために必要不可欠となる基礎・基本である。とくに，構成を行う過程において，何を感じ，どのようにまとめ上げようかと考える能力は，バーチャル・リアリ

ティが主流となっている現在の生活において，今後のアート教育における最も重要な基礎教育の1つになるものと考えられる。では，実際の中学・高校教育で実践されている代表的な構成の学習について述べておくことにしたい。とくに，ここでは形と色の構成について，その基本的語彙や制作する際の留意点も含めて紹介しておく。

形と基本的な構成原理

ものにはさまざまな形がある。その形にはものの外形を意味する「形体」，ことのありさまや形を意味する「形態」とがある。また形体は「具象形」と「抽象形」に大別したり，「自然形」と「人工形」にも分けることができる。このように，形を分類するにはいろいろな方法があるが，造形教育における構成の表現では，点・線・面の3種類が形を構成する要素として最も一般的である。点の特性としては，形が一つひとつ単独であり，主に形の位置を示している。しかし，点を連続的につなげれば線となり，点を重ねたりダブらせたりすれば面にもなる。また，点の形が大きいほど力強く重たい感じがするが，その逆に点の形が小さいほど弱く繊細な感じがする。点の構成をする場合には，点の配置や集まり，点の大小に変化をつけた工夫が大切である。

線には直線，点線，曲線（円弧），自由曲線，フリーハンドの線などがある。また，これらの線は描画材料や技法などよっては，かすれた線やにじんだ線などのさまざまな種類の表情がだせる。また，線の太さや細さ，長短や粗密，方向などを工夫して構成したい。

面には，幾何形体である円や三角や四角などの単純な形，流線形や不定形のような有機的な形，偶然的にできた形，フリーハンドでつくる自由な形などがある。面の構成を行うには，等しい分割を基にした構成，比例的な分割を基にした構成，自由な分割の構成，配置を工夫した構成などがある。

以上のような造形要素の1つである平面状の形（二次元の空間）に色をつけ，配置を考えたりして組み合わせる表現を平面構成とよんでいる。平面構成は，画面全体の変化とバランスを工夫した統一が大切である。また，モダン・テクニックなどの技法を使うと不思議な空間になる。このほか，造形要素を立体状の形（三次元の空間）として表現する構成を立体構成とよんでいる。立体構成の特徴は，さまざまな材質や材料の特性を生かし，切る・やぶる・折る・組む・曲げる・重ねる・積む・張るなどの技法を用いて立体を構成することである。

色彩に関する指導

色彩と構成の関係を示す前に，色彩の基本的原理を確認しよう。空や海の色はなぜ青く見えるのだろう。空の空気や海の水にはもともと固有色があるのではなく，光が物体に反射したり透過したりした際に，光の波長の割合で色が決まるのである。太陽光線をプリズムに通すと，虹色のスペクトルが現れる。このことは，波長の違いによって屈折率が異なるために違った色が見えるのである。例えば，青の物体は青の色を感じさせる波長の光を反射したり透過したりするために青く見えるのである。

このほかにも，色の三属性や色の体系，色の感情や性質などの基本原理はたくさんあるが，構成を行う際の色彩指導に必要となる主な要素のみを紹介しておくことにする。

まず，『中学校学習指導要領解説・美術編』（文部省，1999年，開隆堂出版）によれば，「色」は1つの固有色を指し，「色彩」はいろいろな色の組み合わせがもたらす彩りを示している。また，「配色」とはいくつかの色面が調和している美的な色彩の構成のことをいっている。

色彩指導は，以前に比べるとかなり簡略化されてきた傾向がある。

その原因の1つには,色彩学的イメージが根強くあり,感性や感覚を養うというよりは知識理解の要素が強すぎた反省がある。さらに最近では人権の問題もからみ,とくに色覚異常や色弱者などに対するきめ細かで適切な配慮をした指導が必要となり,以前に比べて色彩に関する学習の分量が圧倒的に少なくなっていることは事実である。しかし,デザインや構成の表現を行う場合,色彩の問題を抜きにしては学習が成り立たない。したがって,前述したような配慮は十分に留意しながらも,色彩の基礎・基本はしっかりと身につけたいものである。

 色彩は人間が生活していく上でとても重要な要素の1つである。
 そのような色彩について学習することは,極めて意義深いものがある。この色彩は,何もデザインや構成のみの表現に必要なものではない。絵画はもちろんのこと,すべての造形表現に関わる重要な要素である。また,色彩は表現のみならず鑑賞の学習にも欠かせない要素であることは,今更いうまでもないことである。

 色彩という言葉から受ける印象は人によってさまざまであろう。しかし,前述したようにこれまではどちらかといえば,色彩指導を狭義に解釈し,知識・理解面ばかり強調してきた傾向がある。また,各学校や指導する教師によって教える内容が曖昧となる点も否定できない。したがって,色彩指導に関しては次の点に十分に留意して展開すべきである。1つ目は,色に関する基礎・基本的な知識の確かな定着をはかること。例えば色の三属性,色の対比や性質,基本的な色名などは確実に定着させたい。2つ目は,色の調整や配色の能力の育成である。このことは,何も絵画やデザインの表現のみならず,普段の日常生活に直結していることである。例えばファッションのコーディネート,インテリア,料理などの身の回りの生活に応用できるように配慮したい。3つ目は,色をつくりだす能力の育成である。この能力や技術はとくに習得させたい。例えば基本的な

混色や重色，明暗や濃淡，色のグラデーション，にじみやぼかしなどの技法である。これらは，表現している最中に偶然気づいたり発見したりする場合も多々あるが，必要最低限の基礎・基本は是非押さえてほしいものである。

配色と構成

構成の表現を行う際には，配色についての学習は極めて重要な内容となる。構成の表現は前述したように，ただ単にデザインするための付加物的な学習ではない。構成や配色の学習を通して，色や形にたいする感情や感覚が豊かになり，そのことによって心も豊かになるはずである。すなわち，配色や構成は，日常生活に直接生きて働く能力の育成をしているものといえる。

構成の表現の進め方において，配色計画はとくに重要になる。配色計画をせず，その場の思いつきでも，ときには美しい配色ができることもある。しかし，どのような作品に仕上げるのか，またどのような感じにしたいのかなどをあらかじめ構想しておくことは，計画的なデザインを行う上でとても重要なポイントになる。まずは，表したい感じやイメージを浮かべ，どんな色調に表現するか構想をよく練らせることが大切である。続いては，配色カードや色見本などを参考にしながら，配色の具合を確かめさせて，さらに計画を練せるとよい。次は，配色計画に基づいて中心となる色を決め，その後，彩色していくと効果的である。なお，構成表現における配色計画で必要となる主な色彩原理は，同一色相の調和，類似色相の調和，対照色の調和などが挙げられる。このほかには，色相や明度を連続的に少しずつ変化させていくグラデーションも効果的である。

ここまで，構成の基礎・基本について述べてきた。構成はすべての造形表現に関係がある重要な学習である。デザインに関しては目的が明確だが，この構成のように無目的の表現も，今後はさらに重

視したい。なぜならば，自分の手で色を塗ったり線を描いたりする行為は，人間の普遍的な行為そのものだからである。今後は，このようなアナログ的手法をとくに大切にすべき時代が来ることであろう。
〔春日明夫〕

第3節　自然の土と結び，心をたどる

1．はじめに

　土（粘土／粘土を造形的な意味で使う場合，以後「土」と表示する）は生き物だといわれるように，その状態は刻々と変化する。水分が多いと泥となり，流動性を生じる。水気をおびた柔らかな表情は，乾燥すると粘りを失い，干からびた印象に変わる。最も重要な特性である可塑性は，そうした土の姿のある一面である。

　陶芸では，さらに「火」の力が加わり，土は固く焼き締まり，物質性を大きく変化させる。人が直接手を下すことのできない「炎」の世界を経ることによって「土」は「陶」へと生まれ変わる。そして，ほぼ永久に固定化される。

　八木一夫（陶芸家／1918-79）は，陶芸について，土づくりから成形，乾燥，素焼き，施釉，そして本焼へと断続的に続くそれぞれの工程が，「次の次の段階への読みでつながりながら，作業が進む」と述べている。そして，さまざまな段取りを整えて，「作品が向こうからやってくる」のを「待ちうけるもの」と述べている（八木一夫，1981年，『刻々の炎』，駸々堂）。

　八木は彼の感じる陶芸のまわりくどさをそう表現したが，陶芸を教育の側面からとらえるとき，筆者は重要な示唆を彼の言葉の中に見る。ものづくりの各段階を，作者の全体を見通す「読み」によって有機的に結びつけていく。作業を通して，諸要素が総合的に関連

し合うことを自覚する。そうした主体的な活動が、ものが生まれるのを「待ちうける」という姿勢を「ものをつくる」リアリティへと昇華させるのではないか。いわゆる工芸的ものづくりの醍醐味がそこにある。

　ところで、学校教育では、時間的問題、物理的（施設・設備等）問題、技術的問題などから、焼成をふくめたトータルな意味での陶芸制作を生徒・学生が行うことは難しい現実がある。本節では、いわゆる普通教育において、総合的なものづくりの視点から陶芸の教材としての可能性について考えていく。陶芸の「待ちうける」という姿勢は、ともすればその活動が無意識のうちに受動的となってしまう危険性をはらんでいる。「ものができた」ことだけに満足してはいないだろうか。以下は、上記の問題について、筆者自身の模索の中で行ってきたいくつかの実践とその検証である。その根底には、陶芸の授業の中で「（作品を焼いてくれて）先生どうもありがとう」という生徒・学生の言葉に対して感じる何かしらの違和感と自己矛盾がある。

2.「土をつくる」「釉をつくる」「焼物をつくる」

　陶芸の授業では粘土も釉も当たり前のように用意される。それが当たり前でなく、自分でつくらなければならないとしたらどうなるだろう。その授業ではものづくりの出発点が変わる。出発点が変われば、はたして到達点も変わるのだろうか。

土をつくる
① 粘土の構造と可塑性
　粘土は読んで字のごとく「粘る性質を持った土」である。もう少し詳しく述べると、粘土は「粘り」と「腰」、「粘着性」など、いわ

ゆる可塑性とよばれる特性を持っている土といえる。この特性によって、粘土はさまざまな形に姿を変えることができる。

では、粘土の構造と可塑性の仕組みはどのようになっているのだろうか。その成り立ちから説明すると次のようになる。

花崗岩や石英斑岩などの火成岩が地球の熱や圧力などの変成作用によって分解されると、粘土鉱物とよばれる物質が生成される。粘土鉱物の代表的なものであるカオリナイトは、花崗岩にふくまれる長石が分解されてできたもので、石英や雲母、未分解の長石等の粒子と混ざり合う状態（母岩）で存在する。この母岩が自然によって風化され、水による移動と堆積作用を受け、微細な粒子ばかり集められる。それが、一般的に用いられる「木節粘土」や「蛙目粘土」とよばれるものである（注：「木節粘土」や「蛙目粘土」のように移動、堆積を経たものを二次粘土といい、分解生成された場所、もしくはその近くに残るものを一次粘土という）。

粘土の可塑性について最も大きな働きをしているのは、粘土に含まれる粘土鉱物と水の関係である。先述のカオリナイトは微細な薄片状の六角の結晶構造（直径は数ミクロン、厚さはオングストロームの単位）をしている。この薄片状の結晶が水で濡れることにより、互いに吸いつく力が働く。横方向にはスライドする（濡れて合わさった２枚のガラス板をイメージするとわかりやすい）。この原理が粘土の可塑性となる。

実際の粘土は、粘土鉱物だけでなく石英や長石、雲母等の微粒子が混ざり合ったものだ。粘土鉱物のふくまれる割合が30～50％以上のものを粘土とよぶ。粘土鉱物の割合や粒子の大きさ等によって「粘り」や「腰」など、造形に関わる粘土の性質も変わってくる。

② 粘土をつくる

身の回りにある普通の地面の土は、礫や砂などを多くふくんでいる。粒子が粗く可塑性も小さいので、そのままで何かを形づくるの

は難しい。しかし、粗い粒子を取り除いていくと、可塑性は僅かながら増してくる。微細な土の粒子の中には粘土鉱物がふくまれるので、さらに細かく粒度を整えていくと、土の中の粘土鉱物の割合が増え、次第に粘土として使える可塑性を持つようになる。

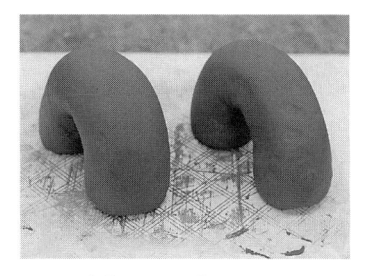

6-3-1 水簸でできた粘土（うまの状態）

　土の露出している工事現場や空き地の水溜まりに、粘土のようなものを見たことはないだろうか。これは、雨水による天然の水簸作用によって土の中の粘土鉱物をふくむ微粒子が集められたものだ。水簸とは、粗い粒子を取り除き、全体の粒度を微細に整えていく粘土の精製方法である。

　水簸の方法を順を追って述べると次のようになる。
(1) 採ってきた土を乾燥させ木槌で細かく砕く。
(2) 水を張ったバケツに入れ、ミキサーで混ぜる。
(3) しばらく放置し、粒子の大きなものを沈殿させ取り除く。
(4) 泥水を篩に掛ける。(#40→#100)
(5) 再度しばらく放置し、さらに細かな砂の粒子を沈殿させ取り除く。
(6) 泥水を1週間以上放置し、粘土分を沈殿させる。
(7) 上水を捨て、泥を素焼き鉢などに移し、水気を抜く。
(8) 「うま」にして使いやすい固さに水分調整して完成。

③ 陶土として使えるか

　水簸してできた粘土が、そのまま陶土（陶芸用粘土）として使えるとは限らない。中には焼成すると溶岩のように熔けてしまったり形が崩れてしまうものがある。原因としてはアルカリ類や金属類を

多く含むことが考えられる。陶土として使うには，あらかじめ小さなテストピースをつくり，一般的な陶磁器の高火度焼成温度（1230〜1250℃）で焼いて土の耐火度を調べておく必要がある。

　また，乾燥および焼成による収縮率の大小も同時に調べる。収縮が大きい土は，切れなどの傷が出やすい。耐火度が低い土や収縮が大きい土，可塑性が足りない土は，信楽土などと混ぜ合わせることによって欠点を補うことができる。

　土づくり実践例

　筆者は，大学構内の土を使って粘土をつくるという活動を学生と共に行った。雨後の土が柔らかいとき，有機物の多い黒っぽい表土を取り除き，その下の黄土色の土の層から粘土分の多そうなところを集めると13ℓのバケツ七分目6杯分の土が採集できた（土を手に取り握ってみて，固まり感があり少しぐらい形を動かしても崩れないようであれば，粘土分をある程度ふくんでいると考えられる）。水簸によって不純物や粗い粒子を取り除き，水分調整を行うと，約20kgの粘土になった。少し腰の弱さを感じるものの，成形には十分な可塑性がある。耐火度をテストした結果，褐色に焼き締まり，高温での焼成に問題のないことが分かった。粘土分を比較的多く含む土壌に恵まれたとはいえ，大学構内の土からこれだけの陶土が採れたことは，学生たちにとって驚きだったようだ。

　ここで重要なのは，粘土ができたという結果以上に，そこに至る過程であると考える。小石や砂の混ざった土は水を加えてもかなり荒く，水簸が進むにつれてきめの細かい泥水になる。水気を抜いていくと，やがて滑らかな粘土へと姿を変える。できあがった粘土を親指ぐらいの太さにして両端を引っ張ると，ゆっくりと滑るように伸びていき，やがてボソッとちぎれる。まるで土の可塑性の仕組みを指先を通して感じているようだ。土づくりの過程で接する土のさ

まざまな表情は,市販の均質な粘土に慣れた私たちにとって,とても新鮮で刺激的だ。土と人との間に新たな関係性が築かれることで,素材に対するさまざまな感覚がより鋭敏になる。造形の可能性が広がっていくとともに,成形から焼成に至る一つひとつの作業工程が,より自覚的な行為へと変わっていく。

釉をつくる
① 釉の組成
　釉は釉薬もしくは「うわぐすり」ともよび,焼物の表面を覆うガラス質の膜のことをいう。釉はそのガラス質の美しさが人をひきつけるだけでなく,素地を丈夫にし汚れにくくするなどさまざまな利点がある。

　施釉の段階では,主原料である土石類や灰類の微粉末を水で溶いた溶液の状態をしている。焼成によりガラス質の膜を形成する。

　釉の組成は,ガラス質の骨格となるシリカ（珪酸：SiO_2）とアルミナ（酸化アルミニウム：Al_2O_3）と,それを熔かす熔媒剤の働きをするカルシウム（CaO）やカリ・ナトリウム（K・NaO）などのアルカリ類からなる。

　シリカやアルミナを含む代表的な釉の原料は,珪石（石英／シリカをほぼ100％ふくむ）,長石（シリカ・アルミナとともにカリ・ナトリウムもふくむ）,カオリン（カオリナイト／シリカとともにアルミナを比較的多くふくむ）などがある。これにカルシウム原料として,石灰石（カルシウムをほぼ100％ふくむ）を加えると,石灰釉とよばれる最も一般的な釉薬になる。石灰釉を基礎釉として,その他の原料や酸化金属類を加えていくと,さまざまな釉調,色調の釉薬をつくることができる。
② 身近なもので釉をつくる
　先述したように,花崗岩などの火成岩が分解,風化すると珪石や

長石，カオリンなどの粒子を含む土になる。つまり土と釉は根本となる成分（シリカとアルミナ）は同じ（注：成分は一緒でも結晶の状態などが違うので，物理的特性は違う。また，土には鉄などの不純物が多くふくまれるものが多い）で，違いは熔媒剤の働きをするアルカリ類が多いか少ないかによるということになる。このことは，土にカルシウムなどの熔媒剤を加えれば釉になるということを意味する。

また，植物を燃やした灰の多くは，多少のシリカ・アルミナとともに，カルシウムを豊富に含み，石灰石の代わりに熔媒剤の働きをする有効な釉原料となる。稲科の植物は，カルシウムが少なく珪酸が主成分となるので，珪酸原料として使う。雑木の灰に長石と藁灰を加えると，土灰釉とよばれる安定した透明釉となる。

釉づくり実践例

先述の土づくりの過程でできた泥をベースに，植物の灰を加え釉をつくる。大地の土と大地に根差す植物を合わせて釉をつくるというのも不思議な説得力がある。灰を自家製のものとすれば，素地土と合わせてすべて大学の地から生まれた焼物ができることになる。

大学構内の落葉や枯木，枯枝を収集し，細かく砕く。トタン板などで簡単な窯をつくり，その中でゆっくり焼け落ちるように工夫する。できた灰を集め，水簸を行い粒度を細かく整え，たっぷりの水とともにバケツに保存する。何度か水を替え，アク抜きをしたものを釉薬の原料として使った。

泥と灰（水に溶いた状態）を濃度調整し，体積比で１：１や２：１，１：２などいくつかの単純な比率で混ぜ合わせて焼成テストを行った。その結果，泥：灰＝２：１（褐色釉）／１：１（黄みを帯びた失透釉）／１：２（黄みを帯びた透明釉）などの結果が得られた。

第6章　デザイン・工芸教育の新しい探究

「焼物をつくる」

「土をつくる」，「釉をつくる」，この2つの実践を連動させて土づくりから成形，素焼き，釉づくり，施釉，本焼成までを行い，陶芸制作を行った。大地から土をつくり，土と大地の恵みである植物から釉をつくる。この一連の「焼物をつくる」行為は，いい方を変えればアースワークともいえるのではないだろうか。粘土の量が十分ではなく，作品の大きさに制限があったのが残念である。が，まさにわれわれの居るこの場所から，われわれの力と自然の力を借りて「ものを生みだす」ことができた。

3．野焼き

縄文や弥生，土師器などの土器は，野焼きの方法で焼かれていたとされる。野焼きは身の回りにある燃料で火を熾し土を焼くという，最も原始的な焼成方法である。焼成温度は低く，素焼きに近い焼物となる。筆者が育った山陽地方では，山の造成地でしばしば土器の破片を見つけることができた。時間が封印された玉手箱のような，何か特別の感情を思い起こさせる力を土器は持っていた。

土を焼けば固くなる。当たり前のことであるが，炎に包まれる土の形を眺めていると，古代の人々が感じた自然の力に対する恐れと畏敬の念を追体験しているような気持ちになる。今この時代に野焼きを実践する意味は，人と自然の関係の原点を思い起こさせてくれるところにあるのかもしれない。土器の持つ素朴な質感と表面に残る炎の痕跡は，高温で均一に焼かれた陶磁器を見慣れたわれわれの目にとてもリアルで新鮮なものとして映る。

① 野焼きの焼成

現代の焼物は，基本的に，耐火煉瓦等でつくられた窯で電気による熱線の輻射熱やガスや灯油を燃やす炎を熱源として焼成を行う。

そのため温度管理が容易で、炉内の温度差も少なく、1200〜1300℃での高温焼成が可能である。

それに対し、野焼きは、枯れ木や枯れ草などの植物燃料の中に作品を埋め、草木が燃える炎の熱で土を焼く。最初はゆっくりと時間をかけて弱火で炙（あぶ）り、徐々に火力を上げていく。最後は盛大に火を燃やす。それでも熱は外気に逃げるので、焼成温度は高くても700〜800℃ぐらいだろうか。直火のため、急激な温度変化が起こりやすく、しばしば水蒸気爆発を引き起こすことがある。また、風の影響を受け温度差が大きくなり、膨張率の違いによる割れを生じることがある。

常に火の側にいて、その面倒を見ていると、火と対話をしているような気持ちになる。焼成方法が原始的であればあるほど火と人の距離は近くなる。

また、燃料や焼成方法を工夫することで、より失敗の少ない野焼きを行うことは可能である。例えば、籾殻（もみがら）のように粒子が細かく空気の層を含む燃料は、それ自体が保温効果を持ち、ゆっくり燃えてくれるので、小規模な野焼きには非常に適している（注：煙が多く出るので、規模が大きくなると焼く場所を選ぶ）。また、煉瓦を積み上げたり、トタン板で囲うなど、簡単な窯構造をとることによって、ある程度の温度調節が可能になる。

② 野焼きに適した土づくり

市販の水簸粘土ではキメが細かすぎて野焼きには適さない。とくに、焼成初期段階で、直火による急激な温度上昇によってはぜたり（表面がめくれるように割れること）、水分が抜けきらなくて爆発したりすることが多くなる。そのため可塑性を失わない程度に、土をざっくりと荒くしてやる必要がある。実際、出土した土器類を観察すると、かなり粗めの素地であることが分かる。筆者の場合、信楽の白土、赤土を合わせた再生土に細目の篩を通した真砂土（まさつち）と童仙坊（どうせんぼう）を

第6章 デザイン・工芸教育の新しい探究

それぞれ1割程度,細口シャモットを5分程度加えて,野焼き用の素地土としている。
③ 穴窯風野焼き

野焼きにはいくつかの代表的な焼成方法があるが,ここでは,筆者なりにアレンジした野焼きの方法を紹介する。以下の焼成方法は,トタン板と廃棄された机のスチールパイプフレーム(耐火煉瓦でも代用が可能),鉄筋を使った穴窯風の簡単な窯構造をとることに特徴がある。そのため火力調整が比較的行いやすく,炙りの段階での失敗が少ないこと,また煙があまりでないことに特徴がある。

 (1) 作品を天日干しをして十分乾かしておく。
 (2) 焚き火をして地面を十分熱し,熾（おき）をつくる。焚き火の周囲に作品を置いておく。
 (3) 熾を回りに散らし,熱せられた地面の上にトタン板を敷き,作品を並べていく。全体をトタン板で覆い,しばらく蒸し焼きの状態にして,作品全体をあたためる。

6-3-2 野焼き断面図（炙り焚時）

6-3-3 炙り焚

6-3-4 攻め焚

(4) 両端のトタン板を外して焚き口とし，中心部に隙間を開けて煙道をつくる。
(5) 両端の焚口から徐々に燃料（廃材など）を燃やす。（図6-3-3　炙り）
(6) 時間を掛けゆっくりと炎を作品に近づけていき，次第に作品が炎に囲まれていくようにする。
(7) 側面のトタン板をずらし，側面からも燃料をくべ，全体が炎に包まれるようにする。
(8) (7)の状態をしばらく維持した後，燃料をくべるのを止め，攻め焚終了となる。
(9) 火の勢いが落ち着いたら，全体をトタン板で覆い，自然に冷ます。
(10) 翌日，熾に気をつけて窯出しする。

4．楽焼

　楽焼はおおむね800℃前後で焼かれる低火度の焼物である。その特徴は，極めて短い焼成時間にある。あらかじめ予熱しておいた窯の中に施釉した素焼き素地を入れ，釉が熔けるのを見計らって窯から取りだす。作品が窯に入っているのは10～20分程度である。通常の焼物の本焼成が10時間前後，冷却，窯出しまで入れると最低でも丸2日かかることと比較すると，いかに楽焼の焼成が短いかが分かる。ただし，素焼きに近い素地は多少脆く吸水性があるので，器としての使用はある程度限定される。

　楽焼は茶道との密接な関係の中で京都で生まれた日本を代表する焼物の1つである。その名前は聚楽台の「楽」に由来する。今日では，文字どおり即興的に楽しめる陶芸技法として広く世界に知られるようになり，「ラク」という言葉は国際語になった。

楽焼が世界に紹介されて以後，日本の伝統的な「楽焼」の応用から発展した「アメリカン・ラク」という技法が確立され，欧米では盛んに用いられている。その特徴は，アルカリ釉とポスト・ファイアリング（後焼き）を用いることによる，釉の発色の鮮やかさと貫入の装飾的効果にある。

以下に，筆者の大学での実践に基づく「アメリカン・ラク」の技法について述べる。

① 素地

急熱急冷に耐えるようにするため，細口シャモットを５％程度加えた土で成形を行う。乾燥後，900℃で素焼きを行って素地を仕上げる。

② 釉

伝統的な楽釉は鉛釉を主に用いるが，ここではアルカリ釉を用いる。鉛害の心配がなく，また発色にも優れる。

［基礎釉例］無鉛フリット10／炭酸リチウム１／河東カオリン１
［色釉例］基礎釉に外割りで添加する。

　　酸化銅　　３％　　トルコ青

　　紅柄　　５％　　褐色

　　酸化コバルト　　１％　　藍色

　　酸化錫　　10％　　白

　　二酸化マンガン　　２％　　紫

　　※　上記酸化金属類の他に，陶磁器用顔料（例：ローズピンク，プラセオ黄など）を３～５％加えることで，パステル調の色釉をつくることができる。

6-3-5　貫入のテストピース

調合した釉原料は，水とふのり液で溶く。フリットはガラス粉状なので沈殿を防止するためである。刷毛塗りで施釉を行うと，用意する釉が少なくて済み，かつ多少の塗りむらが釉調の変化となるの

でおもしろい効果を生む。貫入は素地の厚みや表面の質感，釉の厚みなどによって入り方が変化する。

③ 焼成窯

　火力を調整しやすい灯油窯が適している。簡単な構造なので自作することも容易である。煉瓦を積み上げただけの簡易窯でも構わない。

④ 焼成とポスト・ファイアリング

(1) 空焚きを行い，炉内を700〜800℃に予熱しておく。

(2) 炉蓋の上に施釉した作品を置き，予熱するとともに水分を完全に抜く。（10〜15分）

(3) 炉内に作品を入れて800〜850℃まで温度を上げる。（10〜20分）

(4) 作品を引きだし鋸屑の中に埋め，密閉する。（10〜20分）

※作品を焼き上げた後，鋸屑などの中に入れ，燻して強い還元状態にすることをポスト・ファイアリング（後焼き）という。釉の掛かっていない部分の素地は黒くなる。釉によっては発色に変化が現れる。貫入が黒く入り，装飾的な効果を生む。

(5) 鋸屑から作品を引きだし，バケツの水の中に全体を一気に浸し冷却する。

(6) 作品についた煤をスチールウール等で磨き落として完成。

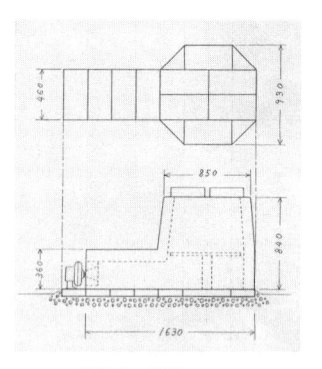

6-3-6　楽焼窯の構造

　施釉から作品の完成まで，約40〜60分で行うことができる。人数や作品のサイズにもよるが，工夫次第で授業時間内に生徒・学生が直接窯詰めから焼成，窯出しまで行うことが可能である。真っ赤に

第6章　デザイン・工芸教育の新しい探究

6-3-7　窯詰め

6-3-8　ポスト・ファイアリング

燃える炎，窯の中で焼かれる作品の輝き，窯詰め・引きだしの緊張感，からだで感じるそれらすべてが楽焼の醍醐味である。焼き上り直後，煤で黒くなった器を磨くときの期待感は何ものにも替え難い。美しい釉面が現れたとき，「ものが生まれた」と実感できるだろう。

　以上，陶芸を教材とした実践例を紹介してきた。美術・工芸教育では，「ものをつくる」ことによる教育において，何が本当に大切なのかを考えていくことが重要である。答えは1つではない。筆者自身，確信があるわけではなく，いまだ揺らぎ続けている。唯一確かなのは，ものをつくるという現実の体験から受ける刺激を身体に蓄積し，心で感じ，そして考える自分自身だ。「土」と「炎」と「人間」との関わりを通して学んでいくしかない。

5．おわりに

　滋賀県にある第二びわこ学園という福祉施設の陶芸制作室を見学させていただいたときのことに触れてみたい。緑に囲まれた敷地に踏み入れると，庭を埋め尽くす大小さまざまな作品群が筆者を迎えてくれた。それはうごめく土の形の群れというべきか。筆者はまずその量に圧倒された。

　改築を控えて整理中ということで実際の制作現場は見ることはで

きなかったが，部屋中に残された土の造形群から十分その場のエネルギーが伝わってきた。園生一人ひとりの個性に合わせた制作支援の方法に納得しながらも，筆者はそちらで行われる作品の焼成方法に興味を持った。それは，灯油窯を使い1150℃で焼き締めるというものだった。

この施設では，重度障害の方が多く，焼くという前提を理解しないで制作をしている園生も少なくないのかもしれない。指導者である職員の方が，すべての作品の焼成を引き受けていた。まだ焼く順番を待っている作品が山積みなことから，ものすごいペースで制作が進んでいく様子が想像できる。それら干からびた土の形には，人の為したエネルギーが，まだ確かに残っている。

ところで，焼き上げられた作品群には，形づくられた瞬間の土の持つみずみずしさのようなものが表情として蘇っている。いわゆる工芸的陶芸制作における焼成は「素材（土）のエネルギー」と「行為のエネルギー」を「もの（陶）のエネルギー」として生まれ変わらせる意味を持つ。が，ここでは「素材（土）のエネルギー」と「行為のエネルギー」と「もの（陶）のエネルギー」が混在し，互いが刺激し合い震えているようだ。前者を静的というならば，後者は動的というべきか。

土を焼く上で，1150℃という温度は微妙な温度だ。もし，より高温で焼いたり，さらに釉をかけて焼いたりすると，土はさらに堅く焼き締まり，物質性を大きく変化させるだろう。そうすると素材や行為のエネルギー以上に陶の持つ物質のエネルギーの方が勝ってしまい，全く新しい「もの」として生まれ変わってしまうことになる。また，より低い，例えば素焼き程度の焼成では，素焼き特有の均質な乾いた素材感が作品に残る行為のエネルギーを薄めてしまうようにも思う。1150℃という焼成温度は作品に「行為＝人」と「素材」と「もの」をギリギリのバランスで存在させている。そこに他人の

つくったものを焼いて作品化するという矛盾に対し真摯に向き合う指導者の方の誠意を感じた。ここで生まれた作品群は一人ひとりの陶芸作品というより，この場から生まれるクレイワークであるという印象を受けた。

参考文献
八木一夫，1981年，『刻々の炎』，駸々堂
素木洋一，1970年，『工芸用陶磁器』，技報堂
粘土の不思議編集委員会編，1986年，『粘土の不思議』，土質工学会
大西政太郎，1996年，『やきものと釉薬』，理工学社
田村耕一，1991年，『陶芸の技法』，雄山閣
サントリー美術館編，1998年，『楽茶碗の400年／伝統と創造』，楽美術館
ピーター・コセンティーノ，1992年，『陶芸の技法百科』，グラフィック社
トニー・バークス，1996年，『陶芸技法の手引き』，グラフィック社

〔丹下裕史〕

―― 新設された映像メディア表現, IT技術 ――

7

映像メディア表現には,「写真表現」「映画表現」「自然あるいは人工の光を素材として投影する表現」など広範囲に及んでおり,今やこれら視覚的表現の多くは私たちの生活環境の一部となり,なくてはならないものとなっている。

　本章で扱う映像メディアとは,これら映像メディア表現の中でもとくにビデオ映像を素材として編集していく「ビデオ制作」を対象としている。近年確立されたコンピュータを用いるノンリニア編集(＊1)(以下,ビデオ制作と略)によるビデオ制作は,技術的なハードルを下げると共に表現媒体としての自由度を格段に向上させた。また,映像メディアは若い世代にとって彼らが誕生して以来,視覚イメージの源泉として最も強い影響力となっている。それゆえビデオ制作場面は表現イメージを容易に持つことができ,共同ビデオ制作においてもイメージを共有しながら制作を進めていくことが可能である。

　本章は,こうした新しい表現手段としてのビデオ制作活動を芸術表現活動として位置づけ,その活動を支援する方策と考え方を提示するものである。

(＊1)　時間軸に依存しない編集作業という意味。ノンリニア編集では撮影したビデオテープなどに記録された動画をいったんデジタルデータとして取り込み,それをパソコンで編集する。デジタル化した画像は,編集を繰り返しても画質が劣化しない上,再生速度に合わせて編集する必要がないため初心者でも容易に編集できる。

第1節　芸術表現としてのビデオ制作

　ビデオ制作は技術的な制約から解放され,制作者が主体となる制作が可能になったが,そのことがすなわち芸術表現としていい換えられるわけではない。

　ノンリニア編集においても,その制作手順は基本的には従来のビデオ編集と同様の手順をたどる。すなわちビデオ制作に先立ち絵コ

ンテにすることで制作イメージを確認したり共有したりし、それを台本としながら撮影および編集作業を進めていく。

ところがノンリニア編集の出現により、ビデオ制作は高価な編集機器がなくとも、芸術活動に固有な制作プロセスである「イメージを描き、それを変容させながら新たなイメージに向かって制作を重ねていく」ことが可能になったのである。

ビデオ制作を美術の授業として実施する限り、その体験を技術取得とかメディア・リテラシーの獲得といった他者依存の権威主義的授業構成とせず、自分自身のイメージ追求過程として保障しなければならない。そして芸術表現としての経験は夢や美しい幻想の経験を意味するのではなく、制作者自身が自明としてきた現実のイメージを崩壊させ、自分自身の生き方を揺さぶるような体験として位置づけられなければならない。

第2節 ビデオ制作における制作環境

1. ビデオ制作における作業形態

ビデオ制作は個人制作か共同制作で作業を進めていくことになる。ビデオ制作全体のイメージを十分抱くことのできないごく初心者の取り組みでは、共同作業による方が作品としての深まりを期待できる。

映像表現としてのビデオ制作では、絵画制作や工芸制作のように作品の全体を常に把握しながら作業することはたいへん困難である。なぜなら、映像表現は基本的に時間軸に沿った内容表現なので、モニタに映しだされる画像は常に全体の一部分でそれ以外の大部分を同時に見ることができないからである。

そのため、ビデオ制作ではわずか1分間の映像を編集する場合で

も個人で全体を把握することは困難である。一方，複数の制作者の印象から作品の全体を総合的にとらえることはできる。

2．共同作業における人数

　複数で制作する場合，ふさわしい人数が問題となる。第1に配慮すべきこととして，扱うモニタの大きさや編集作業するパソコンの範囲に何人配置できるか，といった作業環境を考えなければならない。次に制作しようとする内容がどれほどの人数を必要としているかが考慮されることになる。

　これらのことを総合的に配慮して作業人数を決定することになるが，17インチ程度のモニタ使用の作業環境であれば3名程度となる。また，内容との関連から考慮する場合，映像作品の上映時間がどの程度想定されているかが考慮の対象となる。本ビデオ制作で想定している作品時間は3分程度であるが，この場合2名から3名程度がほどよい人数となる。

3．制作グループの構成

　おおよその人数が伝えられた後，制作グループをどのようにつくるのかも制作作業において重要な要因となる。学校教育場面では生活班によって学習活動が展開される場面も多く，グループ活動の単位がそのままビデオ制作グループとして設定される場合もあろう。また，日常の人間関係を考慮して，気の合う者同士の組み合わせを制作者に任せることもあろう。ここではそうした既存の活動単位や人間関係をグループづくりの根拠としないで，ビデオ制作にふさわしいグループ編成の方法を提起する。

　グループを編成する場合，メンバー同士が映像制作に何らかの共

有できる関連性が必要である。子どもたちは誕生以来，映画，ニュース，アニメ，報道番組，コマーシャルなどありとあらゆるジャンルの，モニターに映しだされる映像表現に慣れ親しんできており，映像を評価する力も持っている。子どもたちのこうした審美眼を確かめる方法として，まず，授業者があらかじめいくつか任意に選んだコマーシャル映像を見せる。次に，それらの映像表現について意見を求めれば多くの子どもは積極的に感想を交えた評価を下すことができる。さらに，それらの意見をもとに映像を点数で評価させる。そして，それらを集計し，それぞれの評価状況が近い者同士の組み合わせでグループをつくる。このように評価基準の共通項を根拠としてグループ編成することで，映像表現制作において意見交換の活性化が期待できるのである。

4．映像作品に要する時間

1時間50分単位の授業で連続しない授業であれば，2分〜3分程度の映像作品を完成させるのに15時間程度は必要である。わずか2，3分の映像作品にこれだけの時間をかけるのは不必要とも思われるが，初心者がパソコンを用いながら撮影したり編集したりし，制作者自身が芸術表現体験として納得できる作品づくりをするためには必要な時間数である。

ただし，15時間の制作時間において授業者が直接関わる必要がある時間はその3分の1から半分程度でよいので，授業時間内での6時間程度を充て，残りの9時間を課外活動の時間や放課後などに確保することも可能である。

加えて，作品時間を決定するのは，制作時間がどれほどあるかということとともに，扱うパソコンの記憶容量がどの程度確保されているのかも重要な要件となる。3分程度の映像作品を家庭用のモニ

タで出力しようとする場合，撮影素材をパソコンのハードディスクに収容する容量として2ギガ，加えて加工した映像を収容する容量として2ギガは必要である。したがって両方で最低4ギガは映像制作専用スペースとして確保したい。

5．ノンリニア制作に必要な機材とアプリケーション

　今日のコンピュータとその周辺機器および映像表現を可能にするソフトウェアの進歩は急速であり，現段階で特定の機器や映像編集ソフトの詳細に言及したとしても情報は常に更新されるので意味がない。

　現段階で提起できる作業環境は以下のとおりである。ビデオ制作はコンピュータにとって最も情報処理を要する作業なので，できるだけ最新の機材を準備した方がよい。少なくとも2004年以降に発売されている機材で，メモリーを500メガ以上にしておけば（メモリーは多ければ多いほどよい）ノート型でもデスクトップ型でも10分程度までのビデオ編集であれば十分対応できる。また，撮影機材としてのデジタルビデオカメラも種類が豊富であるが，とくに高画質の作品づくりを目指さないのであれば，家庭用の小型デジタルビデオカメラでパソコンと接続できる端子のついた機種であれば十分である。

　映像編集ソフトも多様であるが，できれば初心者用映像編集ソフトは避けたい。映像表現に芸術としての活動を期待する支援者は，それを扱うのが小学校低学年であっても，映像ソフトはできればプロ用かその機能を若干限定したセミプロ版をインストールすることを強く推奨する。

　初心者向け映像ソフトの多くは，制作者が編集操作に困らないように操作場面をできるだけ簡略化することが命題とされ，しかもそれなりの見栄えででき上がるようつくられている。ところがこうし

た初心者向け映像ソフトは撮影した素材を微妙に加工していく自由度が低く，あらかじめ設定された効果やテロップなどもたいていテンプレートから選ぶだけなので，でき上がりの作品はどれも同じような感じで仕上がってしまう。いい換えると，初心者向け映像ソフトを用いる制作者は，その簡易さと引き換えに映像表現において最も重要とされるイメージ追求場面を失ってしまうのである。

第3節　ビデオ制作の実際

1．ビデオ制作における制作課題

　ここでは筆者が大学生を対象とし，実施したビデオ編集作業の授業での経験をもとに，具体的な手順やイメージ追求場面を提示する。
　学生によるビデオ制作の授業を始めてから6年間に，コンピュータは飛躍的に進歩した。2004年現在では，機材の不調に関わるストレスから解放され，編集作業に没頭できるようになった。ビデオ制作を始めた1999年当時は制作機器の不具合から編集途上何度もフリーズと再起動を繰り返し，予定した時間を大幅に超過してようやく作品を完成させるという状況であった。
　またビデオ制作を始めた当時，どのような課題を与えることが，彼らの制作意欲を高めるかが問題であった。試行錯誤の結果，ビデオ制作の内容は，他の美術表現同様，学生自身の生活体験や生活感覚と結びついたものでなければ強い表現とはならないことが分かった。その上で学生自身が主たる撮影被写体となり，演出なども創意工夫することを促した。制作場面では学生自身がビデオ映像に映しだされると恥ずかしがるような仕草も見られたが，制作時間の経過とともに満足でき納得できる映像を求め，グループ内で互いに厳しい注文をつけるようになり，そこではもはや安易な絵づくりは許さ

れないようになった。

　その結果，ビデオ制作活動は彼ら自身の経験と，今彼らが生きている生の感覚を現すパフォーマンスとなり，若い彼らの生命力が吹き込まれることとなった。

　ビデオ制作において学生に与えた形式的制作課題は以下の内容である。すなわち，いずれの場合もグループで２〜４分程度のビデオクリップを制作すること。音楽はグループで選ぶこと。基本的に音楽部分には編集を加えず，音楽の時間軸に沿いながら映像を加工していくこと，とした。

２．イメージづくり

個々の感性を提示する

　過去の学生によるビデオ映像作品を鑑賞し，それぞれの評価を基準にしてつくられたグループで制作を開始する。

　制作を開始する場面で最初に取り組むのは，個々の学生が美しいと感じ，とくに撮影してみたいと感じていた場面の撮影である。この段階では全体の構想としての絵コンテはつくらない。あくまでも個々の学生が制作に先立って抱いている映像イメージを具体的に提示するのである。

　生まれてこのかた20年近く映像表現に慣れ親しんでいる学生たちは，制作時点でおびただしい映像イメージを蓄積し記憶している。一方，多くの学生は生活空間を対象として，価値あると感じる任意の場面を切り取り撮影するという経験は持っていない。それに加えて，これまでの生活経験を通してどのような映像を美しいと感じ，価値づけているかをグループ内でだし合い他者のそれと比較することは，初めての体験となる。

　このようにして撮影され提出された映像イメージは，それ自体ビ

デオクリップの物語性を方向づけたり構成的要素を決定づけたりするものではない。学生は互いの映像イメージを批評の対象としてではなく，相互のイメージをつなぐアイテムとして位置づける。

　これら提出された映像は，むしろ，これから制作していく映像の感情的イメージに大きく関与することが多い。また，制作が充実するグループは初期のこれらのイメージを残しているのに対し，作品にまとまりを欠き曖昧な仕上がりとなるグループは初期のイメージを共有できていない場合が多い。

　教師の支援

　持ち寄った学生の映像イメージをグループで提示する場面で，撮影された映像にはどのような気分が映しだされているのか（感情的要素），撮影の場面でどのようにアングルやフレーミングを工夫をしたのか（構成的要素），撮影された映像にはどのような物語（思想・意志・考え）が込められているのか（物語的要素），といった視点から学生に説明を求めるとよい。学生は質問に回答することで自分自身の映像に対する考え方を言葉としてまとめることができ，またグループ内の学生の撮影の根拠を理解したり共有できたりするようになる。

3．全体構想の明確化

　全体構想の取り組みと絵コンテの作成

　撮影された映像を見ながらグループで全体の構想を考える。構想する内容として，ビデオクリップ全体でどのようなイメージを重視するのか，そのためにどのような絵づくりをするのか，絵づくりに必要な映像はどこで撮影するのか，といった観点で話し合いをしていく。おおまかな内容が決まったら，グループの1人が絵コンテに

表してイメージを共有化する。また，イメージ化された構想にふさわしい曲もいくつか選ぶ。最初から1つの曲に限定しないでグループ内でそれぞれイメージに合う曲を持ち寄り，全員でそれぞれの曲を聴く場面を持つ。

教師の支援

グループごとに撮影された映像を見ながら，今日はどのような発見があったのか，撮影し，改めて映像として見直すとどのような点が気になるか，などこれからの絵づくりを意識させるような質問をしていく。カメラの使い方（画像の揺れ，視点，効果）なども撮影意図にふさわしいか，など技術的な課題についても話し合いの中で進めるとよい。

また，作成された絵コンテをもとに，これからどのようなビデオクリップを作成しようとしているのかをグループで発表する場面を持ち，構想としてのイメージを絵と言葉で共有化できるよう支援する。

4．イメージの追求

絵コンテに基づく撮影

絵コンテに表されたイメージに基づき，必要な場面を順次撮影していく。この段階では絵コンテでイメージされた内容が思ったような映像として表現されているかを画面毎に確認していく作業となる。撮影に際してグループの中の役割も明確にしておく。とくにカメラを持つ者は重要な役割となるので，カメラ撮影を担当する者は持ち回りとしないで固定しておくとよい。カメラを担当する者は全体のイメージを意識しながら絵づくりをする。あいまいな絵づくりとならないよう，納得ができるまで何度でも同じシーンを撮影する態度

が求められる。

編集作業と撮影の繰り返し

絵コンテに基づきながら撮影した映像素材をコンピュータに取り込む作業をしていく。撮影素材は実際に使用する映像より膨大な量になることが多く，そのままにしておくと編集場面で混乱する原因になるので，場面毎にフォルダを作成し整頓する。素材を取り込む者と，どの素材がどのフォルダに格納されたかを確認しながら作業を進める。

取り込まれた素材を編集ソフトの時間軸（タイムライン）に配置していく前にグループで決定された曲を配置する。曲によって定義された所要時間は基本的に操作しないので，曲のリズムや音の変化が映像の配置や時間を決定することになる。曲を配置したら，その時間軸に沿って映像素材を配置していく。

このように配置される過程で，たいていの場合，決定された時間軸に配置する映像素材が質，量ともに不十分であることに気づくようになる。イメージに基づき撮影された映像は，編集していく中で緻密さという点において不足しており，とくに場面と場面とを結ぶ映像は撮影できていないことが多い。また，イメージに基づき撮影したつもりであっても，作品全体の一部として配置してみると，思ったほど十分な効果を示していないことに気づくのもこの段階である。

したがって，この段階ではコンピュータ上での編集作業を進行していく一方で，新たなイメージに基づく映像や必要とされるシーンの撮影をしていくことも作業に加えられる。

教師の支援

撮影現場では撮影された映像を確認する場面をそのつど持つよう

にすることが望ましい。野外で撮影する場合，ビデオカメラで再生して確認することになるが，ビデオカメラの液晶パネルはたいてい小さく明るさも十分でないので詳細を確認するのは困難である。教師はこの場合，撮影された映像を自宅に持ち帰り，自宅のテレビモニタなどに接続して大きな画面で撮影状態を確認するよう指示する。

　おおまかに編集された映像をグループで見て，教師はそこからどのような内容が読み取れるかを伝えるようにする。ビデオ編集場面の段階を迎えた学生たちは自分たちのイメージやストーリーを前提として作品づくりをしているので，全体のイメージが掴みにくくなっている。教師は，提示された映像から何が分かり何が伝わっていないかを率直に伝え，曖昧な映像についてはその意図を聞き取り，場合によっては修正を求めるようにする。

5．ビデオクリップの仕上げと鑑賞

映像全体の整合性の確認とタイトル，テロップなどの挿入

　編集作業と映像素材の追加変更などを繰り返しながら，やがておおまかな全体像が見えてくる段階を迎える。ビデオクリップ全体は時間的には2～3分程度なので，全体を繰り返し再生することで全体像を把握するのは比較的容易である。グループ全体を確認しながら画像の詳細について検討を加えていく。この段階では撮影し直すことは時間的に無理なことが多いが，撮影素材が十分あれば，不十分な素材を入れ替え再編集することはできる。

　また，撮影映像に加えて必要なタイトルやテロップを作成し加えていくのもこの段階である。制作年月日，性作者名，撮影協力者，撮影場所，そして使用した曲名などもテロップとして挿入しておくことが望ましい。

第 7 章　新設された映像メディア表現，IT 技術

作品発表と鑑賞

　作品発表の場面では，発表に先立ちグループの代表が制作意図と制作場面で工夫したり留意した点について解説したりする。映像発表は最低でも 2 回は行う。ビデオクリップはつくり手にとっては長い 2 ～ 3 分に見えるが，初めて作品を見る者にとってはたいてい展開が早く，全体をじっくり観察する余裕はないからである。鑑賞者は，撮影された映像にはどのような物語（思想・意志・考え）が込められていたのか（物語的要素），それぞれの作品に対して撮影された映像にはどのような気分が映しだされていたのか（感情的要素），撮影の場面でどのようにアングルやフレーミングで工夫をしていたのか（構成的要素）といった視点から感想を記録する。

教師の支援と評価

　作品の仕上げの段階では大きな修正を求めることは避けた方がよいが，グループで全体を確認する場面に同席して，映像のつなぎ方の意図が不明確であったり場面展開が唐突な場面に見える箇所については説明を求めたりするとよい。場面展開が唐突であっても，それが全体の中で整合性がとれていれば問題ないが，制作者自身がそれらを意図的に表現しているのかどうかを確認する必要はある。

　鑑賞場面では，制作する力量だけを評価の対象とするだけではなく，他者の映像表現に対して造形的な視点から観察でき，観察した内容について造形的な言語を用いて説明することも同様に重要であることを伝えなければならない。

参考文献
映像表現の歴史を知りたい人には，石弘敬，1995年，『シネマ100年技術物語』，（社）日本映画機械工業会，芸術表現活動の意味について考えたい人には，ハンス＝ゲオルグ・ガダマー，轡田収ほか訳，1986年，『真理と方法 1』，法政大学出版局，がお薦めである。

〔安東恭一郎〕

青年期の鑑賞教育

8

第1節　青年期の鑑賞教育

1．アート鑑賞を考える

　アートは青年にとって，想像力や知的好奇心の発生装置である。ここではひとまず，このアートを鑑賞する行為をアート鑑賞，青年がアート鑑賞を行うことができるように基礎・基本を習得する教育をアート鑑賞教育とよぶことにしよう。さて，これまで行われてきた美術鑑賞は，アートを「理解し，味わう」というよりもむしろ，西洋美術に関する知識習得が中心であったように思われる。むろん，その教育効果は否定しない。しかし，鑑賞という学びがこれだけに終始するとしたら，やはり小さくない問題をはらんでいるだろう。それは，知識の習得が「方法」としてでなく「目的」化し，本来あるべき美術鑑賞を深める方向に働かないことにある。ここでは，これらを避け，学びのあらゆる場でアート鑑賞をどのように理解し，どのように実践すべきであるかを考えていこう。

　アート作品の歴史を振り返れば，社会や時代をふまえた「真・善・美」をアート化したこともあれば，「個人の思いや体験」をアート化したこともあった。「真・善・美」や「個人の思いや体験」がいかなるものであったとしても，また現代のようにさらに多様なアートが制作されている実態をふまえても，制作者によってアート化されている点に着目すれば，アート作品には必ず制作者の内面世界が反映されている。一方で，鑑賞者は制作者と同じように見たり感じたりするとは限らない。鑑賞者は鑑賞者で，自分自身の経験や感情などをふまえ，作品から発信された造形情報を触媒にして想像力を発生させ，そこで鑑賞者の内面世界を形成することになる。アート鑑賞を行ったとき，鑑賞者によって見方・感じ方が違ってくる

事実は，まさに鑑賞者一人ひとりの違いを反映したものである。

　青年の行うアート鑑賞は，表面的な行為としてはアート作品を見たり触ったりすることとして行われる。しかしその本質は，青年が感性と一体化した内面的な思考を行うことにある。結果として，何者にも縛られない精神の自由を獲得することが大切なのだ。だからこそ，アート鑑賞では青年一人ひとりがアートを固定化したものとして考えず，作品に対する自分なりの感じ方や思いを自由に持つことを尊重し保障することが欠かせない。三根はこのような望まれる構造を，小学校美術鑑賞教育における「オープンエンド化」という視点で提案したが（三根和浪，2001年，「美術鑑賞学習とオープンエンド化」，『アートエデュケーション』第30号，建帛社），青年期のアート鑑賞教育は，年齢発達的にもあるべき姿においても，その発展・延長線上にあるものととらえることが必要だろう。

2．青年期のアート鑑賞教育の学習段階と指導

　第1段階では，青年一人ひとりが，自分自身がどのように作品を見たり感じたりするかを自分自身で明確にすることが必要である。ここでは，制作者が表したかったことを考えるのは重要な意味を持たない。作品に表された造形要素と青年との直接対話が中心である。作品を漫然とでなく意識的に見て，造形情報にどっぷりと浸かり自分自身の見方・感じ方を確かめるのである。アート作品からは常に造形情報が発信されているが，誰もがすぐに気づくことができるとは限らない。気づくように指導するためには，直接「見なさい」といってアート鑑賞に受け身にしてしまうのではなく，例えば「題名を当ててみよう」とか，「いくつの色があるかを数えてみよう」「何をしているのだろう？」などの発問で知的好奇心を高め，自然と「よく見てしまう」ようにすることが効果的である。

第2段階は，学習集団の中で，青年たちが互いに自分の鑑賞世界を主に言葉によって表現・交流し，自分以外の見方・感じ方があることや，それがどのようなものであるかを知り，見方・感じ方が広がる段階である。学習集団でアート鑑賞を行うからこそ可能な過程でもある。アート鑑賞は，アートの世界を通して，自分や友人，制作者の真実と向き合い，そこから目をそらさず，対決し高まっていく創造的な活動だから，自由な交流の中で友人の意見と自分の意見を対比，再検討した結果として，自分自身の判断によって考えを発展的に修整・変化させることは，当然行われるだろう。また，最終的にそれらがまとまって，1つの見方・感じ方になる場合があっても良い。ここでは，自分が気づいたことや考えたことなどを，根拠を明確にしながら自由に発言・交流できることが大切である。そのためには支持的・受容的集団での学習が望まれる。支持的・受容的な風土が十分に育った集団であれば，友人の見方・感じ方について，信頼に基づいて建設的に批判することも可能だろう。

　第3段階では，第1段階，第2段階をふまえ，制作者の世界を追体験することをも視野に入れたアート鑑賞を行うことになる。表現されたモチーフやその他の造形要素から，制作者の表したかった世界を類推する場合もあるだろう。作品からは直接発信されていない情報，つまり制作者の思想信条，性格，生育環境，家族・交遊関係，時代の中で起こったこと，その他を調べたり，制作者に直接インタビューするなどという方法が採られることもあるだろう。ただ，この段階であっても，その情報は唯一絶対の正解として考えられるのでないことには留意したい。あくまでも青年の鑑賞世界を広げ，深める情報の1つとして位置づけられる。第2段階でそうであったように，諸情報を得る中で見方・感じ方を自分自身の判断によって発展的に修正・変化させることは，ここでも当然あるだろう。

　青年のアート鑑賞は，第3段階を中心に行われるだろう。しかし，

やはり第1段階および第2段階の鑑賞を保障した上での第3段階の学びにすることが必要である。また、これらの段階は、決して固定化したものではない。青年はこれらの段階を行きつ戻りつしながら、自分自身の見方・感じ方がさらに深まったり高まったりする喜びを味わうことができるのである。

3．アート鑑賞で紡ぎ出す知

鑑賞とは感性の領域で行われるものであるとしばしば考えられがちであるが、アート鑑賞教育においては、感性と一体化した知の領域のすばらしさを青年に伝えていくことが大切である。ではどのような知が青年に獲得できるだろうか。

意味的世界を想像しつつ創造する鑑賞知と指導

作品の色や形、材質感などから発信される造形情報と青年が直接に対話し、その見方・感じ方を個性的に想像しつつ創造することによって得られる知である。

指導にあたっては、後述の5W1H発問などを用いることによって、作品についてのさまざまな見方・感じ方やその根拠を意識化させ交流することが大切である。そのことによって、友人の見方・感じ方と自分のそれとを相互に確かめ合い、鑑賞世界はいっそう広がりや深まりを見せることになる。

取り上げる作品は、どのようなものでも可能だと思われる。ただ、作品から直接発信される造形情報についての自分の見方・感じ方を確かめることを指導の主たるねらいにする場合には、自己表現として制作されるようになって以降の、つまり、近代および現代のアート作品に適しているものが多いと思われる。

文化遺産の伝承としての鑑賞知と指導

　制作者が持つ内面世界を、制作者の思いと同じように見たり感じたり、また作品の持つ意味や事実を客観的に理解し、作品が時代の中でどのように定位されるかを理解したりする知である。アート鑑賞では、前述のようにオープンエンドが原則であるが、それはただ闇雲に想像すればよいというわけではない。文化財・文化遺産としての美術品が持つさまざまな事実を知ることも、このアート鑑賞を広げ深めるための情報として重要である。

　指導に当たっては、作品を生みだした歴史的な背景や作者の履歴・生育歴等を調べ把握することなどが、その作品やその先に見える作者を深く理解するための有力な手がかりの１つとなる。美術史や美学の知見から得られた情報は、効果的な役割を果たしてくれるだろう。例えば、教科書に登場したり、中学校や高等学校の鑑賞の授業でしばしば用いられる作品として、ヤン・ファン・エイク「アルノルフィニ夫妻の肖像」（ロンドン・ナショナル・ギャラリー蔵）がある。見る者すべてが、おそらく最初に人物描写の精緻さに圧倒されるだろう（もしかしたら、人物の表情の薄気味悪さにぞっとするかもしれない）。しかしよく見ると、その他さまざまなものが描かれていることに気づく。いくつかをその隠された意味とともに挙げると、①２人の男女が手をつないでいる→２人は夫婦で、画面の中心につないだ手は婚姻の誓いを表す。②犬→従順という花嫁の美徳の象徴。③２人の間にある鏡→鏡の中に２人の人物がおり婚姻の証人になっている。映った窓枠は十字架であり、鏡の周囲にはイエスがゴルゴダの丘に向かう10場面が描かれるなど、神による婚姻の守護が象徴されている。④鏡の上に文字が書かれている→「ヤン・ファン・エイクここにありき」と書かれており、制作の署名とともに婚姻の立ち会い証明になっている。⑤窓から差し込んでくる日の光→神の救いの象徴。このように、モチーフ一つひとつにそれぞれ意味が込め

られている。知的好奇心旺盛な青年たちは、作品の中に発見したモチーフにどのような意味が込められているかを、これまでの経験や知識を総動員しながら推理するだろう。

取り上げる作品は、どのようなものも可能だと思われる。再現や表現を中心にする作品であっても、それ以外の作品であっても、作品を取り巻く意味の客観的な理解は可能だからだ。ただ、青年が自分の生活経験に基づいてその意味を推理すること

8-1-1　アルノルフィニ夫妻の肖像

ができるような作品を準備することは、青年が「読み解きの武器」を持つ学習を保障する意味で重要である。加えて、例えば調べ学習などでキリスト教の知識を得ることによって、青年の読み解きがさらに広がり深まるような作品であれば、青年の知的好奇心をいっそう発展・充足させる意味で適切である。

2つの鑑賞知から自分知へ

アート鑑賞は、自分を知る営みである。現象的にいえば、アートを鑑賞する行為を通して、上記2つの知を獲得することであるものの、これらの営みは結局、自分がどのようなことに気づく人物であるのかが分かったり、快・不快を含めてどのようなことに感じる人物であるのかが分かったりすることにつながっていく。アートで表現する営みが、自分はどのようにしたいか、どのようにしたくないかを判断し、行動化する自己決定の連続であるのと同じように、ア

ートを鑑賞する営みも,自分がどのように考えたり感じたりするのか,どのように考えたり感じたりしないのかを確かめる営みの連続なのだ。つまり,自分を知る営みとしての自分知の獲得である。さらに,片上が自分知の内容的側面として自己理解に加えて人間理解を指摘(片上宗二,2002年,「二十一世紀を新しい知と学びの時代に」,『学校教育』No. 1017,学校教育研究会)したことをふまえれば,アート鑑賞の営みの中では,アートを通してその先にある人間の喜びや悲しみ,深い願いなどの広大な人間世界の営みを知ることにもなる。それは,人間理解という自分知を獲得することである。

4．アート鑑賞の方法

アート鑑賞は,作品をただ青年に見せれば成立するとは限らない。指導の際にさまざまな方策が工夫されることで,生きたアート鑑賞になる。公刊された著作から,効果的な方法を探ってみよう。

5W1H 発問

アート鑑賞では,作品についての知識を獲得することよりも前に,自分なりに作品としっかり対話し,考えることが欠かせない。「5W1H 発問」(三根和浪,1998年,「小学校における美術鑑賞教育と5W1H 発問」,『学校教育実践学研究』第4巻,広島大学学校教育学部附属教育実践総合センター)は,青年がアート作品から発信された造形情報と対話をするために効果的な方法の1つである。

① What 発問:作品にどのようなものやことが表されているかを問う(何が描かれているの？何を表したいの？等)。
② Where 発問:作品はどこを表したものかなど,場所的なものを問う(どこだろう？等)。
③ When 発問:作品に表されている時刻・時間・季節・時代など

第 8 章 青年期の鑑賞教育

を問う（いつだろう？等）。
④ Who 発問：どんな人が描かれているのか，誰がつくったのかなど，作品に表されている登場人物や作者を問う（誰が描かれているのだろう？どんな人に見える？誰が描いたのだろう？等）。

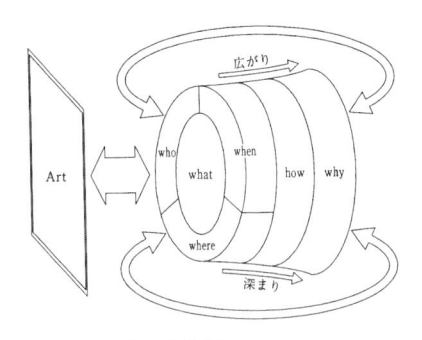

8-1-2　5W1H 発問構造図

⑤ How 発問：作品の全体や部分について，どのように感じるかを問う（どんな感じがする？等）。
⑥ Why 発問：作品に表されたものやことが，なぜそう見えたり思えたりするのか，あるいは，なぜそのように感じたりするのかなどの理由を問う（どうしてそう思ったり感じたりしたの？なぜこれがアートなの？等）。

　味わいや印象，感じなど，目に見えない部分の鑑賞を可能にするためには，その前提として，形，色，素材など，目に見える部分にどのようなものやことが表されているかの認知をしっかり行うことが欠かせない。そうでなければ，どれほど独創的な見方・感じ方に思えたとしても，単なる見間違えとしての域を出ることはない。だからこそ，5W1H 発問などを使って，しっかりと見ることができるようにすることが大切である。

　5W1H 発問の構造を上に示したが，このように，What, Where, When, Who の 4 つの発問は主に，作品の中にどのようなことが表されているかの認知的な気づきを引きだしたり，作品把握を助けたりする働きがある。図で明らかなように，What で問う「何であるか」が作品把握の中心であり，Where, When, Who の発問は，

Whatの補助として何がどのように描かれているかといった認知的な気づきを引きだす働きがある。

　How発問は主に，作品に表されたことに対して自分がどのように感じ，受け取ったかを明確にする働きがある。Why発問は，作品に表された造形要素や，作品全体から自分が気づいたり感じたりしたこと，また予想したり想像したことの理由を考え，表された造形要素と，表された内容や受け取った内容との関連づけをする働きがある。アートそのものの時代性・現代性を問うことも可能である。このHow, Whyの2つの発問に関しては，What, Where, When, Whoの4つの発問を通して得られたすべての気づきに関わって問われることになる。そして，横断的に作者の表現意図や鑑賞者である青年たちのさまざまな見方・感じ方を理解するための手がかりをつくる働きをする。また，この問いは最初指導者によって発せられるが，発達にしたがい自分自身に向かって発せられるように指導していこう。

　アートウォッチング
　中村と谷川は，現代美術の見方について，次のように3つの見方を提案（中村英樹・谷川渥，1993年，『アート・ウォッチング［現代美術編］』，美術出版社）している。
① 　線のウォッチング　近よったり離れたりしてみよう
　ズームレンズのように，前後に移動し作品を見ていく。離れてみると何気なく普通に見える絵が，近づくにしたがってディテールが迫ってくるようになり，ついには素材そのものしか見えなくなる。その見えの違いが作品から見方・感じ方を引き出したり，読み取っていったりする鍵になることもある。
② 　円のウォッチング　作品のまわりをぐるりと歩こう
　立体や半立体の作品は多くの表情を持っており，まわりをぐるり

と歩くことによって魅力が発見できる。視点を円に動かすことによって，ドラマチックな視覚が体験できる。インスタレーションなどは，作品として正面も後ろもなく，鑑賞者の視点は中から作品を見ていることになる。
③　点のウォッチング　立ち止まって観察し考えよう

　立つべき場所は一つではない。正面だけとも限らない。自分で気に入った場所に立ち止まったり，ベンチに座ったりして，じっくり鑑賞しよう。

　さらに両氏は，近代美術の見方について次のように3つの見方を提案（中村英樹・谷川渥，1994年，『アート・ウォッチング2「近代美術編」』，美術出版社）している。
①　ズームでウォッチング　色とタッチに注目しよう

　作者がなぜその色を選んだのかなどを考え，絵の具がどのように画面に塗られているかを観察し，自分の感動がどこからやってくるのか探そう。
②　マルチにウォッチング　ふたつの作品を見比べてみよう

　同じ作者の作品がいくつか展示されている時には，変わっていったところと変わらなかったところを探して，作者が表そうとしたこととその成果を見つけよう。
③　パノラマなウォッチング　まわりの光景もあわせて楽しもう

　絵画の額や彫刻のまわりの木々の緑，空の色，鳥の声……これらの光景も一緒に楽しんでいこう。

　これらの6つのウォッチングは，アートをどのように鑑賞することが可能かを，身体の行動レベルや視点として示している。アート鑑賞の具体イメージが得られるとともに，鑑賞の本質である作品に対する見方・感じ方については鑑賞者に委ねられ，鑑賞の中身の自由さを保障することになっている。外面的な「形式」を学ぶことによって，内面的な「自由」を得る好例である。

モリムラの超・美術鑑賞術

　森村は，ピカソとグルメ，レンブラントとプリクラ，その他の組み合わせで，美術鑑賞術についての解説（森村泰昌，2002年，『NHK人間講座　超・美術鑑賞術～見ることの突飛ズム』日本放送出版協会）を行い，美術鑑賞の極意を挙げる。アート鑑賞の方法を考える際に大きな示唆を与えると思われるので，次に3つを紹介しよう。
その一　おもしろければ，間違っていてもよい
　美術鑑賞では「脳の初期化」つまり絵画の中に崇高な美や意味を見つけるという思い込みを捨て去ることが大切。ゴッホの「自画像」は狼男だ！と思っても，おもしろければいいじゃないか。
その三　今も昔も変わらない
　レンブラントの絵を古典的名作として腕組みして神妙な顔で鑑賞する必要はない。350年前のセルフポートレイトは現代でいえばプリクラ。その自分を写したい気持ちは今も昔も変わらない。
その八　餅の絵を描けないようでは，美味しい餅も作れない
　餅を絵にする能力，つまり，空想する力が人間の体における水分のように人間の心には不可欠で，人間ならではのステキな能力として育てておく必要がある。
　青年たちは，上記したさまざまな鑑賞の方法を自然に習得していることがあるかもしれない。しかし学びの場において鑑賞の方法を整理された形で獲得することによって，彼らは生涯にわたって現代美術を鑑賞する効果的な方法を身につけることになるだろう。

5．アート鑑賞教育の実践に向けて

　美術館に入館した大人たちが，現代美術の作品群の前を「ワカランねぇ……」とつぶやきながら素通りしていく様子は，当たり前の風景となっている。では，大人たちが「ワカラン」というときの

第8章　青年期の鑑賞教育

「ワカル」とは何か？　金田は，猫が猫であることがわかるなど「概念的判別としての『わかる』」を破ることの必要性を説く（金田晉，1994年，「美術において『わかる』ことの諸相」，『学校教育』No. 923，学校教育研究会）。概念的判別としての「わかる」

8-1-3　広島市内のイルミネーション

を超え，青年たちが自分自身の生をアートに重ね，切り開けるようにする必要がある。写真は広島市内のスナップだが，神戸のルミナリエ，東京のミレナリオをはじめとして，市街では近年，イルミネーションが盛んである。アートは不況の世相を反映してか，市民を元気づけるために設置されることが多いようだ。このように，アートはわれわれの心を奮い立たせたり，癒したりするパワーも持っている。時代が求めるアートは，これまで作品とよばれてきたものだけでなく都市環境の中にも広く存在するが，それは人々の「鑑賞したい」という願いを反映しているのだろう。アートへの期待は大きい。これらの願いや期待に対応できるように，青年たちを多様なアートの世界と多様なアートの働きの理解へと招待し，感受と創造の力を育てることが望まれる。

その他の参考文献
天野太郎ほか，2004年，「アート鑑賞術入門　50の傑作を見る×読む◎空想ギャラリーツアーガイド」，『美術手帖』，2004年2月号
アメリア・アレナス，1998年，『なぜ，これがアートなの？』，淡交社
早坂優子，1996年，『巨匠に教わる絵画の見かた』，視覚デザイン研究所
早坂優子，2000年，『名画に教わる名画の見かた』，視覚デザイン研究所
ぴあ株式会社，2004年，『ぴあ　アートワンダーランド』

〔三根和浪〕

第2節　美術館と学校教育の連携

1．学校と美術館の連携活動の意義

　学校の美術教育において，生徒たちが本物の作品にふれることによる作品理解の充実や美的世界観の拡充の場として美術館の利用は有効な手段である。また，美術館における美術学習の目標とは，個人がそれぞれの美的価値観を形成し，生活に還元するための学びである。

　かつて，一般的によく見られた美術館における学校の美術鑑賞教育は，生徒を自由に鑑賞させ，感想シートを記入させるといった活動内容であった。このような活動においても，日常的に本物の作品に触れることの少ない生徒たちは，美術館という何か神秘的な空気を持つ空間やオリジナルの作品そのものから発せられるアウラといったものを直感的に感じ，新鮮な内的変化を得ていたであろう。しかし，そのような新鮮でみずみずしい内的変化が生じたとき，そのような変化をより深めたいという生徒の欲求を伸ばすためにも，美術館と学校が連携した「教育のしかけ」が必要性である。その「しかけづくり」こそが学校と美術館の連携活動であるといえよう。

2．美術館と学校教育の連携活動計画のポイント

　平成10年（1998）に告示された学習指導要領には，
　　　各学年の「B鑑賞」の指導に当たっては，児童や学校の実態
　　に応じて，地域の美術館などを利用すること。
と記述されている。このような記述はそれ以前の学習指導要領には記述されておらず，各学校が自主的に美術館見学として取り入れて

きていたのが現状であろう。しかし，この学習指導要領が告示されて，学校における美術館の利用が奨励され，ほとんどの美術館において，教育普及担当学芸員が設定されるようになるなど，学校が美術館を利用しやすい状況が進みつつある。また，教育普及を専門とする学芸員が学校教育に関わりを持つことは，美術館側としては将来の来館者の育成としての重要な業務として位置づけられつつある。かつては美術館と学校は互いに必要としつつ，場所が離れていることや担当者同士の交流の少なさなどから，両者の連携活動が進まなかったのがこれまでの状況であった。しかし，今後はそのちょっとした壁をうちやぶり，生徒や教師にとっても，美術館にとっても有益な交流関係を築けるスタイルを創造していく必要があると思われる。

　美術館における美的体験活動の計画をつくる際，美術館の教育普及担当学芸員とディスカッションをし，ともに美術館における美的体験活動プログラムの目的を確認し，その目的に適した内容をつくり上げていくことが好ましい。つまり，連携活動とは美術館の教育普及担当学芸員と教師がそれぞれの意見をだし合い，美的体験活動をコーディネイトしていくことであり，最終的には生徒と美術館と教師の三者による美術館における一連のプロセスをふくめた美的体験活動そのものを創造していく活動といえる。そのためには，教師，美術館教育普及担当学芸員，参加する生徒の誰もが活動をつくっていく創造者となり，創造的な場の形成へ向かう仲間として互いに刺激し合わなければ，美術館における活動がいきいきとしたものとはならない。

3．美術館との連携活動の活動例

美術館教育普及担当学芸員による出前授業

学校の事情などで生徒の美術館訪問が難しい場合は，教育普及学芸員による出前授業といった形の活動もたいへんに有効な活動であるといえる。出前授業とは，学芸員が学校に出張し，美術館の普及活動を行うものである。受け入れ側の学校の条件によってスタイルはさまざまな例が考えられるが，学校の教師にはできない，その美術館の独自性をアピールできるような内容を盛り込んだ活動を検討する必要性がある。ときには教育普及担当学芸員がコーディネイトをし，展覧会企画担当学芸員が話しをする機会を設けるといった例も考えられよう。しかし，その際は作品と向き合い続けた展覧会企画担当学芸員ならではのオリジナリティある内容を盛り込むなど，展覧会企画担当という特別かつ貴重な体験を持つ学芸員の世界に生徒たちがふれる機会にもなるような工夫を考慮すると，より作品との関わり方の幅が広がるであろう。

美術館にける活動

① 事前学習について

一般的に美術館訪問前の事前学習として，美術館パンフレットと展覧会のチラシを配付し，美術館でのマナーなどについてオリエンテーションを行うといった学習が行われる。もちろんそのような基本的説明も必要であるが，もし時間的に可能ならば，前項で述べた学芸員による出前授業を1度行い，その後，生徒はその美術館を訪問するといったスタイルが好ましい。なぜならば，生徒は美術館という敷居の高い場所にいくにあたって，緊張を強いられる場合が多い。しかし，1度でも美術館学芸員と面識を持つことによって，リ

ラックス度は全く異なるのである。
② 作品鑑賞とワークショップについて

　美術館における教育普及活動は作品説明会，ギャラリートーク，ワークショップ（制作）などが挙げられる。それぞれの活動にはその短所，長所があり，一概にその活動の優劣は決められない。学校と美術館の連携活動においては，時間や人数，回数の条件によって，上に挙げた作品説明会，ギャラリートークといった作品鑑賞の分野とワークショップ（制作）の分野を時間内にバランスよく配分することへの配慮が必要になる。生徒は美術館スタッフとのギャラリートークなどにより，作品との距離を縮めるものの，それだけでは作品の世界と自分の世界を重ねた内的な理解度が弱い。ギャラリートークとワークショップといった理論的理解と実技的理解の2種類の活動を組み合わせることにより，生徒は美術を理論的にも体感的にも享受することができる。これら2つの活動のコーディネイトは，教師と学芸員によるコラボレーションによって臨機応変に構成することが重要である。

美術館活動の振り返り

　生徒たちは，美術館での刺激的な体験による内的変化を感じつつも，具体的に表現するのはなかなか難しい。美術館訪問の報告書や感想文の作成などで，その成果をある程度は抽出できるであろう。しかし，それらの文章によって抽出しきれない内的変化は美術館訪問後のさまざまな活動の思いがけない場面で表出する可能性がある。何カ月も経った後に描かれた作品にその片りんが見られることもあろう。教師はその変化を見逃すことなく察知し，その変化を生徒本人にも確認させることを地道に続ける作業が一番有効な振り返り学習となる。

4．美術館との連携活動におけるプロセスについて

　美術館との連携の活動においては作品を前にして「見る」「話す」「表現する」という多様な活動を参加者同士の関わりの中で進めていき，学校という場だけでは発見できなかったこと，学外の専門家たちと関わることで得られる新たな視点などを見つけることが重要である。多様な要素が組み合わさって構成される美術館との連携活動においては，その活動後に残されたワークシートや感想文だけでその活動を保存するのではなく，個々の生徒が美術館での活動の中で経たプロセスを重視し，そのプロセスをより丁寧に定着させる活動のしくみをつくる必要がある。来館した生徒は一人ひとり全く異なった道筋を通って作品と接している。よって，そのプロセスをじっくりとたどり，保存するためには，その素材を確保する作業が必要となる。その素材とはワークシートや感想文，ギャラリートークで交わされたささいな会話の記録。ギャラリートーク外でのなにげない発話のメモ。ワークショップで制作された作品など，ありとあらゆる素材である。それらの素材確保のためには，生徒各自が自分の活動をポートフォリオにして保存するための指導は有効である。美術館で生徒の内的変化として起きたプロセスを自分自身で記録し，後に自分自身の振り返りを行う過程もふくめた美術館と連携活動が行えると，さらに充実されるであろう。しかし，これらの一連の活動を行うためには，それをサポートする人手と手間が必要であり，教師スタッフや美術館側のスタッフを確保するよう十分に検討する必要がある。

5. さまざまな試みの現状

　これまで述べてきた学校と美術館の連携活動は，本物の作品にふれることにより生まれる生徒一人ひとりの美的価値観とそのプロセスを重視する活動である。それは多種多様であり，それぞれが異なったプロセスをたどるであろう。そのような活動に教師や美術館側が対応するためには，1つの決まった教育方法では十分な対応とはいえない。つまり，美術館との連携による生徒一人ひとりの美的価値観の発見のための学習とは，作品鑑賞やワークショップなどの美術的行為を通しての生徒自身が「見る」「考える」「話す」「表現する」といった試行錯誤のプロセスの中でどのような過程を経ることができたかという道筋を丁寧に紡ぎだし，記録し，それを個々の思考の世界観をどのように織り込んでいくかという活動であるといえよう。このような学習活動はまだ実践も少ないが，現在，美術館におけるギャラリートークや美術作家たちによるセルフ・エデュケーション，ワークショップという手法の学びなどについてさまざまな試みがされている。それらの活動を参考にし，おのおのの学校や美術館の特色を生かした連携活動が実践されることを期待する。

参考文献
アメリア・アレナス，木下哲夫訳，2001年，『みる・かんがえる・はなす―鑑賞教育へのヒント―』，淡交社
　　かつてニューヨーク近代美術館（MoMA）で教育普及のセクションで働いていたアメリア・アレナスによる鑑賞教育の入門書。彼女のギャラリートークは幼い子どもから大人まで，鑑賞者の経験や意識に則して作品を観察し，考え，言葉で表現することを重視している。
　　言葉で表現する事が苦手な日本人にとってはすぐになじみにくい手法であるかもしれない。しかし，彼女の理念を参考にしつつ，日本人の気質に添ったギャラリートークや美術鑑賞の手法を考える上では参考になる本であろう。
中野民夫，2001年，『ワークショップ―新しい学びと創造の場―』，岩波新書
　　近年さまざまな場で取り入れられているワークショップについての分析がされ

ている．実際に行われた活動の紹介とその結果によって導きだされる意義についても考察され，最終的なワークショップの応用方法について述べられている．幅広い題材を扱っており，ワークショップの基本を学ぶにはお勧めの書．

川俣正・N. ペーリー・熊倉敬聡編，2001年，『セルフ・エデュケーションの時代』，フィルムアート社

「自らが自らの力で学ぶ」という問題に対して，現代美術作家である川俣正や美術教育家，舞踏評論家らによるさまざまな実践を通したセルフ・エデュケーションの報告が記されている．本書のプロジェクトは「個人の試行錯誤そのものを〈創造的〉」としており，これによって社会変容をもたらす実践となりうるための提案であるとよびかけている．

〔勅使河原君江〕

アート教育の新たな視座とその教材開発

9

第1節　すばらしいと感じる世界を描く

1．身近な風景を描こう——パノラマ画面で表す

　生徒が，一生みずみずしい感性の世界に関わることができるために，すばらしいと感じる世界の扉をしっかりとたたかせたい。これが，美術教師の夢と希望である。

　中学生くらいになると身の回りの事物や自然を深く認識したり，解釈する力などが高まってくる。また，事物や自然に一層，迫力を感じたい，愛着を感じたいという欲求もわき起こる。また自分の夢や願い，空想力に起点をおいた能力を十分発揮したいという欲求も起こってくる。そして，集中力や計画性も高まるので，子どもの感覚と心が相互に関わって深まる，生徒独自の世界が成長してくる。

　美術の世界では，何かしないと分からないものが，描くなどの行為に移すと，目で見たり，ぼんやりと考えているときよりも，一層その真価がはっきりしてくる。美術表現をねらって自然や各種の事物・事象に向かい合ってはじめて，その真実の姿が子どもの心に明確になってくるのである。美術に向き合う力を的確に育て，十分な手がかりや具体的な方法を提示することが重要ではないだろうか。

　だからこそ，3年間の美術教育で形や色に対する基礎的技能や知識，発想力や構成力，鑑賞力，美的・創造的感性などの基礎的能力をきちんとつけていくことが大切であると思う。描いたりつくったりする基礎が身につき，表現したいことが的確にできるようになった生徒は，喜びを持って，新しいものを生みだそうとするものである。それは，中学生の時期に大切な「新しい自分づくり」をしていることになるのである。

　3年間のカリキュラムの中で，題材開発や授業展開を工夫するこ

とで，感性を培い表現力を伸ばして，生徒の成長をはかることが大切であると感じている。ここでは，1年生の「身近な風景を描く」（写生），3年生の「夢と幻想」（メゾチント）という題材について述べたい。

まず1年生の「身近な風景を描く」である。これはおおむね25〜30×10〜15 cmの小さな画面に描く風景画である。絵を描くというと，決まって四つ切や八つ切りの画用紙を使っていたが，そんな大きさにこだわらなくてもよいのでは……と感じていたこと。そして，パノラマ写真や組写真で表現される風景が，いつも見慣れている風景写真とは違う雰囲気を醸しだしてくれること。これらが，横長・縦長の画面で表現させることに至ったきっかけである。

大きな画面でなく，小さなパノラマ画面の風景画制作ではあるが，その小さな画面には，写真とは違うより本物らしい世界，小さくてもすばらしいアートが描きだされていくのである。授業時間が少ない中，それほど時間もかからずに制作することもでき，また，細長い画面に描くことによって，広がりや遠近感をより強く意識することができるのである。

これまでから，「さあ，風景画を描こう」といっても，なかなか描きたいポイントが見つけられなかったり，目の前にある風景をどのように区切り，どこからどこまでを画面に収めればよいのか決められなかったりして，時間を費やしてしまうことがよくあった。そこで，カメラをのぞいて風景を区切ることによって，画用紙へのおさめ方のこつがつかめるのではないかと考えた。

実際に生徒にもカメラをのぞかせてみた。「あーなるほど」「ほんまや。すごく横に広がっている感じがするなあ」「奥行きがものすごく感じられるわ」など。また，デジタルカメラのモニター半分を指で隠している生徒は「先生，こうするともっといいなあ」。生徒の反応はとても新鮮であった。カメラを通した目で風景を区切るこ

とは，絵を描くときに構図をとらえ直すきっかけになるのではないだろうか。風景のとらえ方を意識した生徒は，次は新たな目で画用紙に向かうのである。目の前に広がる風景の中に，垂直や斜めのいろいろな線が見えてくるのである。身近な風景でありながら，描くという気持ちで見ることが少ない生徒たちにとっては，いつも見ているものとは違う，新しい，そして，すばらしい風景との出会いとなる。

　材料はアクリル絵の具である。デザインの学習で使っているが，この授業の事前に，絵の具を使った遊びの中で，そのときとは違うアクリル絵の具での表現方法を模索する時間を持っている。混色や重色，水の多少による効果など，個人差はあるが，それぞれが感じることができたようだ。「こんなことができるのか」というのが多くの生徒の反応であった。絵の具に慣れ，今までとは違う表現の方法を見つけられたことは，風景の中にある色の変化を見つめ，それを表現しようという意欲につながったのではないかと思う。

　図9-1-1は校舎裏の丘の上から見下ろした風景である。家の屋根が重なり，だんだん小さくなっている様子を，色の彩度を落としていくことで表現しようとがんばっていた。

9-1-1

「線路と電車の斜めの線がいいなあ」と，自分の作品をほめていたが，確かにそうである。家々の斜めの線とも相まって，画面の広がりがより一層感じられる作品に仕上がった。

　図9-1-2は通学路から見える風景である。細かい表現はできていないが，稲刈り後の田んぼや森を色の濃淡で表現することができた。あぜ道の筆致がとても心地よい感じを与えてくれる。「こんなにうまく描けたの初めてだ」とたいへんうれしそうに作品を見せて

第9章 アート教育の新たな視座とその教材開発

くれた。描くことへの自信を持ってくれたであろう。

画用紙を縦に使い，水路の奥行きを表現した図9-1-3の作品は，水流のおもしろさに興味をひかれ，光の方向を考え，細かいタッチで根気強く描いている。光り輝く水が流れる音まで聞こえてくるような感じがする。

9-1-2

見ることの大切さ，風景との出会いのすばらしさを改めて実感した。描いている段階で，目で見ているときよりも本物になり，自然の迫力が盛り上がってくる生徒の表現に，子どもたちの可能性を見たが，それを引きだす的確な指導の難しさと必要性を痛感した。

授業時数の減少で，版画に取り組む学校が減っているが，私は，全学年に版画を取り入れている。版画は版によって表現する絵で，独自の表現世界を持ち，作品が複数できるという特徴がある。完成する作品を予想し，見通しを持ち，下絵を描き，版をつくる，そして，刷るという異質の作業を経験する中で，作品の完成が見られる価値の高い内容をふくむ領域なのである。しかし，生徒たちは，版画というと，手間がか

9-1-3

9-1-4

255

かって面倒というイメージを持っているようだ。だからこそ、版画の持つこの独自性と特徴をまず生徒に理解させ、興味を持たせ、表現意欲を喚起させるように指導していかなければならないと考える。

3年生では、メゾチントによる版画制作に取り組んでいる。メゾチントの作品を初めて見ると、生徒たちは、黒と白、そして、微妙な灰色の変化によって表現されているものの美しさに感動し、「これが版画?!」「自分もこんな表現がしてみたい」という意欲を持ってくれる。

メゾチントは美しく柔らかな階調を表現することができる版画で、モノトーンでありながら、その中に無数の色を感じることができる。

そして、テーマは「夢と幻想」、心象の世界である。観察による表現と異なり、のびのびと多様な形で自己表現できる。表現に自信を失いかけていた生徒にとっても、自己表現に自信を持ち、造形の楽しさが感じられる題材である。絵づくりの段階でなかなかイメージが浮かばない生徒には、CGによるコラージュ、フィルタリング（変換機能の利用）なども下絵づくりの1つの

第9章　アート教育の新たな視座とその教材開発

方法として活用させるなどして，絵づくりの段階で思いをいろいろと巡らせ表現できるように指導した。

メゾチントは，黒い画面を少しずつ白くしていく作業である。描き加えていくというプラスの作業ではなく，従来の感覚からすると消していくというマイナスの作業に近い。そのため，構想カルトン（黒画用紙に白鉛筆で描く下絵）の段階で，描こうとするものの持つイメージを自分なりに解釈し，微妙な濃淡を表現していくことが大切で，立体的に表現する方法などを工夫しながら制作していく。

先にも述べたが，メゾチントは柔らかな階調を表現することができる。これは，生徒たちのデリケートな感情とぴったりと合っているのではないだろうか。そんな版画だからこそ，微妙な濃淡の表現や製版（削り）にどんどんのめり込んでいくのではないかと思う。

印刷の段階では，インクの拭き取りに細心の注意を払いプレス機を回す。「もっとこうしたいんだけど」と悩んだり，カルトンと比べ修正箇所を確認したり，「ああ，拭き取りミスか」とがっかりしたりしながらも，完成を目指してがんばる。

やっと本刷り。刷り上がった作品を見たその瞬間に表情が変わる。見事である。「わあ，すごい」「きれい」「自分にもできた」完成がはっきりわかる版画。版画・メゾチントで味わう喜びの一瞬である。苦労してつくられた，すばらしいと感じる世界はどれも見応えがある。中学校での制作の集大成ともいえる作品だ。　　　　　〔村田秀俊〕

9-1-7 単元の指導計画（全7時間）

次	時	学習活動	評価項目【 】は評価方法			
			関心・意欲・態度	発想や構想の能力	創造的な技能	鑑賞の能力
1	1	○身近な風景写真を見る。 ○写真の風景から，構図や色の特徴を読み取る。 ○空気遠近法や透視図法の考え方や効果を理解し，学習のねらいを把握する。	○奥行きや広がりのある風景に関心を持ち，表現の意欲を持っている。【観察】			○透視図法や遠近法を理解し，空間を感じている。【観察】
2	2	○グループでデジタルカメラを持って，校舎周辺の風景を撮りに行く。 ○気に入ったポイントで簡単なスケッチをする。	○自分なりのポイントを見つけられる。【観察・聴取】	○身近な風景に奥行きや広がりを見つけられる。 ○自分の作品の主題をはっきり決めて場所を選ぶことができる。【観察・作品】	○大まかな線で風景の構図をとらえることができる。【作品・観察・聴取】	○自然と向き合うことの喜びを感じている。【観察・聴取】
3	1	○風景の持つ雰囲気や印象を大切にして，スケッチを元に下描きをする。	○自分なりのイメージで表現しようとしている。【観察】		○心ひかれる感じを考えて描くことができる。【作品・観察・聴取】	
4	2	○ねらいや意図に応じて，材料を選んで着彩をする。 ○画面全体を考えた効果的な着彩をする。	○制作に魅力を感じ意欲的に取り組んでいる。 ○作品の雰囲気を自分なりに表現しようとする。【観察】	○表現意図を生かして，独創的な表現をしようとしている。【観察・作品】	○材料の特性を生かして着彩することができる。	○友達の心情や意図と表現の工夫などを感じ取り，自分の表現を振り返っている。【観察・聴取】
5	1	○お互いの作品を鑑賞する。	○意欲的に作品の鑑賞をしている。【自己評価カード・観察】			
作品評価				○自分の表したいテーマをしっかり考え，表現の工夫ができている。	○濃淡の工夫や遠近法による雰囲気が表現されている。	

〔村田秀俊〕

第2節　想像力を活性化するアートの授業

1．自らのアート世界の発見！
――地球・人間・芸術を入り口にして――

この教材の考え方

　この教材は，「自らのアート世界を造形作品として表現する」というねらいで，中学3年生がA4サイズの厚紙に，「地球」「人間」「芸術」の言葉を入り口に，自分なりのアートの世界を見つけていくというものである。

9-2-1　地球を包み込む紫の霧

　これまでの授業では，指導者が提示作品（見本）を見せることで生徒に一定の具体的作品目標を与えてしまうことが多かった。その中で生徒には，自分なりの発想をつけ加えつつ，目標作品に迫るための技法習得を目指したり，丁寧に仕上げるという学習姿勢を求めることになってしまっていた。しかし学校教育にとどまらず，生徒が生涯にわたって造形的な行為を楽しんだり，美術を愛好する気持ちが持てるようになるためには，中学校の授業の中で指導者がイメージする制作を課すのではなく，生徒自身のアート世界を見つけていくための発想法を学習したり，その世界を具体的に造形するための創意工夫の姿勢を伸ばしていく

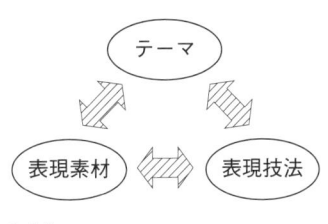

9-2-2

ことが重要ではないかと考えた。そのため，生徒が造形作品の制作を行う際に，発想のきっかけや広がりにつながる視点を以下の3点として考えてみることとした。
　○素材からのイメージの活性化
　○テーマからのイメージの活性化
　○技法からのイメージの活性化
　これらが相互に関連を持つことで，生徒の表現しようとする世界の探求がはかられることになると考えたのである。また具体的に「どんなイメージを？」「どんな材料（表現素材）で？」「どのような技法で？」をたくさんの選択肢から考えたり・新しく開発したことをまとめるために「自分のアートを探求するプリント」を用意し，造形表現を通じて自らのアート世界を構築するための支援にしようと考えた。

テーマから発想を活性化する
　今回の教材では，「地球」「人間」「芸術」という入り口となるテーマは指導者が設定し，そこから個々人が自分なりのテーマ追求へと，発展していくことを期待している。これは自らのアート世界を探求しようと提案しても，発想の手がかりを抽出できない生徒にとっては，発想の起点が必要と考えたからである。また発想指導として想像力を活性化する取り組みを，以下の2段階のように行った。

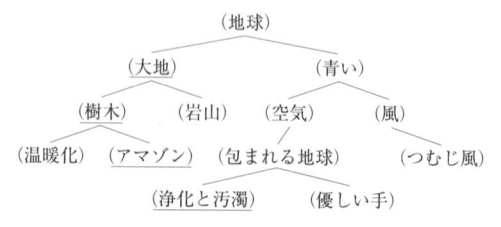

```
                    (地球)
             (大地)        (青い)
      (樹木)  (岩山)   (空気)    (風)
  (温暖化) (アマゾン) (包まれる地球)  (つむじ風)
           (浄化と汚濁) (優しい手)
```

9-2-3　生徒A君の樹系図
（注）アンダーラインが制作で具体化していった。

① 連想法による発想の刺激（発想のトレーニングⅠ）

ワークシートを用意し、「地球」「人間」「芸術」という言葉から連想するイメージを樹形図の形式で記入する。この際、系統的な考え方は必要としないで、時間を限定し、短時間での操作とした。

② 加算的な発想刺激（合想法：発想のトレーニングⅡ）

カードを各自に配布し、前述のテーマから思いついた言葉をいくつか記入させる。そのカードを相互に交換し、自分に配られた複数のカードから、イメージを複合し発想してみる。

〔Ｂさんの例〕

　〇「砂漠化」＋「図書館」⇒Ｂさんのイメージ

　①　「古そうな本を開けると中から大量の砂があふれてくる」

　②　「砂漠に埋められた人類の記憶」

以上の①②の発想トレーニングは、両方ともに短時間の取り組みとして行い、そのものには時間をかけないよう配慮にした。

（※合想法は筆者が、便宜上よんでいる方法である）

技法の習得をもとに想像力を活性化する

本校では、中学校に入学以来さまざまな素材体験ができるように、3年間の学習プログラムを計画している。この教材実践の際にも、それらの造形経験が活かされることを意図した。この教材と関連づけるために以下のような内容を振り返り、その表現効果とそれぞれのイメージを重ね合わせていった。

〈1年生時の学習から〜〉

　〇新聞紙や段ボール紙を用いてイメージを表現する教材

　〇筆以外の道具を探して〈つくって〉、絵を描く教材

　〇ポスターカラーや色紙を使った色彩学習等

〈2年生時の学習から〜〉

　〇スタンピング、コラージュ、デカルコマニーなどの表現技法学習

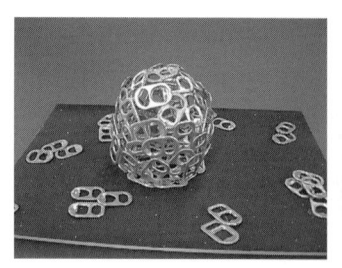

9-2-4 プルタブの作品
(Cさん作品「小さな消費の世界」)

9-2-5 空き缶を削った作品
(D君作品「今平和を問う」)

9-2-6 空き缶を貼り合わせた作品
(Eさん作品「見せかけのカン」)

○風景や日常品のスケッチ学習(素描道具はさまざま)
○陶芸作品のための,マチエールの収集体験等々

以上のような,学習を振り返りつつ「段ボールの波状模様を活用したら,どんなイメージに重なるだろうか?」「デカルコマニーの技法は,どんなイメージ表現に使えるだろうか?」等の問いかけを行った。

素材によって想像力を活性化する

この教材では,指導者側が準備する材料はA4サイズの厚紙のみであり,それ以外の表現素材は生徒自身が準備するという条件で行った。当然各自が用意できる素材は,さまざまであると考えられるので素材を加工することでいくつもの表現が得られることを,ワークシートを用いて確認することとした。
〈例〉「空き缶を素材とするならば,どんな表現方法があるか?」
・プルタブを使う・空き缶のラベルをコピーしてみる
・切って貼り合わせる・積み重ねる

第9章　アート教育の新たな視座とその教材開発

生徒の制作と作品の傾向

　授業では，表現材料を各自持ち寄ることが難しいと思われたので，授業本番までの間に一定の素材を持ち寄る期間を設け，各自の持ち寄った素材を素材ボックスにストックしておくという方法をとった。
〈自分のアート世界を探求するチャート式のプリント〉

9-2-7　チャート式プリント

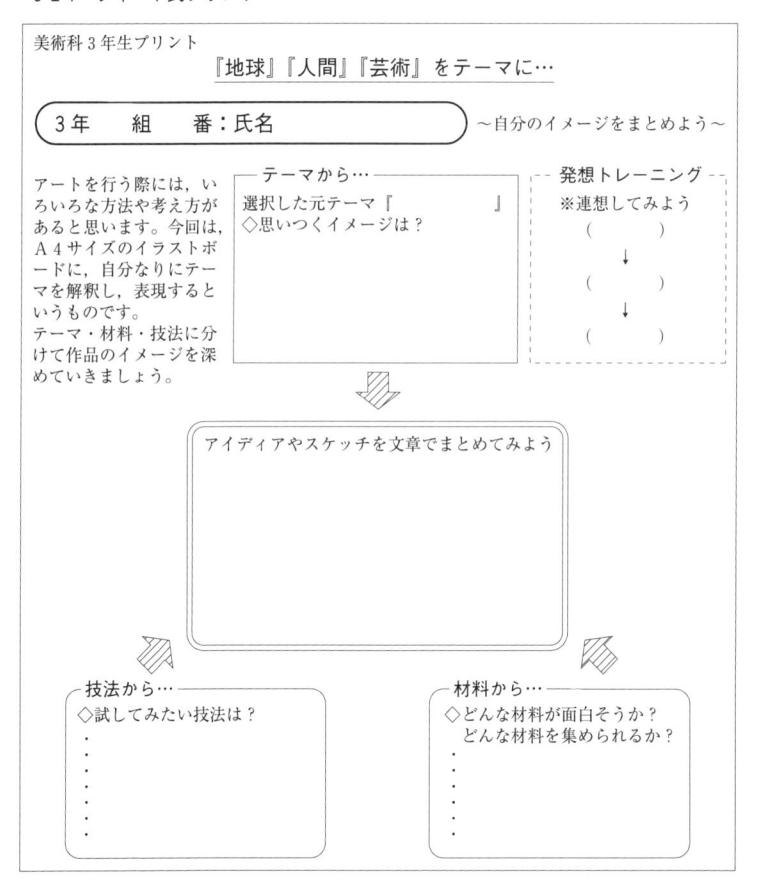

美術科3年生プリント

『地球』『人間』『芸術』をテーマに…

3年　　組　　番：氏名　　　　　　　　　　　　～自分のイメージをまとめよう～

アートを行う際には，いろいろな方法や考え方があると思います。今回は，A4サイズのイラストボードに，自分なりにテーマを解釈し，表現するというものです。
テーマ・材料・技法に分けて作品のイメージを深めていきましょう。

テーマから…
選択した元テーマ『　　　　　』
◇思いつくイメージは？

発想トレーニング
※連想してみよう
（　　　　）
↓
（　　　　）
↓
（　　　　）

アイディアやスケッチを文章でまとめてみよう

技法から…
◇試してみたい技法は？
・
・
・
・
・

材料から…
◇どんな材料が面白そうか？
　どんな材料を集められるか？
・
・
・
・
・

実際の制作が始まると，生徒は図9-2-7のようなワークシートを振り返りながら，積極的に想像力を活かした作品づくりに熱中していった。
　とくに作品のテーマは，「人類の歴史」「地球の状況」などを視点に当てつつ，生徒自身の進化・成長・不安を投影した作品や，「社会世相」に焦点を当てて自分の興味や社会での話題を取り上げる作品も見られた。また，ゆっくり絵や立体で人物を表現してみたいとする具象派も少なからず見られた。

　授業を終えて
　中学生にとって想像力を活性化することは，今の自分の気持ちや思いとどれだけまっすぐ向き合えるかということに通じるように思われた。また，個々の生徒が想像力を活性化する方法を獲得することは，一人ひとりの気持ちや考えを，過去の経験や周囲の情報に重ね合わせつつ，自らのアート世界に昇華させていくことが可能となるのではないだろうか。
〔足立　彰〕

2．マンガ・イラストレーションの世界

　自分の考えや思いをすらすらと，マンガやイラストで表現できると，大変嬉しいし，楽しいものだ。マンガやイラストを描いてみよう。
　マンガは「漫画」，「戯画」，「風刺画」，「カリカチュア（caricature）」，「カートゥーン（cartoon）」，「コミック（comic）」，「劇画」など，多様な呼称がつけられている絵画的分野であり，そして，その総称でもある。これらの表現されるマンガは自由奔放な絵画空間であり，規定されないところにその特質がある。また，「漫画」という言葉自体，大衆の中に定着したのは昭和初期で，比較的に新し

いことである。その言葉の確立によって、写真や映画と並ぶ近代複製美術の一大分野を形成するようになった。元来、マンガは描かれて一定の目的が達せられると捨て去られるのが宿命であった。そのため洋の東西を問わず、古代・中世の作品で残されたものが少ない。

現代においてのマンガは、何度かのブームを経ながらストーリー物（劇画・コミック）の比重を増大させていった。少女コミック誌や青年コミック誌、あるいは女性コミック誌なども含めて現在、マンガ雑誌は年間10億冊以上発行され、マンガはあらゆる年代層の娯楽として浸透している。また、人気コミックスになるとテレビアニメーション化されてファン層をさらに広げ、コミック表現はゲームソフトやコンピュータ・グラフィックスなどにも利用され、ソフト産業界の一翼になっている。

マンガを定義すると、「風刺」の要素あるいは「遊び」の要素をふくんだ絵画といえる。両要素がバランスよく含まれた絵画は漫画として非常におもしろいもので、「遊び」の要素の強いものは、一般的に「戯画」とよばれ、同様に「風刺」の要素の強いものは「風刺画」とよばれている。人間社会には不合理や矛盾が満ち溢れているという点から、それに反発する気持ちは誰にでもあり、そうした抵抗心・批判精神を絵として表現したものが風刺画である。したがって、風刺の対象とするものは人間であり、事物や動物などを使って風刺する表現には、その裏に人間批判が隠されている。人間性そのものを風刺するもの、仲間や周囲の社会を風刺するもの、さらには国の最高権力者を風刺するものまで幅広く表現されている。人間が絵を描くことを知った時点から風刺画は存在したと思われ、土や砂の上に他人の容姿の欠点を誇張して描く風刺画などは当然存在していたといえるだろう。

イラストレーション（illustration）は伝える内容を図で分かりやすく示したもので、すなわち言語による表現と同時に知覚されるこ

とを前提とし，その制作物における主題をより的確に表現することを目標としてつくられる合目的的な画像をいう。イラストレーションという概念の範疇には，絵画，図解，図表，写真などが含まれ，また，日常一般には挿絵と同義に解されることも多い。そして見る人へのイメージを広げ，楽しませてくれるものである。

現代におけるイラストレーションは，言語による表現に従属するのではなく，それ自体が独立した表現であると認められている。そして，絵画のように一品制作や原画崇拝というような概念から解き放たれ，基本的には個人性に基づく手仕事であり，さらに印刷技術を駆使して大衆との接点を持っている。イラストレーションが現代社会において，とくに注目されるようになった素因をこれらのことから認めることができる。イラストレーションは，さまざまな表現技術を誇っているが，これらは一朝一夕につくられたものではないので，あなたがイラストレーションに興味を持つならば，これに深い影響を与えた古今東西，全世界の作家たちの遺産に何度も目を向けるだろう。

〔中野隆二〕

3.「心のスケッチ，思い出の表現」

心の中の世界を表現，方法を工夫して楽しく表してみよう。

スケッチ（sketch）は主として，写生図，下絵，素描，略図などを意味する絵画用語で，対象物や風景など，形や印象を写し取ることをいう。原義は概要，草案，断片的な描写の意味で，建築，デザイン，文学，音楽などの分野でも用いられることがある。スケッチは，対象の概念や特徴をとらえるための画家の修業手段でもあるが，またとくに完成作のための下絵や試作をさし，詳細入念なもの，簡略なものの別を問わないが，一般にそれ自体を最終作としない作品を総称する言葉である。フランス語に由来するエスキス（esquisse）もほぼ同様の意味である。クロッキー（croquis）は主として人物，動物などの動く対象を短時間に描写する速写のスケッチあるいは素描である。スケッチの多くは素描の一形態として見ることができるが，時として油彩による簡単な習作もスケッチとよばれる。

　挿絵は，主として，言語による表現のための説明的あるいは補助的な役割を担う絵画をいい，記述内容への関心や理解を深めるため，新聞，雑誌，書物などの文中に挿入される絵のことをいう。イラスト（illustration の略）とほぼ同義だが，一般には，文章と直接つながりがあり，しかも絵画的性格の強いものを指し，写真図版，カットや口絵とは区別される。素描は美術用語であり，英語のドローイング（drawing），フランス語のデッサン（dessin）に当たる。両者の動詞形 draw, dessiner は，いずれも「線を引く，線描する」の意であり，したがって素描の概念としては，何らかの線的な方法で表現する芸術，およびその作品とするのが妥当な表現であろう。

マンガ

　マンガを楽しく，表し方を工夫するといろいろなおもしろい表現ができる。1コママンガ，4コママンガ，ストーリーのマンガ，自

9-2-8　ヒトとなりヒューマンカレッジ
（エンピツで下書きしてコンピュータで修正）

9-2-9　マンガ・二羽のニワトリの散歩
（カップルが仲よく生きていくイメージをイラストにした）

9-2-11 動物マンガ・そんごくう
(劇のためのイラスト。クレヨンでザラッとした感じをだし,ぬいぐるみの存在感をねらった)

9-2-10 4コママンガ・表現に生かす基礎技法

分の思いや情報を伝える手段のひとつとして生活の中にある。マンガのよさを楽しみながら表現してみよう。

イラストレーション

イラストレーションは視覚伝達の手段として言葉で伝えることができないものを能率的に,意図も簡単に伝えることができる。従属的な挿絵という立場から前進して主体性のあるイメージ伝達のコミュニケーション手段として期待される表現である。スケッチする気持ちの中で,さまざまなテクニックやスタイルを駆使してみよう。

参考文献
久保幸造,1977年,『イラストレーション・テクニック』,高橋書店

第9章　アート教育の新たな視座とその教材開発

石子順三，1970年，『現代マンガの思想』，太平出版社
日本造形教育研究会，2001年，『美術　1・2・3　上下』，開隆堂出版
花篤實・中村晋也・熊本高工・監修，2001年，『美術　1・2・3　上下』，日本文教出版

9-2-12　イラスト・フォーシーズン
（人の顔で四季を表現した）

9-2-13　イラスト・ワシとハト
（アクリル絵具とエアブラシの混合技法）

9-2-14　イラスト・動物たちの祭典
（子どものためのフェスティバルのためのポスター。四角の中にはオペレッタ，演劇，幼児体操などのプログラムが入っていた）

9-2-15　イラスト・窓のいぬ
（アクリル絵具で一瞬の表情をイラストにした）

9-2-16 イラスト・冬からす
(アクリル絵具と,ポスターカラーのミックス表現)

9-2-17 イラスト・大きな目のねこ
(アクリル絵具と,エアブラシのミックス表現)

〔中野隆二〕

4. 段ボール紙でアートを！

この教材開発の考え方

　この教材は，生徒自身が段ボールという材料を，アートのための表現素材（造形の発想の起点となるもの）に転換し，さまざまな自然現象のイメージを表現しようとするものである。

　今日の美術科の授業では，以前に比べてさまざまな素材を用いて表現する題材が多くなってきたように思われる。しかし生徒自身が「材料と対話し，表現素材そのものを開発する学習」は，あまり見られないのではないだろうか？　つまり材料に対してさまざまな「ためし」（表現素材としての可能性を探る活動）を行うことで，表現に対するイメージが触発されたり，加工の技能が高まるなどの効果

があるとともに，自らのイメージを具現化するためには素材から研究するのだという態度を育てることが可能ではないかと考えるのである。そのために，以下のような学習として設定し，生徒に素材の特性と自分自身のイメージの語り合いを行わせ，それによる学習的な効果をねらうこととした。

9-2-18 荒波（生徒作品）

素材研究と関わって

　この教材は，生徒自身が表現素材を開発し，そこから自己のイメージを造形するという手法をとる。そのため大本の素材は生徒にとってなじみやすく，存分に使うだけの量を確保できることが必要で，なおかつ表現素材として多様な可能性を持つことが重要であるため，「段ボール紙」を以下の理由から材料として扱うこととした。
　① 生徒にとってのなじみやすさ（日常性）
　② 表現材料として観るときの，視点の変換のおもしろさ（段ボールの形状的なおもしろさ・強度・紙の性質の特性）
　③ 生徒の加工による形状変化の期待（『ためし』の取り組み）
　・着色　・削る（粉末）　・破る　・練る（水と糊で紙粘土）
　・薄く割く　・組む　・ねじる　・丸める　・輪にする　等

テーマ設定と関わって

　この教材は，段ボールという材料を，「ためし」を通して表現素材に転換していく活動と，その素材から自分なりのイメージを見つけていく活動が学習の両輪となる。中学1年生の前半に取り組む課題と設定している。段ボールそのものは，幼児期や小学校での造形

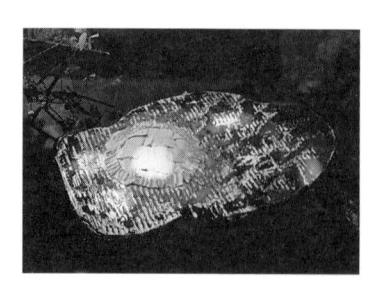

9-2-19 暗い森の中の湖にぽっかり浮かぶ月!（生徒作品）

材料として利用され，生徒の中には構造材としての活用方法しか思いつかない者がいることも懸念される。そこで個々のイメージを触発するものとして，自然をテーマに「風」「雲」「虹」「波」「大地」を提示し，それらを窓口として自分らしいテーマへ発展的に広げていくことを期待した。

授業での生徒の活動（素材研究とテーマ追求）

実際の授業では，生徒が段ボールをどのように表現素材として変化させることができるのか研究する「ためし」の過程を取り入れ，その中で自分が発見した内容を，相互に交流し合う場面を設定した。

```
         個々の生徒の行った『ためし』の工夫
 A君  ：削る  →粉末にする→「雪のような感じ」「ふわふわ」
 Bさん：組む  →切り込みを入れて組み合わせる→「かっちりした」
  さん：練る  →ちぎってミキサーにかける→「自由な形」「固まる」
  君  ：めくる→ちぎる・表面をはがす→「リズミカル」「動き」
         生徒が生みだしたさまざまな表現素材
```

そのことにより，自らのイメージと幾つか考えておいた表現素材の特性とを接近させていくことができると考えた。

授業を終えて

生徒の作品は，自分自身が造形した作品そのものだけでなく，自然の光や水をも取り込むことで，テーマに迫ろうとする傾向も多く見られた。またこのような学習を経験することで，自己の表現主題

の追求という姿勢を持てるようになっていったと考えられる。

〔足立　彰〕

第3節　やさしさのデザイン

　自分のおもいや気持ちを形や色で表現するという作品づくりだけでなく，つくった作品をプレゼントし，使ってもらうということを前提とした作品づくりでは，どんな人がどのように使うのかということを考えることが大切である。使う人のことを考える中から「人にやさしいデザイン」も生まれてくる。また，環境問題やリサイクルが注目される中，資源の再利用で作品をつくる実践がなされている。「環境や地球にやさしい」実践である。

　次の授業実践は資源を再利用した作品づくりと，作品をプレゼントすることを通して地域との交流をはかることを目標にしたものである。

　毎年いくつかの生徒机がこわれ廃棄している。しかし，その机の天板材（合板）はまだまだ利用価値がある。十分に再利用が可能だ。そこで考えたのが，天板材を再利用した木のおもちゃづくり。また，完成した天板のリサイクルおもちゃをクリスマスプレゼントとして地域の保育園や幼稚園にプレゼントすることにした。

　中学生のお兄さん，お姉さんからおもちゃをプレゼントされた園児がいずれ，自分たちと同じ中学校に入学してくるという話をしながら，リサイクルおもちゃづくりをした。自分のための作品づくりではなく，地域の園児たちにプレゼントするものということから，そこに中学生なりの園児に対するやさしさの溢れたアイディアが生まれてくる。作品には制作者のメッセージもつけてプレゼントする。資源の再利用というやさしさだけでなく，作品の形やメッセージに中学生のやさしさが現れる。

1．授業の流れ

① 材料を用意する

こわれた机の中から比較的傷の少ないものを選び，天板をはずす。天板の大きさは，60×45cm。それを，10×15cmぐらいの大きさにあらかじめ切断しておく。

9-3-1
校内で剪定した桜の木を輪切りにし，車輪にする。組み木の要素や動きの工夫を制作のポイントとして指導する。

② 制作の手順
　(1) デザインを考える。
　(2) デザインをもとに材料に下書きをし，木取りをする。
　(3) 電動糸のこなどを使い材料を切る。
　(4) 軸受けの穴をあける。
　(5) 各部品をみがく。
　(6) 組み立て，仕上げ。
③ メッセージを書く

総合的な学習や選択美術の授業として取り組むこともできる。図9-3-1の作品は，3年生の選択授業での作品。

クリスマスカードをつくり作品につける。作品一つひとつに，色えんぴつで着色したカードをつける。そこに制作者の名前とメッセージを書き込む。

9-3-2

完成したおもちゃは，プレゼントする前に校内で作品展をして他学年の生徒や教職員にも見てもらった。作品展後はおもちゃを箱詰めし地域の保育園と幼稚園にプレゼントした。中学生

との交流会を開いていただいた園もあった。直接園児におもちゃをプレゼントし、それを喜んでくれた園児に、とても満足そうでした。思いを込めてつくり上げた作品は相手に通じるということを強く実感したように思う。園児たちは、7年後中学校に入学してくるとき、プレゼントされたおもちゃのことをおぼえていてくれるでしょうか。中学生になった彼らが今度はプレゼントする側になってくれたらと思う。〔松村一樹〕

第4節　ゲームとアート

1．ゲーム

　遊び心を生かした造形、ゲーム。アイディアを生かして遊び心をくすぐる楽しいゲームをつくってみよう。

　ゲーム（game）とは「遊戯」「試合」「競技」のことである。ゲームの理論（theory of games）では、プレイヤーが、相手の出方を絶えず考慮に入れながら、自己の利益を最もよく達成するための手段

9-4-1　ゲーム1・動物ゲーム

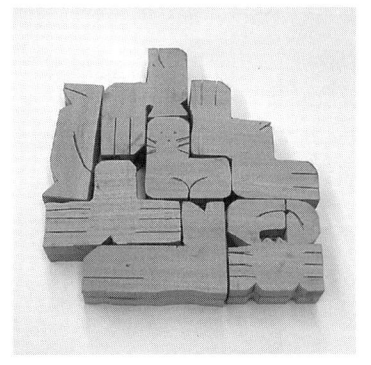

9-4-2　ゲーム2・木製動物ゲーム

を合理的に選択するといった行動である。
　《ゲーム》動物をあるルールで並べを変えてみよう。

2．アートについて

　アート（art）というと，よく意味が分からないけれども，かっこうがいいもの，不思議なもの，心ひかれるものなど，いろいろな価値観がある。アートの語源からいえば，作品の創作と鑑賞によって精神の充実体験を追求する文化活動のことをいう。文学，音楽，造形美術，演劇，舞踊，映画などの総称であるが，アートは常に変動している。アートとゲームの結びつきはここにある。

3．ゲームにおけるアート

　ゲームをアート感覚でつくってみよう。
　ゲームはあるルールにのっとった競技であるが，ゲームにおけるアートとの関係は興味深いものがある。例えば，コリントゲームや野球ゲーム盤などの造形，またCGゲームやパチンコなどのキャラクターとコスチュームあるいはそのグッズそして背景・舞台などの競技のために工夫されたデザインは勝負に何らかの心理的作用をするに違いない。古典的にはチェスやトランプ，花札，将棋の駒もそれにあたるのではないだろうか。ゲームは自分の好きなデザイン，形や色の組み合わせなどの構成や工夫，すなわちアートによって楽しい勝利が期待されるものである。　　　　　　　　〔中野隆二〕

第9章 アート教育の新たな視座とその教材開発

第5節 環境とアート

1．山をわたるオオサンショウウオ

　公立中学校の教諭の場合，一定の年限をもとに人事異動がある。この人事異動による新たな職場での勤務に際して必要なこととして，その地域の伝統や特産などについての情報の収集は美術の授業を組み立てる上でも，いわゆる「地域素材の活用」につながる大切な活動といえる。

　ここで紹介する「山をわたるオオサンショウウオ」は山間部にある小規模僻地校に勤務したときの実践の中の1つである。

　現在，京都市内で最北に位置する京都市立花背第二中学校に勤務

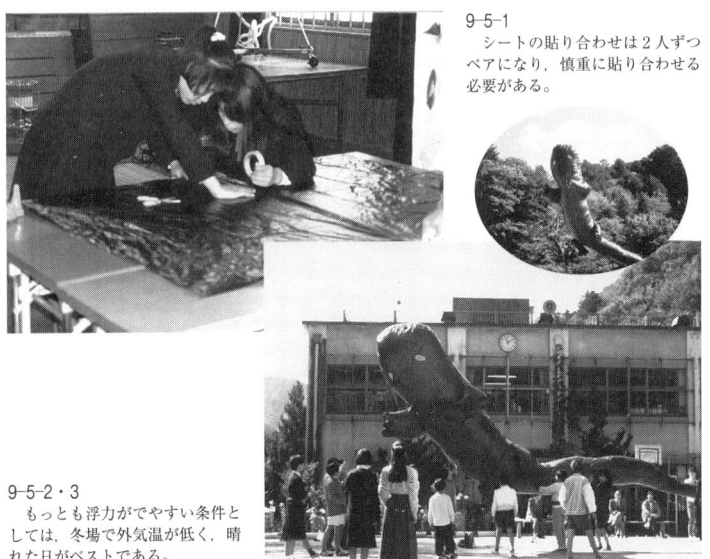

9-5-1
　シートの貼り合わせは2人ずつペアになり，慎重に貼り合わせる必要がある。

9-5-2・3
　もっとも浮力がでやすい条件としては，冬場で外気温が低く，晴れた日がベストである。

277

することになり驚いたのは，市内中心部のビル群に囲まれた都会の学校とは大きく異なり，スギやヒノキ，広葉樹に囲まれた自然豊かでのどかな環境の中にひっそりと学校が存在していることだった。しかし，市内中心部の学校の抱える問題と同じように，少子化（過疎化）と地域との交流の希薄さが感じられるのが残念だった。

そこで，子どもたちが元気に明るく活動する様子を地域の方々，とくにお年寄りに伝えようと，小・中学校合同の文化祭で大きなソーラーバルーンを飛ばすことを計画した。

ソーラーバルーンこそ以前からよく取り組まれてきた題材だが，この時は地域に生息する特別天然記念物のオオサンショウウオをモティーフにしたソーラーバルーンを制作することにした。

まず，地域調べ学習で出てきた内容を整理しながら，ソーラーバルーンとして適した形態を有するものはないかを討議し，オオサンショウウオを候補に絞った。次にソーラーバルーンとしての構造上の必要条件などを考察し，制作することとなった。

制作工程はいたってシンプルで簡単で，みんなで取り組みやすい題材といえる。

簡単に示すと，まず図鑑などを参考にして原画担当グループがオオサンショウウオの姿をスケッチする。さらにソーラーバルーンとしての浮力（揚力）がでやすいように少しデフォルメを施し，通常の形態よりも丸みを帯びさせる形で原画を制作する。

薄手の黒いゴミ袋の2辺を切り離し，大きく広げたものをつなぎ合わせ，さらに大きなシート（5×15m四方）を2組つくり，それを2枚重ねにして体育館に広げる。そこに原画を見ながらホワイトマーカーで一気にアウトラインを描き，2枚同時にはさみで切り取る。次に2枚になった同じ形の型をセロテープで貼り合わせる。このときの注意としてあまり貼り重ねが大きいと重みが増し浮力に影響するが，逆に少ないと空気漏れの原因となるので慎重に貼り合わせる

必要がある。完成した袋状の形態の中に布団乾燥機を使って暖かい空気を送り込む。温風が行き渡ると浮力がつき始める。そして大空に駆け上がり、山をわたるオオサンショウウオのバルーンが完成する。

〔老松法光〕

2. 光の演出を楽しもう

子どもたちを取り巻く環境はハード面・ソフト面ともにいろいろな問題を抱え、個々にさまざまなストレスを感じながら生活している。

そんな中、最近とくに注目を集めるようになったこととして、いわゆるヒーリング（癒し効果）が挙げられる。中でも「明かり」の持つ暖かさは、多くの人が心休まる魅力的な癒し効果（ライトセラピー）を持っている。ここではその身近な環境（生活環境）を演出するアートということで特殊素材を活用したランプシェードをとり上げたい。

9-5-4 資料A

一般的に中学校で「明かり」を取り上げる場合、陶芸によるものや木の角材や竹などで組み上げたものに和紙を貼ったり（イサム・ノグチ風）、毛糸を巻き上げて覆うような感じで、どちらかというと和風なイメージを追求するものが多かった。

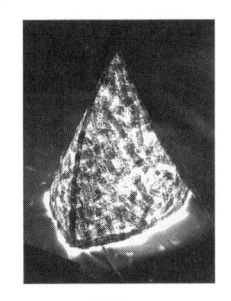

しかし、現代の子どもたちの生活様式を見ると障子や襖は少なくなり、ドアやフローリングの床、クロス貼りの壁など現代的な、い

9-5-5 資料B

9-5-6　制作の様子

わゆる洋風を意識した空間の中で生活している方が多くなっている。そのような環境の中に和風のランプを置いてみても違和感が残り，真の癒し効果は期待できないかもしれない。

そこで，ちょっと風変わりな素材として骨折時の治療に使う医療用の石膏ギプステープを使ってみることにした。包帯に石膏粉を絡めただけの素材だが固まると小さな網目状の穴が無数に現れ，光の透過をおもしろくする。また，真っ白な表情は見た目にも都会的であるがそこから漏れたり反射したりする光は心を和らげる。

制作方法はいたって簡単で，まず，白ボール紙で原型をつくる。このときの工夫としては，「さあ，ランプシェードの形を考えよう！」というようにストレートに問いかけると多くの生徒が悩み考え込んでしまう。そこで，正六面体や円柱などのような簡単な幾何学的立体を組み合わせてできるような原型を考えると発想が広がりやすい。

写真資料のAとBはそれぞれ三角錐と三角錐の各面に曲線を入れて変形したものだが，ちょっとの工夫でその表情はかなり変わってくる。このあたりの工夫ができているか否かを見ることで発展的な学習へとつながったかを評価するポイントとなってくる。

また，でき上がった原型に小さなテープ状にカットした石膏ギプステープを貼り込んでいくのだが，このときの重なり具合と隙間の空け具合で光の演出効果は大きく変化する。資料Bの場合はとても細かく切った石膏ギプステープをランダムに貼り込んだもので，表面の起伏が強調され，さらにおもしろい表情となっている。

一方，石膏ギプステープの貼り込みは水で濡らして行うため，原

型のボール紙がふやけてくる。また，20分もすれば石膏が凝固し始め，固くなってくるので，その頃合いを見計らって原型のボール紙を少しずつ破りながら抜き取るとランプシェードは簡単に完成する。こうして柱がなく面の構成のみでさまざまな形のランプシェードをつくることができる。

素材の性質上，形が完成してから1日で凝固状態から硬化へと変化するのだが，衝撃に弱く，ものを当てたり落下させないように注意する必要がある。これはものを大切にする心の育成にもつながる。

参考資料
橋本裕司，2001年，『あかりのレシピ』，マール社
橋本裕司，2002年，『あかりのレシピ2』，マール社

〔老松法光〕

3．土を粘土にする

粘土は，紙や木とならぶものとして幼稚園，小学校から立体造形表現の重要な素材としてさまざまに扱われている。そして，テラコッタ粘土，信楽陶土などの粘土は，紙や材木のように素材としての完成品を業者に注文することが当然のことであると私たちは思っている。

「美術の時間は，生徒に大人の作品により近い美術作品を制作させる時間である」と考えるのであれば，従来のようにそれぞれの作品の種類により適した粘土を購入すればよいであろう。しかし，もし「美術の時間は，生徒にアートの根元を体験させる時間である」と考えるのであれば，「土を粘土にする」ことは「粘土を制作する」という造形表現の根元としての重要な意味を持つことになる。

土は，私たちの身の回りの至る所に存在している。校庭のすみでも土を採取できるし，郊外であれば学校の近くに土を採取できるところはすぐに見つかるであろう。たとえ都会の中心部のマンション

に住んでいても，ハイキングに行った際にその場所の土を持って帰ることができるであろう。

そのような土は，砂場の砂や業者から購入した粘土とは全く異なっている。私たちが日々の生活を営んでいる大地から採取した土には，草木の葉っぱや根っこのきれはし，虫，大小の石ころなどさまざまなものが交じっている。そのような発見ができただけでもアートの根元にふれたといえる。しかし，さらに自分の採取した土から自分で粘土をつくり，その粘土で作品をつくることができれば，（あるいは「そうできてこそ」）美術の時間は真の美術の時間となる。

できあいの粘土を購入するのに比べ多大の手間暇はかかるが，できあがった粘土はそれ自体がすばらしい作品である。

粘土のつくり方
① 土の表面の草などを取りのぞく。
　（運動場など客土されている場合はそれより下の土）
② スコップで土をほる。
　（指先でこねてみて，粘性のある土を選ぶ）
③ カラカラになるまで1週間ほど乾燥させる。
④ 木づちでたたいて土を細々にする。

9-5-7　土をほる　　　　　　　　9-5-8　土を粉々にする

第9章　アート教育の新たな視座とその教材開発

（その際に，小石や草木の根っこなどを取りのぞく）
⑤　バケツに水を多めに入れ，細々になった土とよくまぜる。
（できればそのままの状態で一晩置き，浮いてきた不純物を取りのぞく）
⑥　まざった泥水を30番程度の「ふるい」にかけて漉かす。
⑦　漉かした泥水を石膏鉢にいれ望みの堅さになるまで（気温や天候にもよるが）およそ2日間ほどかけて水分をとばす。

留意事項
・粘土は「カオリン」（アルミナと無水珪酸との含水化合物）の量が多くなればなるほど粘性が増すので，手づくり粘土でつくった作品を素焼きする場合に粘性が足りなければカオリンにより調節することができる。カオリンの代わりに木節粘土を使用してもよい。
・本焼きした場合，土によっては焼きしまらなかったり逆に溶けてガラス化することもあるので，事前に試し焼きをする必要がある。例えば，校庭のすみから採取した土で粘土をつくった場合には学校の名前を入れて「○○焼き」とすることもできる。

〔稲富啓一郎〕

第6節　技法とアート

1．墨の表現の魅力

墨は画材として手軽で多様性がある。作品はシンプルでありながら深く美しい。可能性を秘めた素材である。一方，難しい側面も併せ持つ。なぜなら，墨は題材設定ひとつで，稚拙な落書きになったり魅力的な作品になったりする。ここでは，墨の表現の特徴を確認し，教材としての可能性を考える。

墨の表現の三要素

　墨に関連する絵画表現は,「墨絵」「墨象（非文字性の書）」「現代絵画（アンフォルメル・抽象表現主義・アクションペインティングなど）」の3つが挙げられる。この3つに共通する要素に,「余白」「身体性」「即時性」がある。
① 余白
　墨が墨でありえるには「余白」が必要である。余白は「虚」の空間であるが, 雪の表現では「実」になる。また, 虚と実は互いに強い関係性を持つ。長谷川等伯の「松林図屛風」では, 確たる存在感を表す強い墨色で描かれている部分から, 余白に溶け込んでいくような淡い墨色まで幅広い。墨と余白は, 実と虚の間を揺らめき, 運動しながら, 画面全体の関係性をより濃密なものにしている。そこに, 余白でない「何か」を見ることができる。また, 余白には時間・間・リズムの表現も含まれる。
② 身体性
　墨の線は身体の軌跡である。それは精神の軌跡でもあり, 身体の運動が明確な表現であるほど精神の動きも表現されやすい。1本の線からは, 力の強弱・運動の速度・息遣いが読み取れる。また, 現実の自然界に絵画的な線の発見は困難である。線は, 人間の外の現実によるものではなく, むしろ人間の身体性に即するものである。
③ 即時性
　墨は消すことができない。描いた部分から完成していくという表現の速さや手軽さは, 発想やイメージ, 心象表現や感情表現に向く。外界の再現には適さないが, 身体性に即したリズミカルで主観的な表現に向く。また, 消せないことは緊張感や大胆さへと表現を導く。
　この他にも,「遊戯性」や, 溌墨・かすれ・にじみなどの「偶然性」も要素として挙げることができる。

2．青年期における墨の表現の意義
——子どもの造形表現の最終段階として

　子どもの絵の発達は，2歳頃の「スクリブル段階」から始まり，14歳～17歳の「青年期の美術—決定の時期—」を迎える。まさに高校生はこの時期である。この時期の特徴として，「自我の目覚めとその確立」と，「視覚的な傾向とパプティックな傾向の明確化」がある。「視覚的な傾向」は，客観的で視覚的リアリズムな表現となる。一方，パプティックな傾向は，主観的で「自己の経験を画面に投影することで自我の主体性を確立しようとする。この場合，表現への媒介手段は〈身体的自我〉ともいうべき運動感覚的な，あるいは触覚的な行為」といった表現となる（竹内博，1991年，『造形教育の原理と方法』，同朋舎出版）。

　美術の表現は螺旋階段のようなものである。同じような表現を繰り返しているようでも，子どもの発達とともに立っている場所の高さは違うのである。運動の結果が表現となることは造形表現の原点であり，スクリブルと墨の表現も螺旋階段の関係といえる。

　また，「芸術は子どもを知っているが，子どもは芸術を知らない」という言葉がある。子どもの造形表現は「生命の活動」そのものであり芸術の本質でもあるが，自覚して表現しているわけではない。青年期では自覚して表現される必要がある。自覚は「自分と向き合い，自己を見つめる」ことから始まる。これは青年期の発達段階の特徴とも合致し，またすべての芸術の出発点ともいえる。制作の過程で自分の思想や感情や経験など，自己を見つめることが重要であるが，困難でもある。自己を見つめる経験が少なく，また自己を見つめて結論を出すことに不安感や抵抗がある場合，表現する前段階で戸惑う。墨の即興性と身体性はこれを乗り越えるきっかけに

なりうる。
　一見，スクリブルや図式段階に戻ったかに見える作品も，「自己を見つめる」行為の結果である場合，螺旋階段に立っている場所の高さは同じではないのである。

3．墨の表現の技法

実践事例
　ここで，「指頭画」「絵巻物（画巻）」の実践事例を挙げる。
〈事例1〉指頭画（2年10時間）
指頭画の特徴
　指頭画（指墨画ともいう）は，指のみならず，爪あるいは手のひらを用いて描く墨絵である（京都国立博物館，2002年，『建仁寺展』図録）。
　指頭画では身体性が表現に直結し，芸術性の高い作品が期待できる。本来，指頭画の指は親指・薬指・小指の3本だが，授業では身体は自由に使い，筆以外のいろいろな道具も併用する（筆は禁止）。ただし，身体性を強調するねらいに変わりはない。
① 導入　鑑賞　長谷川等伯「松林図屏風」
　墨絵から墨象・現代美術まで幅広く紹介する。その中で，長谷川等伯筆「松林図屏風」を挙げて，今回の課題のポイントを伝える。
　(1) 身体性…　作品の印象は深遠で静かだが，画面は立たせて，身体全体を動かして描いている。墨は垂れ，タッチもはっきりしている。400年前の等伯の動きや呼吸まで伝わってくる。墨の作品では，身体の動きがダイレクトに作品に現れる。
　(2) 道具…　筆は上等なものでなく，藁(わら)を束ねたものである。墨絵は筆で描くだけではない。
　(3) 内容…　作品の背景。息子の久蔵が26歳の若さで亡くなり，それがこの作品を生んだ。そうすると，松林が，息子の死を悼

第9章　アート教育の新たな視座とその教材開発

む等伯自身に見えないだろうか。

② 課題の提示「人間じゃないのに人間っぽいもの」

次に、今回の課題と条件を提示する。

(a)墨を使う。(b)筆は使わない。自分の身体か、筆以外の道具。身体の動きを意識して、「線」で描くこと。(c)対象を見て描くこと。リアルである必要はない。(d)描くテーマは「人間じゃないのに人間っぽいもの」。形・感情・存在感など、自分が対象から感じる人間らしさを描く。これは、生徒が自己を見つめるためのヒントとして用意した。

9-6-1　道具

紙は鳥の子紙と模造紙を使用し、画面は身体性を発揮するにＢ１以上の大きな画面が必要。ベニヤ板やパネルに貼る。

③ 制作

(1) 制作１　〜練習〜　人物クロッキー

最初は必ず手のみで直接描き、身体性を実感する。

(2) 制作２　樹を描く

共通のモチーフとして「樹」を設定する。描く前には必ず「素振り」をし、画面・自分・樹のスケールを把握し集中力を高める。

(3) 制作３　テーマに合った自由なモチーフを描く

生徒は、テーマに合ったモチーフ探しに非常に苦労する。結果、さまざまなモチーフを探してくる。大きな石・ドラム缶・電柱・鯉・非常ベル……。描く方法も、自分とモチーフに合う方法を試行錯誤する。

④ 作品鑑賞と自己評価

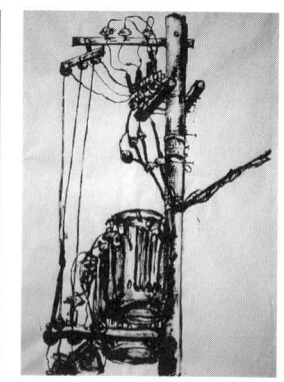

9-6-2　生徒作品（樹木）　　9-6-3　生徒作品（電柱）

〈事例2〉絵巻物（画巻）（2年8時間）

絵巻物の特徴

　指頭画が「身体性」が重要な題材ならば，絵巻物は「余白」も含めた「間」が重要である。多様な間の意味が挙げられる。

　(a)空間としての間　(b)時間としての間…　絵巻独特の表現として，1つの画面に同一人物が2人現れたりする。これは時間や動きの表現で，一種のアニメーションである。また，余白が時間の経過も表現する。(c)リズムをつくる間…　空間・時間・動きの表現は，画面にリズムを生む。リズムも間があるからこそ成立する。(d)鑑賞者との間…　絵巻は右から左に進み，右手で巻き取りながら観る。鑑賞者の視線の動きや手の動きなど，鑑賞者の立場で考えることが重要。(e)間の魅力…　(a)～(d)を総合すると，間とは「見えないもの」であり，「表現せずに表現するもの」である。そこには，鑑賞者の想像力やイメージを刺激する魅力がある。

(1)　導入　鑑賞「一遍聖絵」などの絵巻物
　　生徒が「間」を意識して鑑賞するように説明する。
(2)　課題の提示「間を意識する」

右から左に鑑賞する前提で描く以外は，絵巻の概念にとらわれず，例えばプロモーションビデオのつもりで，自由につくってよい。ただし，間を意識すること。
(3) 制作
(ア) アイディア・スケッチ
上質紙に話と画面の大まかな構成を描く。時間はかけない。
(イ) 本紙
下書きはしない。指導のポイントを「空間と余白」「いい線を描く」に絞る。空間の解釈が作品の魅力に大きく影響する。
(ウ) 落款
画面のはしに丸い木材を軸として貼る。押して完成。
(4) 作品鑑賞と自己評価

参考文献
矢代幸雄，1969年，『水墨画』，岩波書店
中村雄二郎，1984年，『術語集』，岩波新書
源　豊宗，1976年，『日本美術の流れ』，思索社
『教育美術』2003年9月号，財団法人教育美術振興会

〔丸山　勉〕

第7節　ドラマのアート

1．人形芝居・紙芝居——ストーリーをつくる

　紙芝居にしても人形芝居にしても芝居，劇である。その本質に変わりがあるわけではないが，ジャンルとしての特性からは逃れられない。指導する側がジャンルとしての特性についてよく心得ていると，ストーリーをつくる際に無理をさせなくてすむのだ。最も基本的ないくつかを挙げてみると，人形芝居では糸あやつりのマリオネット人形と，手袋形のギニョール人形があるわけだが，マリオネッ

トは上から糸で吊り下げて、人形は足音を立てて歩くことができる。上から吊り下げるという構造上の特性から、空を飛ぶようなストーリーは最も得意になっている。またスリラーのように足音が近づいてくるなどという演出も可能だ。ギニョールはまるで反対で下から突き出ている。空を飛ばすのは至難の業になるが、地にもぐるのは得意である。足音を立てることは構造上できないが、その手でものを持ち上げるのは可能である。

9-7-1 マリオネット

紙芝居にもこのようなジャンル特性がある。人形芝居の舞台に向かって右側が上手（かみて）で、左側が下手（しもて）になり、普通役者としての人形は上手から登場するものだが、これと同じように紙芝居は、紙芝居舞台（紙芝居を入れる木の枠組み）の構造上、観客から見て左側にしか絵を抜くことができない。絵に描く登場人物は上手から下手へ向かうように描かなければならない。これは意外と気づかれておらず、絵本の絵の時間の流れは、ほとんどの場合左から右、つまり紙芝居と逆になるので、絵本などを手本にすると誤りやすい。さらに絵本の読み聞かせと違うのは、紙芝居舞台から絵を「抜く」という行為は、絵本を「めくる」よりもはるかにダイナミックに行えるという点である。その成立時に映画のモンタージュ理論を取り入れたと加太こうじは『紙芝居昭和史』(1971年，立風書房) に書いているが、まさにカットの積み重ねと同様の効果を持っている。

さらに人形芝居と紙芝居に共通するジャンル特性を挙げておくと、それは「小さい」演劇、芝居であることだ。人間そのものが演じる劇、芝居に比べると、それらは半分の大きさにもなっていないことがわかるだろう。しばしばジャンル特性というものは、表現の制約

と感じられ、それを突破したいと思うかもしれないが、大の男3人を駆使した文楽人形でさえ、人間以下の大きさなのである。五七五文字の俳句に比べて、五七五七七の和歌が自由であるなどという論法は成り立たないのだから、「小さい」芝居だから良い、と指導者が心得ておかなくてはならない。小さいから手軽につくれる、簡単に上演できる、造形の精妙さを競える……のである。ストーリーの基本としての起承転結も、指導する年齢によってはこだわらなくてよい。「ごっこ遊び」は本格的でなくてよいのだ。「ままごと」がそうであるように、「小さい」は「ごっこ遊び」につながっている。人形芝居の起源がオシラサマなどの「神遊び」であったことも思い起こさせる。

2．人形芝居『おかあちゃん』（脚本・高鳥公子）の世界

オオカミがブタの母親を食おうとする。すると母ブタは子ブタを預けるから1年間は命を助けてくれという。オオカミは、はじめは苦労するが、子ブタがなつくと自分の子どものようにかわいがる。約束の1年がすぎ、母ブタはテレビ局の撮影スタッフを連れてオオカミ宅に。かわいそうな子ブタを育てたりっぱなオオカミという美談にしたてて、子ブタをとりもどす。すっかりだまされたオオカミ、

9-7-2　だきあうオオカミと子ブタ　　　9-7-3　子ブタの群れが…

それでも悲しがるのはだまされたことではなく、子ブタがいなくなったからだ。すると子ブタが「おかあちゃーん」と戻ってきたではないか。それどころか、こんなにりっぱに育ててくれたからと、後からもっとお願いと子ブタの群れが……。おそろしげなオオカミだが、その生態を調べるとブタより子煩悩なのだ。テープに遺された阪本一房氏のオオカミ役の声は、「悪」の魅力に溢れている。善が悪のように見え、またその逆もという世界だ。

参考文献
網野善彦ほか編，1991年，『大系日本歴史と芸能第11巻　形代・傀儡・人形』，平凡社
阪本一房，1990年，『紙芝居屋の日記——大阪・昭和二十年代』，関西児童文化史研究会
阪本一房，1996年，『復刻　大阪人形座の記録』，関西児童文化史研究会
阪本一房・堀田穣，1995年，『紙芝居をつくろう！』，青弓社
南江治郎，1969初版，1999重版，『人形劇入門』，保育社
シルヴァスタイン，1977年，『ぼくを探しに』，講談社
やべみつのり，1996年，「紙芝居作り方と工夫のヒント」，『クロスロード』1月号
やべみつのり，1991年，『でてきたなあーんだ？』，童心社
レオ・レオーニ，松岡正剛対談，1980年，『間の本　イメージの午後』工作舎
汐見稔幸・加用文男・加藤繁美，2001年，『これがボクらの新・子どもの遊び論だ』，童心社

〔堀田　穣〕

3．人形芝居・紙芝居——演じる

　芝居は脚本をつくり，それを演じるものである。演劇の世界で，脚本が戯曲とよばれ，文学の一部としての重きをなしているイメージから，ストーリーをちゃんと書かせ，それをみなで検討し，という手順を考えているとしたら，少しそこは改めるべきだろう。もちろん芝居の上演は，人形芝居や紙芝居のような「小さい」芝居でも文学教育になる，ただしあくまで文学教育であって文字教育ではない。演じるということは語り言語が豊かでなくては成立しないのだ。
　つまり手順が逆でもよい。既製品の人形や，教育（印刷）紙芝居

を演じることによって語り言語のボルテージを上げてから，手づくりの人形や紙芝居を制作するのも有効だ。もともと人形や紙芝居は，私たちをして語り始めさせる装置なのだ。

　ここでいくつかのワークショップを例示しよう。まず，ごく素朴な衝動として，人形に語らせることができる。ロールプレイングである。人形にそれぞれ役割を与え，それが語るようにイメージをふくらませて語らせるのである。絵にも語らせることができる。ムンクの『叫び』などは当たり前すぎるだろうが，どういう声で叫んでいるのかイメージしてみようということだ。これは子どもの参加できる美術教育の一部でもある。

　既製品の教育（印刷）紙芝居ならもっとさまざまなワークショップが可能だ。まず，絵だけを見て，絵の流れを検討する。絵の流れに沿うような言葉をつけて演じてみる。絵が何を語ってほしいのかイメージするのだ。場合によってはそこでイメージできた物語に絵の流れが違うと感じるときがあるかもしれない。それならば，絵の順番を変えてみてもよい。それらをしっかりと記録した後に，あらためて裏の脚本どおりに紙芝居を朗読しよう。種明かしというわけだが，ひょっとして本来の脚本よりもおもしろい物語をつくってしまったかもしれない。

　声にだす言葉がおもしろいと感じさせるものには，人形や紙芝居がなくても，絵描き歌，わらべうた，言葉遊び詩，ことわざ，昔話などさまざまな材料がある。言葉でイメージをふくらませる稽古をしよう。レオ・レオーニはシッポの絵だけを見せて，子どもが「ぞうだ！」と叫ぶことにふれている。絵も人形もイメージをふくらませるようにつくられなければならない。100％造形しきるのではなく，言葉でどこかを補いたくなるようにするのだ。ここでのイメージとは視覚的な像に限らない。むしろどんな音が聞こえるか，どんな匂いがするかなど，視覚以外のイメージ活動が大切だ。

紹介した人形芝居『おかあちゃん』でも，演技のポイントは声だった。オリジナルはオオカミが阪本一房，母ブタが高鳥公子で2人の声の対比は絶妙であった。演技といってもそれらしい声をそれらしくだすというようなことではなく，りっぱな存在感のある声が大切なので，お腹から声をだす腹式呼吸などの技術とともに，本来児童生徒の，声についての生活的な信頼がほしい。

　そして役を演じるというのは汐見稔幸が，発達心理学者の加用文男を解説している言葉を借用すると，役を「着る」といった方が良いかもしれない。身体感覚，皮膚感覚を通して人形芝居や紙芝居の役に一体化して，役として世界を感じ取る。「ごっこ」「遊び」などとも関係し，深い所での自己の存在肯定につながるのだ。

〔堀田　穣〕

4．人形芝居・紙芝居──人形をつくる

　手袋形のギニョールをつくろう。
① 　頭（かしら）
　(1)　発泡スチロールを彫刻して形をつくる。頬骨を高く，左右非対称がよい。できるだけ凸凹した方が，動きの中で表情が出る。
　(2)　三角に切った和紙，新聞紙を交互に糊で貼る。
　(3)　乾いたら紙ヤスリで表面をなだらかにする。
　(4)　白く塗ってメーキャップをする。
　(5)　首はハガキのような厚紙を，演者の人差し指が入る円錐形の

9-7-4　自作のギニョール人形を持つ高鳥・阪本両氏

筒をつくり，頭に穴をあけ差し込む。（角度に注意，おでんの串刺しのようではなく，頭の斜め下から）
　(6) 髪の毛は毛糸を直接貼ったり，かつらを作成する。
② 手
　(1) 木，発泡スチロール，フェルトなどで造形する。
　(2) 演者の親指と中指が入る厚紙の円錐形の筒をつくり，(1)を固定する。
③ 洋服
　(1) 約50cmの正方形の布を半分に折る。
　(2) 頭，手を内側に置き，筒状に縫い合わせる。
④ かつら
　(1) 和紙を3つ折りする。1辺は人形の頭頂から額までの長さ。
　(2) その和紙に毛糸をはさみ，真ん中を縫い込む。
　(3) 和紙をはがす。

人形のつくり方は出口座の故阪本一房と弟子の高鳥公子からの伝である。系譜として一房老は千田是也，伊藤喜朔，小代義雄の人形座，小代，浅野孟府の大阪人形座からの流れで，近代日本人形劇の本流に位置している。

〔堀田　穣〕

5．わたしが演出家！

この教材開発の考え方

　この学習は，舞台空間をプロデュースすることを教材化したものである。学習時期は3年生の後半に設定し，小中学校合わせて9年間の図画工作・美術の授業を通じて育ってきた造形的な創造性や，国語科や音楽科等の各教科での「学び」を総合的に駆使できることを意図した。つまり物語から筋や主題を設定し，造形物（大道具・背景等）・照明・音楽的な要素を総合的にプランニングする力を必

要とする「舞台の演出」を行うことで,芸術的な力を統合する力の育成につながることを確信したからである。

教材としての方向性

題材は,次のような設定で生徒に提示する。①自分が公演したいと考える演劇のイメージを,模型や文章を用いて発表する。②演劇の台本は自ら選び,その中で最も劇のおもしろさを伝えられる場面を模型を使って表す。③完成した模型は,デジタル写真・ビデオで撮影し劇の企画書とともに公開する。④写真・ビデオの撮影では,照明や煙(ドライアイス)の視覚的効果や音響などのイメージを重ね合わせてもよい。⑤撮影した模型の映像プロジェクターなどを用いて大きなスクリーンに投影し,その前で公演のプレゼンテーションを行う。

9-7-5 生徒作品(舞台模型)
「月夜に輝くモチモチの木」

学習を通じての生徒へのねらい

生徒は,まず自分が舞台化をしたいお話(脚本)を選びだし決定する過程で,自分自身の興味と公演として第三者に発表するときのアピール性などを鑑みることが必要とされる。次にプレゼンテーションとしてふさわしい場面の選択を行い,舞台美術を造形的な要素(道具・背景画)と照明効果などを計算しながら,企画イメージを明確にしていくこととなる。その際,脚本のイメージを明確にするための資料収集や造形物・音響効果・照明効果などを総合的にまとめていく力も形成されることが期待できる。そして舞台の模型制作では,小中学校で学習してきた技能の上に立って進められることとなるが,舞台セットということからすると,鑑賞者(観劇する人)の

第9章　アート教育の新たな視座とその教材開発

9-7-6　「私の曲が宇宙へ」
（舞台模型の撮影台）

9-7-7　「この町が俺のスタートだぜ」
（スクリーンに投影した舞台模型）

目線に立って効果を考えることが大切である。

　実際の授業では，舞台の模型を完成した後，撮影計画をたてるために上図のような仮の舞台装置を用意した。その中で生徒は，いろいろな角度から照明を当てることで，自らのイメージを表現しようとする生徒がいたり，再度模型を改造する・効果音を重ねる等，より演出効果を際だたせるような工夫を重ねる者も多かった。

　授業を終えて

　本授業は，たいへん生徒が熱心に取り組む教材であった。図9-7-8は，模型完成後に生徒が舞台でプレゼンテーションを行っている際のものであるが，このような学習から見て取れる中学生の姿は，自分自身が舞台に立ちたい，自分の構築する世界に皆を引き込みたいという欲求が確実に存在していることを感じさせる。それが，自分の選択した物語世界を構築していく過程や，最終的なデジタル写真撮影によって自分の模型がスクリーンいっぱいに拡大されることで，造形物・光・音も取り込んだ総合的な作品へと広がり，他の鑑賞者とともにそのおもしろさに感動する感性を磨く喜びにつながっていくと確信を持つのである。

〔足立　彰〕

第8節　楽器をつくる

1．オカリナ

　オカリナをつくろう。いろいろな装飾と楽しい音が出せるよ。

　オカリナ（ocarina）はイタリア語で，19世紀後半イタリアのジュゼッペ・ドナーティが考案した容器型フルートである。「オカ」はガチョウ，「オカリナ」は小さいガチョウを意味する。別名ポテトまたはスイート・ポテトともいう。材質は土，粘土，金属，プラスチック，動物の骨など多様である。吹口（ふきぐち）は中央突出部にあり，内部は容器状の空洞で，8～10個の指孔は音高によって直径を異にする。原則的に8～10度の全音階を奏するが，指の開き具合で半音もつくれる。同種の楽器には，日本の鳩笛，中国にある土製六孔のケン，ココナッツ製で鼻によって奏されるハワイのイプやホキオキオなどがあり，そのほかヨーロッパ，西アフリカ，南太平洋などにも広く分布している。

　鳩笛は鳩の形につくった笛玩具で，素焼にした土製のものが多い。尾の先に吹き穴があり，これを吹くと鳩の鳴き声に似た音をだすので，古くから遊び道具として親しまれてきた。「鳩胸」ということばに結びつけて，幼児が食事の際これを食膳に置けば食物が胸につかえないという俗信があり，そのまじないにも用いられた。現在も京の伏見焼，江戸の今戸焼など，地方で郷土玩具として各地に見られる。

〔中野隆二〕

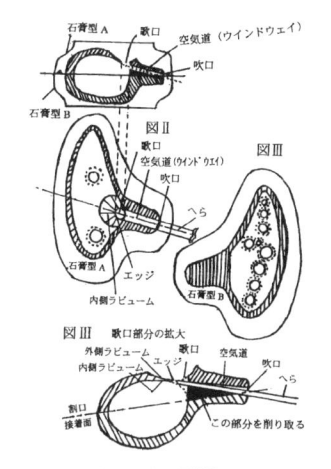

第9章 アート教育の新たな視座とその教材開発

9-8-1 オカリナの図解

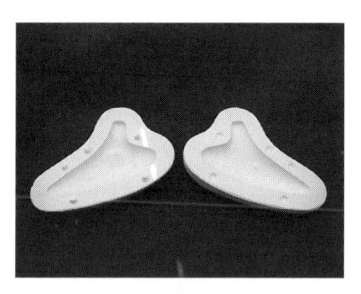

9-8-2 オカリナの石膏型

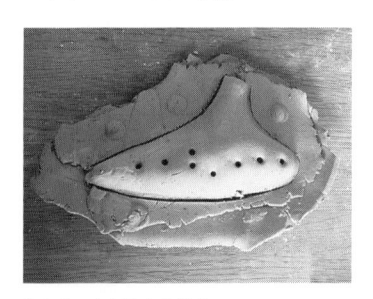

9-8-3 オカリナの製作

9-8-4 オカリナのいろいろ

9-8-5 鳩笛のいろいろ

9-8-6 自作の鳩笛

第9節　身体のアート

1．変身造形，なりきりパフォーマンス

　自分の身体を使って，動物や植物に変身したり，絵画や彫刻の中に入り込んだりしてみよう。

　パフォーマンス（performance）の本来の語義は「完全に遂行すること」であり，心理学用語としては，潜在的な心的諸能力が現実の場面で発揮され，行為が「遂行」されるという意味で用いられ，言語学では言語能力に基づいて言語活動がなされる際の「言語運用」という意味を持つ。しかし現在一般的な用法は，20世紀の芸術において，諸ジャンルと横断的に関わる独特の行為の芸術を指し，この場合，パフォーマンス・アートとよばれることも多い。ただし既成の上演芸術（パフォーミング・アーツ　performing arts）とは異なる。すなわち，行為が上演されるとはいえ，固有の演劇的世界の中で，ある人物に扮して演技が行われるのではなく，劇的形式を持たない，独立した身体的動作のみで，劇的行為を含むオペラとも異なり，単

9-9-1　パフォーマンス・額縁の中のバレエ「ジゼル」

9-9-2　パフォーマンス・動物のぬいぐるみ音楽隊

に動作を伴った音響生産行為が呈示されることも多い。いずれの場合にも視覚・聴覚・運動感覚に同時に働きかける点に大きな特徴がある。また，ポピュラー音楽の上演の際，単なる演奏だけでなく，レーザー光線や照

9-9-3 パフォーマンス・おばけ

明，歌手や奏者の舞台への登場の仕方や動作などが演出された場合もパフォーマンスとよばれる。これには，歌や演奏に伴うものではなく，それ自体独立した形態として行われるものを指し，この概念のとらえ方は1960年代に行われたハプニング（happening）やイベント（event）もパフォーマンスに包摂される。コンセプチュアル・アート（conceptual art）は概念芸術と訳される。従来，美術といえば絵とか彫刻以外にはありえないと考えられてきたが，絵画や彫刻という形式にはとらわれずに，美術自体をいま一度人間が「ものをつくる」という初源に戻って試みてみようという考え方が一方で現れ，同時に，美術を単なる感覚的（視覚的）なものからより精神的ないし思想的なものにしようという考え方が生まれてきたものである。そして，現在ではパフォーマンスの中の1つの特殊な傾向と考えられるようになっている。例えば，無意味な言語を発声し，バケツに汲んだ水をもう1つのバケツに移したり，あるポーズで一定時間動かずにいたりする，あるいは，これらの対応関係をあらかじめ定めずに，同一会場内で同時進行させるなどの行為が行う。決められた形をとらず，1回限りの偶然的なできごとであること，行為者が登場人物に扮して演技をするのではないという点で，演劇や他のパフォーマンスから区別される。ホールや美術館の外の空間で行われることもあり，コンセプチュアル・アートとも関係を持っている。バレエもその1つである。

また、舞踊という日本語は「舞(まい)」と「踊り」の合成語として明治時代につくられたもので、欧州のダンスに相当する。いずれも、「行為し、動き、生き、喜悦して踊る欲望」を指す言葉である。日本では類似した言葉に「舞踏」がある。ドイツの哲学者ニーチェは『悲劇の誕生』(1872) の中で、「舞踊とはディオニソス的なもののアポロン的完成」と定義し、フランスの詩人バレリーは舞踊とは「変身の行為そのもの」と述べている。

パフォーマンスからの関連言葉
パフォーマンス→舞踊→インド舞踊→おどる→現代舞踊→社交ダンス→スペイン舞踊→朝鮮舞踊→東南アジア芸能→日本舞踊→バレエ→舞踏→モダン・ダンス→民族舞踊など。　　　　　〔中野隆二〕

2．パフォーマンス

身体のパフォーマンスを柱に芸術と教育を論じる本項を、即興の舞踏家、岩下徹を紹介することで始めたい。岩下は、精神病院などで舞踏を通じたセラピーを展開するなど、その多彩な活動で注目されている。そんな彼は「受動態としてのダンス」を唱えている。

> 身体の底から湧いてきたり、ほとばしってきたり、その時々によって出方は変わります。ただはっきりしていることは、何かが出てくるのであって、何かを出すわけではないということです。(『RONRON』龍谷大学社会学部ジャーナル No. 3)

彼の即興を見たことのある者は、この彼の言葉が腑に落ちるだろう。かつては世界とうまくつながり合えなかったと述懐する岩下は、「内面の叫び」を放出する以外に術を知らなかったという。そんな閉塞した彼を自由へと誘ったのは、下記の体験であるという。

> 病院に行き、患者さんとの関わりの中で初めて患者さんの

第9章　アート教育の新たな視座とその教材開発

「声」が聞こえてきた。自分が叫んでいるだけではなくて，自分の周りの声とか音とかいろんなものがあることを，それは病院に行って初めて知るところとなったんです。ダンスが「叫び」であるということは，ずっと通奏低音のように自分の中ではなり響いていたのです。しかし，それだけではなくて外側の「声」，外側の「もの」に耳を澄ますということに移行したのです。その移行は緩やかでしたが，確実に自分自身の考え方，そして踊り方も変化していきました。（前掲）

　岩下の上述の体験は，即興ダンスを可能にする新しい境地に彼を開いた。身体のパフォーマンスを柱に芸術と教育を考えるとき，彼のこうした体験は極めて重要なものであると考える。「学び」という近代的主体を柱にした教育言説を超える，何かしら新しいものを予感させるのである。

　本項がとらえる身体とは，意識や理性と連続していながら断絶しており，意識や理性の制御の対象でありながら逆にそれらを産出するような，いわば1つの系である。身体は，意識や理性が作用しているその傍らで，常に作用している。足を組み替えたり，頭を掻いたり，ふとした動きの担い手はこの身体である。一面，身体は意識や理性の制御に従うが，完全に服従することはなく，独自の論理と志向性を発揮する。「手が出てしまう」「目が行ってしまう」などの表現は身体の志向性に意識が遅れていることを意味している。時に容易に調子に乗り，また恋をして仕草を取り乱すのも，この身体である。実は，スポーツや武道で思いも寄らぬパフォーマンスを体現するのも，芸術で新しい境地を開くのも，こうした身体である。

　身体は，誕生以来一度も絶えたことのない大きな生命の1つの現れであり，数億年の自己保存の経験を蓄積している。そんな身体の1つの特徴は，状況的適応性に優れた柔軟性（共振性：身体の社会性：本来的他者性：わたしはあなた）にある。幼児の身体は何ものに

でも同調しやすく容易に変転する。いわば自我というものは諸身体の多様な映し合いの産物にすぎない。一方，自我を取り締まる理性は，超越的な他者（親など具体的他者から抽象的な他者へ）である。近代的主体の根幹が他者で構成されているが故に，自己嫌悪（内面化された他者の脈絡に従うと，否応なく自己自身が非妥当なものとして現れる）という不自由も生じてしまう。

　現在，教育が照準すべき問題は，こうした意味での身体である。ここ数年，学生たちと筆者の身体との狭間は深まるばかりである。筆者の問いかけに知的に応答する彼らではなく，そんな知的な営為の背後でそこに同時に作用している彼らの身体に異和を覚えるのである。奇妙な苛つきや理解できない笑い，そしてファッション。鷲田は，親や大人が着せる服を着崩すところにファッションが生まれるといい，社会への異和，時代への異和が浮き上がるその場所が，生きた皮膚としてのファッションだという（鷲田清一，1995年，『ちぐはぐな身体』，筑摩書房）。現在の若者たちを前にして，身体のアートを問う時，ストリート・パフォーマンスであれ，暗黒舞踏であれ，反社会，反学校の対抗文化の問題を避けて通れない。

　逆に学校教育で扱われる身体のアートは国家の政策の産物である。木村真知子は，公教育にダンスが組み込まれる歴史的経緯を詳述してのち，戦後の体育が扱う創作ダンスは，いまだに芸術表現の道具として身体を位置づける近代主義に陥っていると批判する。発達や有用性の論理に基づく近代の教育には，人間を脱主体化し，理性的認識を揺さぶるようなダンスは，入り込む余地がなかったという（杉本厚夫編，2001年，『体育教育を学ぶ人のために』，世界思想社）。

　社会への異和を基にした反社会のパフォーマンスは，近代的主体を蹂躙する超越的他者に根ざした，身体の不自由を連想させる。自己選択を最大限に許容された近代的主体，最も自由であるはずのそれが，深い不自由を抱えているという錯綜した問題である。「学び

の主体性」という最も自由に隣接した領野においても，身体に作用する超越的他者の強化を感じさせる。

右の写真（9-4-4）は，筆者の体育授業の一場面である。筆者自身，後述の高橋和子のワークなどを経験するにつれ，授業のとらえ方が大きく変化して

9-9-4　からだほぐしの運動

きた。冒頭に呼吸法やボディワークを導入すると，学生の注目を容易に集められるようになった。直前までに溜め込まれた学生たちのさまざまな身体性（超越的他者からの囚われ）がほぐされて，素の姿で筆者の声を聞くようになる。そうなると学生たちは予想以上に生き生きと動きだす。こうした体験を通じて，学生たちの苛立ちや鬱といった身体性を感じられるようになったと思う。学生を感じながら授業できるようになったと思う。それは筆者の色が出ることにもつながっている。

こうした実践の日本における端緒は竹内敏晴であろう。体育科教育の中でも，久保らは，理性と感性，精神と肉体，頭と手足の分離からその全体性の恢復を求める実践を追求している（久保健編，2001年，『「からだ」を生きる』，創文企画）。また高橋は，「学ぶ」ことは変化することであり，それを根底で支えているのは「からだの気づき」であるという。そして体育の範疇を超えたさまざまな実践を試みている（高橋和子，2004年，『からだ』，晃洋書房）。「からだの気づき」の豊かさに支えられて実現するのが即興ダンスである。高橋は，舞台に立つということは，生身のからだが何を感じるかが，大げさにいうと今までどのように生を営んできたかが現れることだという（前掲書，p. 230）。独善的でなく，他者との感応の内に，生き様がか

らだを通して現れ出るということ。高橋は，教師と子どもが教材を前に格闘し，互いに大胆に自分をさらけだせたらいい，という。

冒頭に紹介した岩下は，即興ダンスを可能にしている身体について次のように語っている。

> 内側と外側を常に間断なく感じていきたい。少しずつ丁寧に細かいところを感じる。それが即興につながります。即興音楽の大家である小杉さんという方が，「意識は型という罠を仕掛けてくる」と言っています。意識でコントロールされている限界を超えるためにはコミュニケーションするしかない。そのような状態と行為の中にしか「自由」はないと思っています。
> (『女子体育』Vol. 45-5)

岩下にとって，もはや内面などというものは，耳を向ける一方の極でしかない。ここにおいて身体は，内側と外側の間でパフォーマンスを創造する固有な場所として現れている。囚われを超えて，詩を紡ぎだすがごとく，内／外の挟間の身体が〈動き〉を創出するとき，新たな世界が開かれ，新たな自己が産み落とされる。これは，「学び」という近代的主体の言説で語れない領野の事態である。

〔野﨑武司〕

第10節　自発的な鑑賞力のパワーアップ

鑑賞力が，生徒のライフサイクルに生かされるにはどうしたらよいだろうか。1つの方法は，自発的な鑑賞力をパワーアップすることである。この方法には，大きくは2つのアプローチが考えられる。自発型アプローチである。自分自身で作品に向き合い，自己の鑑賞世界を表明するチャンスを与えるアプローチである。だれでも，自分の感情と意見を持って，それを表現してよい。また，それは尊敬を持って取り扱われるべき性質のものである。その子が，自分で向

き合おうとすればするほど,指導者やクラスもそのことにしっかりと向き合っていく必要がある。生徒は,自己の内部から湧き起こる鑑賞を真剣に受け止めてもらう経験から,自分の責任でアートや感性世界に向き合う魅力に気づいていく。他方は,「知識」の活用型アプローチである。指導者が,美術文化などから手がかりとなるキー概念や知識を抽出して,生徒の認識世界に投入する方法である。指導者は,まだ見ぬ世界か,身近にあっても気づいていない世界に関わっていけるようにする。中等期の生徒は,多くの刺激を必要とする時期である。

1. 自発型アプローチ:自分からスタートし,自己の鑑賞世界を表明する鑑賞法

　まず,自分自身で作品に向き合う方法である。その例として作品の分割分析法を取り上げたい。例えば分析したい作品を選び,作品を縦横3分割,合計9分割のマトリックスにする。囲まれた一つひとつをセルとよぶと,各セル内の細部にこだわって,作品の表現を自分で取り上げてみるのである。ダ・ヴィンチのモナ・リザの頭部は,上部中央のセルに見られ,頭は高い位置にある。右側の肩後方には,遠方にあるのにくっきりとした不思議な川と橋を発見するだろう。

　もう1つは発想法に関連づける方法である。絵がどのようなところを描いているのか,自分で文章を書いてみる。発想法に位置づけると,どのようなものでもかまわない,ストーリー・テーリングの才能を十分発揮して書いてみることができる。モナ・リザの横に列柱が見られるが,それをヒントに,このベランダでモデルになった経緯のストーリーや,背景に描かれた地形に秘められた謎について書く生徒もいるだろう。鑑賞交流のためのジャーナルをつくれば,自他の鑑賞世界の多様性を知っていく機会となっていく。

表現において，イマジネーション（想像力）とは，種々のイメージを再構成して新しいイメージを生み出す能力のことである。バシュラール（1884-1962）は，「想像力とはむしろ知覚によって提供されたイメージを歪形する能力であり，それはわけても基本的イメージからわれわれを解放し，イメージを変える能力なのだ」（『空と夢』，1943年，宇佐見英治訳，法政大学出版局）。この力強い表現者のイマジネーションを鑑賞するには，鑑賞者の側にもダイナミックに感受する能力と態度が必要である。鑑賞者は，アートとの格闘も必要である。発想法は，受信者の側の枠組みの方が大きくなるアプローチであり，アートの発信者と受信者を相互に深く関わらせることを刺激するだろう。

2．「知識」の活用型アプローチ

　生徒が街を歩きながら鑑賞力を発揮し，その街や人への理解を深めることも重要なことである。ここでは，建築物の外観や基本構造から，文化財の世界に入る方法を研究してみたい。日本の屋根は，基本の4種類に大きく分類できる。①切妻造：1枚の紙を真ん中で折ったようなへの字（Vの逆）構造の屋根である。建築物の棟（屋根の最も高い水平部分）から両側へ雨を流がす。妻側（棟の両端，壁面は，三角形と四角形の合成形に見える）を垂直に切ったように見えるので切妻造という。シンプルな構造で，一般家庭の家屋にも多い。

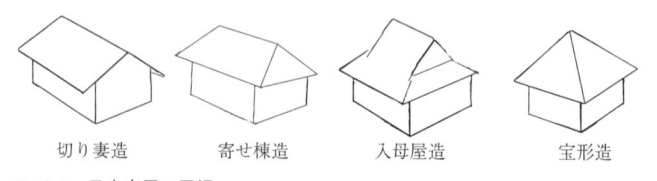

切り妻造　　　寄せ棟造　　　入母屋造　　　宝形造

9-10-1　日本家屋の屋根

出入口の位置で，平入り・妻入りという。妻入りは，三角構造側に入り口がある。出雲大社本殿など大社造りがそれである。②寄棟造：雨水を四方向に流す屋根のことである。妻側にも屋根を設けた構造で，雨の処理に適している。③入母屋造：美しい合成屋根である。上部を切妻造，下部を寄棟造とした形式を指す。最古は法隆寺金堂である。④宝形造：平面正方形の建物で，下に降りていく降棟が屋根の中心に集まる構造の屋根である。

　柱の配置にも注目したい。柱と柱のあいだは，「間」とよばれる。実際の寸法でなく広くても，狭くても，ひと間のことを1間という。つまり柱の並ぶ構造を表現したものである。世界最大の木造建築東大寺の金堂（大仏殿）は，「正面7間　寄棟造・本瓦葺」である。8本の柱が立っていて，四方に雨を流し本瓦でつくられていることがイメージできる。歩きながら「知識」を活用することで，文化財を身近なものにしていくことができる。　　　　　　　　〔村田利裕〕

索　引

人名索引

あ行

アイスナー　Eisner, E. W.　133, 139
青木實三郎　123
檜山貞登　172
浅田彰　81
浅野孟府　295
東洋　83
天野太郎　243
網野善彦　292
アームストロング, ルイ　Armstong, L.　40
アリストテレス　Aristotelēs　36
アルバース, ヨーゼフ　Albers, J.　136, 137, 191
アルンハイム, R.　Arnheim, R.　81, 83
アレナス, アメリア　Arenas, A.　243, 249
イエス　Jesus　236
石子順三　269
石崎和宏　133
石原英雄　134
石弘敬　229
井関利明　12, 14
伊丹万作　52
市川浩　24
市原健　191
イッテン, ヨハネス　Itten, J.　136-138, 191
伊藤喜明　295
伊藤則博　28
糸賀一雄　3
稲垣浩　52
井上隆雄　64
井上輝夫　12
今井康雄　22, 103
岩下慎二　302, 303, 306
ヴァールブルク, アビ　Warburg, A.　4
ヴィオラ, W.　Viola, W.　44
上野一郎　5
ウエルナー　Werner, H.　83
ヴェロッキオ　Verrocchio, A. del　19
梅垣理郎　12
エイク, ヤン・ファン　Eyck, J. von　236
エッシャー, M. C.　Escher, M. C.　92, 96, 173
エリクソン, エリク・H.　Erikson, E. H.　80, 81, 83, 85, 138
遠藤信也　107
大竹抽三　122
大西政太郎　215
岡倉覚三　121
岡本太郎　16, 193
岡本康明　72
荻原守衛　39
小此木啓吾　80
オズボーン, A.　Osborn, A.　175
オスラー, ウイリアム　Osler, W.　11

か行

カイヨワ　Caillois, R.　83
梶田叡一　181
片上宗二　238
加太こうじ　290
ガダマー, ハンス＝ゲオルグ　Gadamer, H.-G.　229
勝井三雄　184
勝見勝　192
カッシーラ, E.　Cassirer, E.　88
加藤繁美　292
金田晋　243
上沼八郎　129
河井寛次郎　186
川喜田二郎　174
川喜田煉七郎　123, 191, 194
川野洋　89
川俣正　250
川村浩章　193
川本茂雄　89
カンディンスキー, ワシリー　Kandinsky, W.　136, 191
カント　Kant, I.　36, 129, 132
岸田劉生　122
北川民次　5, 39-50
木下竹次　123
木村敏　77, 78
木村真知子　304
キルパトリック　Kilpatrick, W. H.　18
ギルフォード, J. P.　Guilford, J. P.　172, 173
金田一京助　21
クーザン, Cousin, V.　129
国吉康雄　39
久保貞造　268
久保貞次郎　44, 134
久保健　305
熊倉敬聡　250
熊本高工　193, 269
クリムト, グスタフ　Klimt, G.　134
クレー, パウル　Klee, P.　136, 191
クレラー＝ミュラー, ヘレーネ　Kröller, Müller, H.　15
グロピウス, ワルター　Gropius, W.　135, 136, 190, 192
桑沢洋子　193
花篤實　164, 269
ゲーテ　Goethe, J. W. von　132
コセンティーノ, ピーター　Cosentino, P.　215
ゴッホ, ビンセント・ヴァン　Gogh, V. van　15, 242
ゴードン, W. J. J.　Gordon, W. J. J.　177
小林康夫　12
コペルニクス　Copernicus, N.　134
コメニウス　Comenius, J. A.　128
コールズ, ロバート　Coles, R.　138

さ行

斉藤利彦　139
佐伯正一　18
阪本一房　7, 8, 292, 294, 295
佐藤学　22, 103
シェリング　Schelling, F. W. J. von　132
汐見稔幸　292, 294
シグネウス, ウノ　Cygnaeus, U.　133
柴崎裕　107

311

柴田義松　129, 139
霜田静志　123
シャガール，M. Shagall, M. 92
シュタイナー Steiner, R. 101, 103, 104
シュレンマー，オスカー Schlemmer, O. 136
荘司雅子　129
小代義雄　295
シラー，フリードリヒ・フォン Schiller, J. C. F. von 132
シルヴァスタイン Silverstein, S. 292
新宮一成　81
杉本厚夫　304
鈴木大拙　119
鈴木雅子　72
スローン，ジョン Sloane, J. 39
セザンヌ Cezanne, P. 45
千田是也　295
センダック，モーリス Sendak, M. 39

た　行

ダ・ヴィンチ，レオナルド da Vinci, L. 19, 307
高島公子　291, 294, 295
高橋和子　305
高橋正人　192
高村光太郎　28
田口㴞三郎　101
武井勝雄　123, 191, 194
竹内敏晴　305
田中一光　184
田中敬三　3
谷川渥　240, 241
田村一二　51, 52
田中耕一　215
ダリ，S. Dali, S. 92, 173
チゼック，フランツ Cizek, F. 44, 101, 134, 135
デカルト Descartes, R. 24
デューイ Dewey, J. 132, 134
デュフィ Dufy, R. 18
デル・ローエ，ミース・ファン Der Rohe, Mies van 4
道元　118, 119
ドナーティ，ジュゼッペ Donati, D. 298
豊口克平　193
ドロステ，マグダレーナ Droste, M. 135

な　行

中嶋夏　22

中西良男　122
中野民夫　249
中村元　119
中村晋也　269
中村英樹　240, 241
中村雄二郎　13, 14, 27, 78, 289
南江治郎　292
西平直　103
ニーチェ Nietzsche, F. 302
沼澤茂美　10
ノグチ，イサム　279

は　行

ハイデッガー Heidegger, M. 130
バイテル，ケネス Beittel, K. R. 139
バウムガルテン Baumgarten, A. G. 130
バークス，トニー Burks, T. 215
バシュラール Bachelard, G. 308
長谷川久蔵　286
長谷川等伯　284, 286
橋本徹郎　191, 193
橋本泰幸　134
橋本裕司　281
羽仁進　52
浜田庄司　186
早坂優子　243
林健造　193
バレリー Valery, P. 302
ピアジェ，J. Piaget, J. 81, 83, 84
東山魁　164
ピカソ Picasso, P. 39, 242
フィドラー Fiedler, K. A. 129
フェノロサ，アーネスト Fenollosa, E. F. 121
藤沢典明　193
藤田嗣治　39
フランクリン Franklin, B. 133
ブリテン，ランバート Brittain, L. 81
ブルクハルト Burckhardt, J. 139
ブルーム，B. S. Bloom, B. S. 181
フレーベル Fröbel, F. W. A. 128, 129, 132, 133
フロイト，アンナ Freud, A. 138
フロイト，S. Freud, S. 40, 92, 93
ブロイヤー，マルセル

Breuer, M. 136
ペスタロッチ Pestalozzi, J. H. 128, 133
ベートーベン Beethoven, L. van 132
ペーリー，N. Paley, N. 250
ヘルバルト Herbart, J. F. 156
ベンヤミン Benjamin, W. 10
ホイジンガー Huizinga, J. 132
ボウルディング，K. E. Boulding, K. E. 90
ポロック，ジャクソン Pollock, J. 39

ま　行

マグリット，R. Magritte, R. 92
マチス Matisse, H. 39, 45, 46
松岡正剛　292
松原郁二　193
間所春　101, 102, 104
マン，ホーレス Mann, H. 133
ミケランジェロ Michelangelo, B. 91
水谷武彦　191
源豊宗　289
宮城音弥　88
宮崎駿　8
宮脇理　164
向井周太郎　184
村井正誠　193
ムンク Munch, E. 293
メルロ＝ポンティ，M. Merleau-Ponty, M. 24, 25, 81, 82
素木洋一　215
モホリ＝ナギ Moholy-Nagy, L. 136, 137, 191
モリス，ウィリアム Morris, W. 129
森村泰昌　242
モレンハウアー，クラウス Mollenhauer, K. 104

や　行

八木一夫　61, 200, 215
矢代幸雄　289
柳宗悦　186
やべみつのり　292
山田典吾　52
山本鼎　122
山脇巌　191, 193
山脇道子　191

ユング　Jung, E.　129
ら行
ラカン，J.　Lacan, J.　81, 82
ラスキン，ジョン　Ruskin, J.　129
ラングラン　Lengrand, P.　130
リオタール，ジャン＝フランソワ　Lyotard, J.-F.　12
リキテンシュタイン，ロイ　Lichtenstein, R.　39
リチャーズ　18
リード，ハーバート　Read, H.　84, 97, 129
リュケ，G. H.　Luquet, G. H.　83, 87
臨済　119
ルソー　Rousseau, J.-J.　128, 129
レオーニ，レオ　Lionni, L.　292, 293
レオン，ディアス・デ　50
レンブラント　Rembrandt, H. van R.　242
ローエンフェルド，V.　Lowenfeld, V.　81, 86, 96, 138, 139
ロックウェル，ノーマン　Rockwell, N.　39

わ行
若元澄男　164
脇屋奈々代　10
ワーグナー，オットー　Wagner, O.　134
鷲田悟志　72
鷲田清一　25, 304

事項索引

あ行
IT（情報技術）社会　35
アイディア　95, 145, 173, 175-177, 179, 182, 263, 273, 275
アイディア・スケッチ　175, 176, 182, 289
アイディアの過程　176
アカウンタビリティ　182
アセスメント　182
頭の体操　176
新しい絵（画）の会　125, 127
新しい自分づくり　252
圧縮　92, 93, 175
アートウォッチング　240
アート鑑賞　232-238, 241, 242
アニメーション　288
アメリカン・ラグ　211
暗黒舞踏　304
生きる力　189
意識下　91
石山学園　51
意匠　184
1行見出し　175
一麦寮　3, 51-54
イベント　301
イマジネーション　93, 308
意味を持つ場所　73
イメージづくり　224
イメージの追求　226
イメージの働き　88
イメージの論理　92
イラストレーション　264-266, 268
色体系　101
色の感情　197
色の三属性　197
色の象徴性　101
インドクトリネーション（注入教育）　128
ウォーミング・アップ　96, 176
裏目　100
運動感覚　26, 28, 29, 285, 301
映画　6, 9, 125, 218, 221, 265, 276
映画のモンタージュ理論　290
映像イメージ　224, 225
絵書き歌　293
エコデザイン　188
絵コンテ　218, 224-227
エスキス　266
絵本　7, 39, 128, 290
演劇　7, 8, 51, 112, 276, 290
円の発生　82
鉛筆画教育　120

黄金比（黄金分割）　97, 100
オカリナ　298, 299
オノマトペ（擬声，声喩）　83
オリジナル題材　143
オルターナティヴ　14
恩物　32, 129

か行
外界の印象（外的状況の影響）　87
絵画制作　219
回転対称　98
街頭紙芝居　7
概念芸術　301
外部探検　174
拡散的思考　173
隠し絵　95, 97, 173
学習活動案　153
学習姿勢　259
学習指導案　117, 148, 149, 151-153, 155, 158, 161
学習指導要領　33, 72, 124, 152, 170, 171, 193-195, 244, 245
学習者の反応　177, 178
学習スタイル　181
学習の到達度　170
学習プラン　153
学問中心性カリキュラム　130
カスパル　8
仮装　83
仮想支援授業　179
仮想授業のシミュレーション　177
語り言語　292, 293
学校版画　125
カット　267, 290
紙芝居　7, 8, 289, 290, 292-294
仮面　83
カラーコーディネイト　101
環境　2, 7, 9, 29, 37, 50, 53, 54, 64, 65, 70, 71, 83, 86, 92, 129, 148, 182, 185, 187, 188, 194, 195, 220, 234, 273, 277-279
感情　21, 24, 26, 137
鑑賞者の内面世界　232
鑑賞力　252, 306, 308
関心の特殊化　87
感性　2, 10, 14, 15, 20, 23-27, 28, 30, 35, 82, 87, 88, 90, 126, 128, 137, 145, 172, 195, 198, 224, 233, 235, 252, 253, 297, 305, 307
感性教育　128
感性主義の美術教育　125-127
感性の作用　26
感性の構造　27
観点別学習状況　170, 171
感動する心　170

313

戯画 264, 265
企画イメージ 296
基礎・基本 156, 170, 190, 195, 198, 199, 232
基礎造形教育 190, 191, 194
擬態的な表現 83
擬展開表現（擬展開図） 96
ギニョール 8, 289, 290, 294
肌理 23, 28
ギャラリートーク 247-249
教育課程審議会の答申 169
仰観景 96
教材開発 145, 147, 270, 295
教材観 153, 155, 159, 160
教師の支援 225-227, 229
教授段階説 156
鏡像・鏡像段階 82
共通感覚 13, 26, 27, 137
虚像 94, 95
筋感覚 26-30
空想（する）力 242, 252
グラデーション 23, 199
クリニカル・クラークシップ 11
クロッキー 267, 287
KJ法 174, 175
芸術のための芸術 129
形成的評価 181, 182
形体 124, 127, 196
形態 10, 54, 59, 72, 78, 83, 88, 93, 112, 137, 156, 160, 184, 188, 196, 219, 267, 278, 279, 301
形態の認知 94-96
ゲシュタルト 102, 105
決定的条件 178, 179
ゲーム 265, 275, 276
ゲームの理論 275
現代絵画（墨の表現） 284
建築工芸学院 191
工芸 2, 4, 20, 31-33, 35, 36, 125, 133, 135, 146, 155, 172, 184-189, 194, 201, 213, 214
工芸学習 187, 188
工芸制作 219
工芸的陶芸制作 214
構図論 3
構成意識 102, 103
構成（化） 102, 190
構成教育 102, 123, 125, 190-194
構成的要素 225, 229
巧緻性 29
行動観察 174
個人内評価 170
コスモロジー 13
5W1H発問 235, 238, 239
ごっこ遊び 88, 89, 291
「こと」 71, 73, 76-78, 115

ことわざ 293
ゴードン・テクニック 177, 178
個に応じた指導 170
コミュニケーション 30, 39, 73, 77, 169, 268, 306
コミュニティ・アート 39, 46, 47
コンセプチュアル・アート 301
コントラスト 137
コンピュータ・グラフィックス 9, 265

さ 行

再現的な描写 84
才能への洞察力 46
材料との対話 182
作業環境 220
挿絵 266-268
サステナブル 188
鞘絵（さやえ） 94
左右対称形 98, 99
産業革命 129, 132
自我 82, 285
視覚 9, 23, 27, 28, 48, 74, 75, 82, 83, 125, 137, 138, 218, 241, 285, 296, 300
視覚イメージの源泉 218
視覚型 86, 139
視覚（的）形態 83, 138
視覚の世界 139
視覚的リアリズム 285
視覚伝達の手段 268
自我（の）同一性 80, 85
色彩 17, 18, 23, 48, 93, 124, 127, 156, 192, 197-199, 261
「自己」 77, 80, 81, 85, 86
思考の円滑さ 173, 178
思考の柔軟さ 173
自己感覚 24, 27-29, 99
自己関与 83
自己実現 81, 86, 101
自己受容性の感覚 24-30, 99
自己中心化 83
自己点検・自己評価 168, 172
自己との対話 77
自己（に対する）洞察 85, 182
自己の共有 85
自己の図式（スキーマ） 83, 84
自己の表現 20, 86, 106, 235, 256, 272
自己分析 182
自己を見つめる 80, 81, 85, 86, 285-287
指示作用 89
思春期の壁 44
姿勢 14, 22, 29, 30, 58, 70, 99,
144, 154, 158, 201, 273
視線 23
自然の型 97, 100
思想画 123
思想信条 234
自他の関係性 20, 24, 80, 81, 85, 168
（自他の）相互浸透 83
自他の没入 24
自他未分 82
実体験 35, 85
指導画 286, 287
指導観 117, 153, 155, 160
指導計画 142-146, 148, 149, 152, 153, 157, 160, 161, 258
指導者と学習者の交互作用 168, 177, 178, 181
指導者の問い 178
児童中心主義 134
児童美術 40, 44, 134
事物の教育 84
使命（ミッション） 5, 11, 80
写真 8, 67, 137, 218, 243, 253, 265, 266, 267, 280, 296, 305
写生 48, 50, 122, 123, 148, 253, 266
ジャンル特性 289
自由画教育運動 122
集団思考 175, 177
集中的思考 173
授業観察 154
授業研究会 145, 149, 157
授業・評価の設計 172
手工 32, 133
シュール・レアリズム 92
上演芸術 300
生涯学習社会 126
生涯教育（学習） 189
消極教育 129
情操教育 5
象徴化 89, 90, 93
象徴系（シンボリック・システム） 88
象徴的な思考 83
情報開示 169
所記 89
触覚 24, 27, 28, 30, 285
触覚型 86, 139
新教育運動 134
心象の表現 31
心身の合一 24
身体性 13, 22, 23, 35, 283-288, 304
身体性の哲理 24
診断的評価 182
人的環境 146
進歩主義教育運動 134
シンボリズム 13
シンボル 88-90

索　引

シンボルを操る　83,88
シンメトリー　98-100
心理学　130,134
神話　12,133
水巌　203-205
図案　123,184
スクリブル　82,83,285
スケッチ　176,258,263,266-268,278
図式的表現　83
図と地（の相補性）　95
図と地の反転　95
ストリート・パフォーマンス　304
墨（絵）　283-286
スロイド　133
生活環境　218,279
正規分布　169
制作イメージ　219
制作環境　219
制作者の内面世界　232
生徒観　117,159,160
（生徒）指導要録　169,171
世界図絵　128
世界の美術教育　44
セセッション運動　134
絶対評価　169-171,181
セット教材　188
セルフ・エデュケーション　249,250
線遊び　102
繊維の方向性　21
選択学習の幅の拡大　170
総括的評価　181
造形活動　3,22,23,61,72,74,76-78,102,194
造形活動における場所　74
造形活動の過程　76
造形教育センター　125,127,192,193
造形的な遊び　125
造形能力の発達　131,139
造形要素　125,193,195,197,233,234,240
相互行為　105
相互主観性　24
創造過程　177
創造過程への分析力　17
想像的自我　82,85,86
創造的自己活動　129
創造的な技能　171,258
創造美育協会　125,127,192
想像力　6,17,73,79,56,82,85,90,91,104,232,259,261,262,264,288
創造力の因子　172
創造力評価　172
相対評価　169-171,181
素材歴　36

即興ダンス　305
素描　262,266,267
ソロ・ブレーン・ストーミング　176

た　行

第二びわこ学園　3,213
他者　21,29,77,80-85,305
他者の語らい　82,85
他者の身体　24
タスコ野外美術学校　42
脱中心化　84
ダブル・イメージ　92
だまし絵　18,95-97,173
ダンス表現　22
ダンスへの誘導　22
「力を入れる」「力をぬく」　30
知的写実性　87
中央教育審議会　38
超越的な他者　304,305
鳥瞰図　96
直接対話　233
直観　26
直観教授　128
直観的な思考　83
テオリア　129
テクスチャー　23,93,95,191
デザイン　4,31,33,34,102,125,137,142,174,184-190,192-195,198,199,254,266,274
デザイン・ソース　98
デジタル写真　296,297
デジタルメディア　10
デッサン　15,267
デフォルメ　278
デペイズマン　92,96
TVコマーシャル　9
転位　92,93
問いと応答の支援　93
問いと応答の相互性　22,28
陶芸　203,213,279
独自性　56,93,113,145,146,173,182,246,256
都市環境　243
ドリーム・デザイン　188
ドローイング　267

な　行

内的イメージ　90,93
内的モデル（論）　87
内的リズム　101-104
内発的動機　29
内部探検　174
内面の叫び　302
七自由科　130
なりきりパフォーマンス　300
二重の自己　85

日常的な学習の場　4
日本教育版画協会　125,127
日本民芸協会　186
人形劇　7,8,295
人形芝居　289,290,294
人間性（の）回復　33,38,129
人間疎外　17,129
人間の全体性　16
ぬらし絵　103
年間計画　145,149
年次計画　147-149
粘土　3,51,52,54-62,88,89,94,200-204,208,271,281-283,298
能記　89
野焼き　207-209
ノンリニア制作　222

は　行

配色計画　199
配色調和　101
バウハウス　4,123,135,136,139,190-192,194
場所（トポス）　5,13,39
パーソナリティ　93
バーチャル・リアリティ（仮想現実）　34,35,195
発想・構想支援　174,177,179
発想指導　176,260
発想の転換　147,163,173
発想法　10,174,176,259,307,308
発達　5,43,80-85,98,100-102,104,115,123,124,128,139,152,154,156,159,160,182,187,233,240,244,285,304
発問　152,163,233,238-240
パフォーマンス　13,224,300-305
パフォーマンス・アート　136,300
パフォーミング・アーツ　300
ハプティック　285
ハプニング　301
ハーモニー　97,100,101
バランス　29,98-100,178,190,197
バランス感覚　100
バリアフリー・デザイン　188
版画　92,96,138,155,255-257
万国博覧会　133
反社会のパフォーマンス　304
凡知学　128
パンチネロ　8
反転性遠近錯視　97
ビジュアル・コミュニケーション　187
美術館　2,126,146,152,242,

244-249, 301
美術鑑賞教育 233, 244
美術鑑賞術 242
美術館との連携活動 246, 248
美術教師の夢と希望 252
美術の授業 110, 112, 115, 118, 148, 159, 176, 177, 219, 274, 277, 295
ビデオ 9, 218, 219, 222-224, 228, 289, 296
ビデオクリップ 224-226, 228, 229
ビデオ制作 218-220, 223, 224
美的な感動 2
美的人間形成 105
評価規準 182／評価基準 221
評価する・される 181
評価制度 169
評価像 168, 182
表現 105
表現活動 61, 62, 106, 218
表現の危機 44
評定 169, 171, 181, 182
非連続的変化 83
ファイン・アート 32
フィードバック 181
フィールド・ワーク 174
風景画制作 253
風刺画 264, 265
フォールディング・オーバー 96
フォルメン線描 103, 104
複数の見方 182
舞台美術 296
物体オブジェ 22
物的環境 146
舞踊 22, 276, 302
「ふり」 83
プリミティブ 9
プルチネロ 8
プレゼンテーション（能力） 188, 296, 297
ブレーン・ストーミング 175, 176, 178, 179
プロジェクト・メソッド 18
フロッタージュ 95
プロポーション 100

文化遺産 37, 152, 236
文化財の世界に入る方法 308
分割分析法 307
文楽人形 291
平面構成 197
ペトルーシカ 8
変身造形 300
ペンローズの三角形 97
墨象 284, 286
ポストモダン 12, 13
ポートフォリオ 182, 248
ホーリズム的デザイン 188

ま 行

「間」 288
祭の場 4
マテリアル 191
マトリックス評価法 182
マーブリング（墨流し） 5
「まよいみち」描き 102
マリオネット 289
マンガ 264, 265, 267
自ら学ぶ意欲 170
見立て 83
未分化な関係 81
ミミクリー（模擬活動） 83
ミメーシス（模倣） 105
ミメーシス的運動 105
「見られるもの」／「見るもの」 84
無意識 19, 25, 76, 91, 92, 103, 201
民芸運動 186
昔話 293
「向き合う」 2, 3, 6, 7, 9-12, 14, 18, 19, 252
メゾチント 253, 256, 257
メタ物語 12
毛筆画教育 120
模擬授業 156, 157
目標に準拠した評価 170, 171
モダン・テクニック 197
モダンデザイン 135
モデュロール（黄金尺） 100
「もの」 21, 25, 26, 30, 71, 73, 76 -78, 115, 214, 303

物語的要素 225, 229
ものづくり 30-33, 35-38, 186, 187, 200, 201, 213
ものにふれ合う 20, 21
問題を受け取る能力 173

や 行

野外美術学校 42, 45
やさしさのデザイン 273
やじろべえ 98, 100, 178-180
釉をつくる 205-207
ユニバーサル・デザイン 188
ユビキタス 8
よい・悪いの批判（評価） 176
様式 105, 123
余白 259, 284, 288
4W1H 174

ら 行

ライフスタイル・デザイン 189
楽焼 210-212
羅生門的接近 6
リズム 97, 102, 103, 137, 148, 195, 227, 284, 288
立体構成 197
リフレッシュ 13
両義性 95
両義的な見方 24
リラクゼーション運動 22
臨画（教育） 120-123, 133
臨床の知 13, 14
類的モチーフ 83
労作教育 33
濾過作用 90
ロールシャッハ・テスト 93
ロール・プレイング（役割演技） 84

わ 行

ワークショップ 67, 68, 126, 247-249, 293
和紙 279, 294, 295
わらべうた 293

図・写真一覧

口絵番号　キャプション等（敬称略）
口絵1　　ソーラーバルーン「オオサンショウウオ」，老松法光提供
口絵2　　CG・未来の自動販売機，村田利裕作成
口絵3　　舞台空間の演出，足立彰提供
口絵4　　バウハウス／構成教育大系，紙の立体化，村田利裕提供
口絵5　　バランス・トイ「やじろべえ」，竹内博提供
口絵6　　バランス・トイ「やじろべえ」，竹内博提供
口絵7　　CG・少女の頃の記憶，村田利裕作成
口絵8　　風景，M・N生作品，村田秀俊提供
口絵9　　風景，C・A生作品，村田秀俊提供
口絵10　 アルノルフィニ夫妻の肖像，The Portrait of Giovanni（?）Arnolfini and his Wife Giovanna Cenami（?）(The Arnolfini Marriage) 1434 (oil on panel) / Eyck, Jam van / National Gallery, London, UK（写真提供／ユニフォトプレス）
口絵11　 一麦寮生作品，吉永太市提供
口絵12　 一麦寮生作品，吉永太市提供
口絵13　 一麦寮生作品，吉永太市提供
口絵14　 一麦寮生作品，吉永太市提供

掲載頁	図表番号	キャプション等（敬称略）
(3)	1-1-1	「いのちの創造―アートの前にバリアはない！」展全景，村田利裕提供
(3)	1-1-2	A氏の作品，村田利裕提供
(6)	1-1-3	教材「長い絵を空間に流す」，村田利裕提供
(6)	1-1-4	教材「自然と遊ぶ」，村田利裕提供
(7)	1-1-5	正一位立山稲荷大明神狛犬，村田利裕提供
(8)	1-1-6	人形劇出口座主宰　故園本一房氏が演じる「かっぱめだま」，村田利裕提供
(8)	1-1-7	子ども文化論での人形づくり，村田利裕提供
(9)	1-1-8	同じ形態の変化のシリーズ，村田利裕作成
(18)	1-1-9	生徒作品（部分），村田利裕提供
(26)	1-2-1	感性の構造，竹内博作成，2001年，日本学術会議教科教育学研究連絡委員会編『新しい〈学びの様式〉と教科の役割』, p. 96再掲
(40)	1-4-1	北川民次の旅路，村田利裕作成
(41)	1-4-2	メキシコ・シティ周辺地図，村田利裕作成
(41)	1-4-3	タスコの学校創設に政府が支出した美術材，北川民次，1969年，『美術教育とユートピア―北川民次美術教育論集―』，創元社
(42)	1-4-4	メキシコ・シティ，村田利裕作成
(43)	1-4-5	生徒の作品，北川民次，1969年，『美術教育とユートピア―北川民次美術教育論集―』，創元社，p. 19
(55)	1-4-6	寮生A「ゲンコツ」，吉永太市提供
(56)	1-4-7	寮生E（14歳），吉永太市提供
(59)	1-4-8	寮生L作品，吉永太市提供
(59)	1-4-9	寮生M作品，吉永太市提供
(59)	1-4-10	寮生K作品，吉永太市提供
(60)	1-4-11	寮生O「あし」，吉永太市提供
(62)	1-4-12	寮生K「うま」，吉永太市提供
(62)	1-4-13	寮生K作品，吉永太市提供
(63)	1-4-14	寮生K作品，吉永太市提供
(63)	1-4-15	寮生L作品，吉永太市提供
(63)	1-4-16	寮生K「ひと」，吉永太市提供

(63)	1-4-17	寮生K「うま」,吉永太市提供
(66)	1-4-18	「気分ノカタチ」,岩村伸一作成
(67)	1-4-19	ワークショップ,岩村伸一提供
(69)	1-4-20	土男制作作業と炎天下の土男,岩村伸一提供
(70)	1-4-21	土手の下から見た土男,岩村伸一提供
(75)	1-4-22	フレームをつくる,小林貴史提供
(75)	1-4-23	のぞくことを通して景色をとらえる,小林貴史提供
(75)	1-4-24	自らが扉を開ける行為をともなう,小林貴史提供
(89)	2-2-1	オグデン=リチャーズの「意味の三角形に基づくイメージ三角形」,川本茂雄,1982年,『講座記号論2 記号としての芸術』勁草書房,を基に,竹内博の改作による
(107)	2-3-1	「多摩第三小展覧会」(小全),柴田裕提供
(107)	2-3-2	「灯ろう」(小5),柴田裕提供
(107)	2-3-3	「立体からくり」(中3),竹内博提供
(107)	2-3-4	「壁面構成(シェル)」(中3),竹内博提供
(107)	2-3-5	「オリジナル絵の具箱」(高1),遠藤信也提供
(107)	2-3-6	高校文化祭案内板,山田一美提供
(108)	2-3-7	文化祭案内板表示,山田一美提供
(108)	2-3-8	武蔵野北高校文化祭入場門,山田一美提供
(121)	3-2-1	『尋常小学新定画帖第三学年』表紙,三根和浪提供
(121)	3-2-2	第九図「鶯蕎」,『高等小学新定画帖第二学年』,三根和浪提供
(123)	3-2-3	『少年少女自習画帖3』,三根和浪提供
(123)	3-2-4	『少年少女自習画帖3』五月の節句,三根和浪提供
(126)	3-2-5	日本の美術教育年表,三根和浪作成
(130)	3-2-6	世界の美術教育の成立図,村田利裕作成
(136)	3-2-7	移動するバウハウスの設置場所と同時代の心理学者(エリクソン,ローエンフェルド)の活動場所,村田利裕作成
(150)	4-1-1	〈指導計画例〉美術科年間指導計画,新関伸也提供
(156)	4-2-1	指導スタイル,村田利裕作成
(165)	4-2-2	指導案A,新関伸也提供
(166)	4-2-3	指導案B,新関伸也提供
(178)	5-3-1	仮想授業の構想,竹内博作成
(179)	5-3-2	バランス・トイ「やじろべえ」,5-3-3を「支えるもの」と「のるもの」に分解。竹内博提供
(179)	5-3-3	バランス・トイ「やじろべえ」作品,竹内博提供
(180)	5-3-4	「やじろべえ」仮想授業の支援案《プロトコル》,竹内博作成,提供
(203)	6-3-1	水簸でできた粘土,丹下裕史提供
(209)	6-3-2	野焼き断面図,丹下裕史提供
(209)	6-3-3	炙り焚,丹下裕史提供
(209)	6-3-4	攻め焚,丹下裕史提供
(211)	6-3-5	貫入のテストピース,丹下裕史提供
(212)	6-3-6	楽焼窯の構造,丹下裕史提供
(213)	6-3-7	窯詰め,丹下裕史提供
(213)	6-3-8	ポスト・ファイアリング,丹下裕史提供
(237)	8-1-1	アルノルフィニ夫妻の肖像, The Portrait of Giovanni (?) Arnolfini and his Wife Giovanna Cenami (?) (The Arnolfini Marriage) 1434 (oil on panel) / Eyck, Jam van / National Gallery, London, UK (写真提供/ユニフォトプレス)
(239)	8-1-2	5W1H発問構造図,三根和浪作成
(243)	8-1-3	広島市内のイルミネーション,三根和浪提供
(254)	9-1-1	風景,生徒の作品,村田秀俊提供
(255)	9-1-2	風景,M・N生作品,村田秀俊提供
(255)	9-1-3	K・K生作品「水路」,村田秀俊提供
(255)	9-1-4	生徒の作品,村田秀俊提供
(256)	9-1-5	C・K生作品「つつむ」,村田秀俊提供
(256)	9-1-6	A・S生作品「幻影」,村田秀俊提供

図・写真一覧

(258)	9-1-7	単元の指導計画（全7時間），村田秀俊提供
(259)	9-2-1	生徒作品「地球を包み込む紫の霧」，足立彰提供
(259)	9-2-2	テーマ・表現素材・表現技法関係図，足立彰作成
(260)	9-2-3	生徒A君の樹系図，足立彰提供
(262)	9-2-4	プルタブの作品（C生作品「小さな消費の世界」），足立彰提供
(262)	9-2-5	空き缶を削った作品（D生作品「今平和を問う」），足立彰提供
(262)	9-2-6	空き缶を貼り合わせた作品（E生作品「見せかけのカン」），足立彰提供
(263)	9-2-7	チャート式プリント，足立彰作成
(267)	9-2-8	ヒトとなりヒューマンカレッジ，中野隆二作成
(267)	9-2-9	マンガ・二羽のニワトリの散歩，中野隆二作成
(268)	9-2-10	4コママンガ・表現に生かす基礎技法，中野隆二作成
(268)	9-2-11	動物マンガ・そんごくう，中野隆二作成
(269)	9-2-12	イラスト・フォーシーズン，中野隆二作成
(269)	9-2-13	イラスト・ワシとハト，中野隆二作成
(269)	9-2-14	イラスト・動物たちの祭典，中野隆二作成
(269)	9-2-15	イラスト・窓のいぬ，中野隆二作成
(270)	9-2-16	イラスト・冬からす，中野隆二作成
(270)	9-2-17	イラスト・大きな目のねこ，中野隆二作成
(271)	9-2-18	R・Y生作品「荒波」，足立彰提供
(272)	9-2-19	A・K生作品「暗い森の中の湖にぽっかり浮かぶ月！」，足立彰提供
(274)	9-3-1	木のおもちゃづくり，松村一樹提供
(274)	9-3-2	木のおもちゃづくり，松村一樹提供
(275)	9-4-1	ゲーム1・動物ゲーム，中野隆二作成
(275)	9-4-2	ゲーム2・木製動物ゲーム，中野隆二作成
(277)	9-5-1	ソーラーバルーン「オオサンショウウオ」製作，老松法光提供
(277)	9-5-2・3	ソーラーバルーン「オオサンショウウオ」製作，老松法光提供
(279)	9-5-4	資料A（光の演出），老松法光作成
(279)	9-5-5	資料B（光の演出），老松法光作成
(280)	9-5-6	制作の様子（光の演出），老松法光提供
(282)	9-5-7	土をほる，長町充家提供
(282)	9-5-8	土を粉々にする，長町充家提供
(287)	9-6-1	道具，丸山勉提供
(288)	9-6-2	Y生作品「樹木」，丸山勉提供
(288)	9-6-3	S・T生作品「電柱」，丸山勉提供
(290)	9-7-1	マリオネット，村田利裕提供
(291)	9-7-2	だきあうオオカミと子ブタ，村田利裕提供
(291)	9-7-3	子ブタの群れが…，村田利裕提供
(294)	9-7-4	自作のギニョール人形を持つ高鳥・阪本両氏，村田利裕提供
(296)	9-7-5	生徒作品「月夜に輝くモチモチの木」（舞台模型），足立彰提供
(297)	9-7-6	生徒作品「私の曲が宇宙へ」（舞台模型の撮影台），足立彰提供
(297)	9-7-7	生徒作品「この町が俺のスタートだぜ」（スクリーンに投影した舞台模型），足立彰提供
(299)	9-8-1	オカリナの図解，中野隆二作成
(299)	9-8-2	オカリナの石膏型，中野隆二提供
(299)	9-8-3	オカリナの製作，中野隆二提供
(299)	9-8-4	オカリナのいろいろ，中野隆二提供
(299)	9-8-5	鳩笛のいろいろ，中野隆二提供
(299)	9-8-6	自作の鳩笛，中野隆二提供
(300)	9-9-1	パフォーマンス・額縁の中のバレエ「ジゼル」，中野隆二作成
(300)	9-9-2	パフォーマンス・動物のぬいぐるみ音楽隊，中野隆二作成
(301)	9-9-3	パフォーマンス・おばけ，中野隆二作成
(305)	9-9-4	からだほぐしの運動，野﨑武司提供
(308)	9-10-1	日本家屋の屋根，村田利裕作成

＊目次，各章扉のデザインは安東恭一郎作成

編者紹介

竹内　博（たけうち・ひろし）　京都教育大学名誉教授
　　〔主要業績〕『造形美術教育大系⑥中学デザイン・工芸編』（編著，美術出版社，1983年），『造形教育の原理と方法』（単著，1991年，同朋舎出版），『美術教育の理念と創造』（共編著，黎明書房，1994年）など。
長町充家（ながまち・みついえ）　大阪教育大学名誉教授
　　〔主要業績〕『オルターナティブ―人間的心理学のための美術教育研究―』（単訳，K. R. バイテル著，三晃書房，1987年），『衝撃的美術教育のすすめ―表現の動機に根ざして―』（共著，三晃書房，1997年）など。
春日明夫（かすが・あきお）　東京造形大学造形学部教授
　　〔主要業績〕『中学校美術の新しい展開』（編著，1999年，日本文教出版），『世界のアーティスティックな木の玩具』（単著，日本文教出版，2000年），『創作玩具・玩具と文化と教育を考える』（単著，日本文教出版，2003年）など。
村田利裕（むらた・としひろ）　京都教育大学教育学部教授
　　〔主要業績〕『造形コース』（単著，日本色研事業株式会社，1988年），『授業実践ガイド』（編著，同朋舎出版，実践　図画工作科の授業シリーズ第14巻，1992年）など。

執筆者紹介（五十音順）

足立　彰（あだち・あきら）　　　　　　京都教育大学附属京都小中学校教諭
安東恭一郎（あんどう・きょういちろう）　香川大学教育学部教授
稲富啓一郎（いなとみ・けいいちろう）　　大阪教育大学教育学部教授
岩村伸一（いわむら・しんいち）　　　　　京都教育大学教育学部教授
老松法光（おいまつ・のりみつ）　　　　　京都市立洛風中学校副教頭
春日明夫　編者紹介欄に記す
小林貴史（こばやし・たかし）　　　　　　東京造形大学造形学部教授
竹内　博　編者紹介欄に記す
丹下裕史（たんげ・ひろふみ）　　　　　　京都教育大学教育学部准教授
勅使河原君江（てしがわら・きみえ）　　　神戸大学大学院人間発達環境学研究科講師
中野隆二（なかの・りゅうじ）　　　　　　中村学園大学人間発達学部助教授
長町充家　編者紹介欄に記す
新関伸也（にいぜき・しんや）　　　　　　滋賀大学教育学部教授
野﨑武司（のざき・たけし）　　　　　　　香川大学教育学部教授
堀田　穣（ほった・ゆたか）　　　　　　　京都学園大学人間文化学部教授
松村一樹（まつむら・かずき）　　　　　　京都市立高野中学校教諭
丸山　勉（まるやま・つとむ）　　　　　　大阪府立吹田東高等学校教諭
三根和浪（みね・かずなみ）　　　　　　　広島大学大学院教育学研究科准教授
村田利裕　編者紹介欄に記す
村田秀俊（むらた・ひでとし）　　　　　　滋賀県高島市立湖西中学校教諭
山田一美（やまだ・かずみ）　　　　　　　東京学芸大学教育学部教授
吉永太市（よしなが・たいち）　　　　　　元社会福祉法人大木会／一麦寮寮長

アート教育を学ぶ人のために

2005年4月30日　第1刷発行
2015年2月20日　第2刷発行

定価はカバーに表示しています

編者　竹内　博（たけうち ひろし）
　　　長町三生（ながまち みつ いえ）
　　　春日明夫（かすが あきお）
　　　村田利裕（むらた としひろ）

発行者　髙島照子

世界思想社

京都市左京区岩倉南桑原町56　〒606-0031
電話 075(721)6506(代)
振替 01000-6-2908
http://sekaishisosha.jp/

© 2005　H. TAKEUCHI, M. NAGAMACHI, A. KASUGA, T. MURATA
Printed in Japan
落丁・乱丁本はお取替えいたします　（共同印刷工業・藤沢製本）

JCOPY ＜(社)出版者著作権管理機構 委託出版物＞

本書の無断複写は著作権法上での例外を除き禁じられています。複写される場合は，そのつど事前に，（社）出版者著作権管理機構（電話 03-3513-6969, FAX 03-3513-6979, e-mail: info@jcopy.or.jp）の許諾を得てください。

ISBN978-4-7907-1123-0